홍익인간

仙人道의 魂

최규중 지음

홍익인간

仙人道의 魂

보고사

책 머리에

누가 이 시대의 진정한 홍익인간인가라고 물어봅니다.

몸은 24년 전에 조국을 떠났으나 대한민국은 예나 지금이나 내 가슴 속에 강렬히 타오르는 나의 조국입니다.

내 조국 대한민국에 홍익인간을 바칩니다.

나의 염원은 신시(神市)의 선인문화를 되살려 대한민국이 세계문물의 중심지로 번영하고, 정신문화 소통의 이상향이 되는 것입니다. 세상을 바꾸는 홍익인간들이 세계인들과 함께 오늘을 고뇌하며 밝은 미래를 설계하여 동서융합을 이뤄내는 접화군생(接化群生)의 길잡이가 되는 것입니다. 다시금 역세주(易世主), 홍익인간(弘益人間)의 뜻을 새겨봅니다.

책을 펴내주시느라 수고 많으셨던 보고사 김흥국 사장님, 박현정 편집장님과 편집진들의 노고에 충심으로 감사드립니다.

사진 촬영을 위해 바쁜 시간을 내준 제자 이덕만 사장과 모델의 수고를 해준 Miss Jeanette Amelia Roy에게 심심한 사의를 표합니다.

그동안 많은 격려와 성원을 보내주신 여러분들 한 분 한 분께 마음속 깊이 감사드립니다.

1월 8일 2008년 Brentwood에서

太白 최규중

차례

제1장
영혼의 고향
신시神市

1) 실낙원 하나

부도지(符都誌)에 의하면 한민족의 상고사는 일만 여 년 전 파미르 고원에서 시작한다.

천신(天神) 마고는 율려(律呂)가 있기 전 8려(呂)의 소리(音)에서 마고성(城)과 함께 탄생했다.

지상낙원인 마고성에서 솟아나는 땅의 젖(地乳)을 마시는 사람들은 품성과 혈기가 순수하여 능히 조화를 부릴 줄 알고 천음(天音)을 들을 수 있으며 뛰고 걸을 수 있으므로 오고 감이 자유로웠다.

경우에 따라서는 형상을 감추고 능히 행동할 수 있으며 그 수명이 한이 없었다.

어느 날 마고의 자손 중 백소씨족의 지소씨가 배가 고파서 지유(地乳)를 먹으러 유천(乳泉)에 갔다가 사람이 많아서 지유를 마시지 못하고 돌아가던 중 우연찮게 넝쿨에 달린 포도열매를 먹게 되어 난생 처음 오미(五味)의 맛을 알게 되었다.

그는 "넓고도 크도다 천지여! 내 기운이 능가하도다. 이 어찌 도(道) 이리요 포도의 힘이로다"라고 포도 기운에 취하여 노래하였으며 주위 사람에게 "참으로 좋다"하므로 여러 사람이 신기하게 여겨 포도를 먹으니 과연 그의 말과 같았다. 이에 포도를 먹는 종족이 많았다.

포도를 먹는 것은 금지하는 바가 아니었으나 스스로 금지하는 자재율(自在律)을 파기한 것으로서 열매를 먹고 사는 사람들은 이(齒)가 생기고 그 침은 뱀의 독과 같이 되었으며 눈이 밝아져서 올빼미 같이 되니 이는 사사로이 공률(公律)을 훔쳐보았기 때문이다. 사람들은 피와 살이 탁해지고 심기가 혹독해져서 천성을 잃게 되고 하늘의 소리를 들을 수 없게 되었다. 수명이 조숙하여 생명의 수가 줄어들었다. 이를 일컬어 오미의 화(五味의 禍)라 한다.

지유(地乳)가 샘솟던 유천(乳泉)은 폐정되고 마고성을 잃은 마고의 자손 열두지파는 각기 헤어져 운해주, 월식주, 성생주, 천산주 등 동서 남북으로 나누어 살게 되었다.

이 때 장손 황궁씨는 천산주에 정착하여 복본(復本)*했으며 유인씨를 거쳐 한인씨가 남하하여 적석산에서 다스렸다. 뒤를 이어 한웅씨는 동쪽으로 나아가 섭서성의 태백산에 개천(開天)하고 배달국을 세웠으며, 한웅 18대를 지나 단군 왕검이 아사달에 도읍하고 국호를 조선이라 칭했다. 47대 고열가 단군에서 옛 조선은 막을 내린다.

2) 실낙원 둘

어미의 탯줄을 통하여 영양분을 섭취하던 태아처럼 우주의 자궁속인 마고성에서 지유(地乳)만 먹었던 인간들은 너무나 안일하고 행복하

---

* 복본(復本) : 오미의 난을 지은 죄과를 뉘우치고 근본을 깨달아 낙원이었던 마고성의 원상을 회복한다는 뜻으로 인간의 천성을 되찾는다는 의미로 해석함이 타당하다.
고구려의 개국정신인 다물(多勿)과도 같은 정신적인 근원으로 되돌아가는 구극적 경지를 의미한다.

여 행복의 참뜻을 몰랐다. 늙지 않으니 시간을 의식할 수 없었고, 배고 프지 않으니 생존경쟁이나 투쟁할 필요가 없었다. 비 본능적으로 살아 가는 기계적인 삶이었다.

그러나 오미의 난(五味의 亂) 이후 사람들은 그 전에 느끼지 못했던 기쁘고, 두렵고, 슬프고, 노엽고, 탐욕하며 비탄에 잠기다가도 때로는 기쁨에 넘쳐 환호성을 지르기도 했다. 이들은 하나 둘씩 지상낙원을 자신의 사상과 육신을 감금하는 감옥으로 생각하기 시작했다.

에너지 센터인 마고성은 해와 달 기운과 나무기운, 불기운, 덥거나, 건조하거나 습하거나, 공해가 가득한 먼지나 병균에 감염된 오염된 물 질이 없는 만물을 생육하는 우주에너지의 자궁이었다. 인간은 최적의 자연 상태에서 사육되고 있었다.

마고성은 에너지를 창출하는 소리(呂)에 의해서 창조되었다. 여(呂) 는 거듭 부활하여 율려(律呂)가 완성되었으며 후에 원성(原聲)으로 변 화하였다. 이 원성(原聲)에너지에 의해 모든 물질의 질량 변화를 측정 할 수 있게 되었다. 빛의 에너지를 창조하는 원색(原色)은 모든 에너지 강도의 가늠자가 되었다 물질 구성의 분자마다 부여되는 상이한 냄새 원후(原嗅)는 해당 에너지의 신선도를 측정할 수 있는 척도가 되었다. 물질의 원래 미각(原味)에 따라 그 물질에너지의 성질을 구분할 수 있 게 되었다.

본래 원음(原陰)에너지가 충만하면 원양(原陽)에너지가 화합하여 만물에너지 생성의 근본을 이룬다. 정(精)에너지가 충만하면 기(氣)에 너지도 강해지고 신(神)에너지가 밝아지는 이치와 같다. 원저(原抵)에 너지는 감정과 정신과 육신이 서로 깊숙이 닿음(Deep touch)으로서 서로의 존재를 존중하며 자신의 존재를 확인하여 영혼과 육신을 더 높은 곳으로 이끌어간다.

이와 같이 인간 내부에 깊숙이 숨겨져 있던 느낌과 숨쉼 그리고 접촉의 에너지가 우주의 동일한 성질의 에너지인 감, 식, 촉(感, 息, 觸)에너지와 서로 교통하고 융합되어 더 큰 에너지로 승화됨을 깨닫게 되었다. 마고성의 사람들은 이제 더 이상 땅의 젖(地乳)으로 사육되는 하느님의 젖먹이가 아니었다. 비싼 대가를 치러야 했으나 인간은 비로소 애벌레에서 탈바꿈하는 나비가 되어 신의 속박으로부터 자유롭게 되었다.

3) 낙원 탈출

"넓고도 크도다 천지여! 내 기운이 능가하도다. 이 어찌 도(道)이리요 포도의 힘이로다"

내 기운이 넓고도 큰 천지 기운을 능가하는데 결코 하나님의 기운이 아니라 포도의 힘이라고 역설한다. 이는 도(道)와 포도를 빗대어 '신들과의 경쟁에서 결코 뒤지지 않는 도리를 깨달았다'는 인간선언이었으며 신에 대한 최초의 '인간독립선언'이었다. 실로 통쾌무비하다. 이 구절에서 "포도의 힘"은 무엇을 의미하는가.

인간들은 마고성 바깥세상을 동경하기 시작했다. 그들이 바라보는 성 밖은 비바람이 불고 천둥번개가 치며 눈보라가 몰아치고 홍수와 해일이 일어나며 맹수와 독사가 우글거리는 위험천만한 세상임에도 불구하고 신이 부여한 천혜의 낙원은 철없는 인간에게는 적절한 곳이지만 의식이 깨여서 넓고 크나큰 천지를 인식한 인간에게는 한갓 좁디좁은 무공해한 공간에 불과하였다. 그들은 맛좋고 향기 나며 영양가 높은 지유(地乳)를 아무리 퍼 마셔도 인간 내부에 도사리고 있는 인간의 본성(本性)을 채울 수가 없어 항상 허기에 차 있었다. 그들은 부딪치고 싸우며 사랑하고 미워하며 자연을 극복하고 창조하며 타 종족을 정복하여 보라는 듯이 신이 창조한 마고성보다 더 웅장한 건축물을 이 지상에 남기고 싶었다. 인간은 그러한 존재였다. 일만 여 년이 지난 오늘, 인간이 아직도 마고성에서 칩거하면서 지유(地乳)만 마시고 있다면 인류는 전부 신적(神的) 존재인 귀신(Ghost)이 되었거나 모두 자살해버려 인류라는 용어 자체가 사라졌을 것이다.

"포도의 힘"이란 인간 내부에 흐르고 있는 의식의 바다 그 밑바닥에 숨겨져 있다가 화산처럼 솟구치는 혼불이다. 생명이 존재하는 한 영원히 꺼지지 않는 물 속의 불꽃이다.

그들은 마침내 마고성의 성문과 성벽을 때려 부수고 봇물처럼 마고성을 탈출하기 시작하였다. 그들은 神에 의해서 낙원에서 추방된 것이 아니라 신의 영역으로부터 감연히 인간의 터전(field)으로 탈출한 것이다.

낙원에서의 추방이 아닌 낙원 탈출의 의미를 "어거스틴 같은 신학자나 헤겔, 베르자예프 같은 철학자도 이것을 행복한 타락(Happy Fault)이라 불렀으며 윌버(K. wilber)의 표현대로 Fall dawn이 아닌 Fall up*"이라 할 수 있는 인간 승리의 기록이다.

{ * 〈예수는 없다〉 오강남 저.

인간세상

마고성을 탈출한 인간들은 자유인이었다. 어디를 가나 땅은 넓고도 컸으며 모든 게 새로웠다. 변화한 것은 자연(自然)이 아니라 그들 자신이었다. 마고성에 있을 적에는 혼식(魂識)이 일어나서 상대방의 생각과 의견을 말로 듣지 않고도 영(靈)의 영상(映像)을 통하여 의사를 주고 받을 수 있었는데 그들은 혼식이 발동되지 않으므로 말을 해야만 의사를 통할 수 있었다. 천음(天音)을 들을 수 있는 천이(天耳)가 없어지고, 형상을 감추고 행동할 수 있는 백체(魄体) 이탈능력마저 상실하였다. 무엇보다도 각자의 수명이 달라졌고 수명의 한계가 생겨 언젠가는 한번 주검을 맞이하여 이 세상을 홀로 떠나야 했다.

이와 같은 엄청난 변화 속에서도 그들은 자연 환경에 적응해 나아가지 않으면 안 되었다. 그러나 이러한 변화와 상실 등이 결코 비극적인 것만은 아니었다.

입이란 음식을 먹고 마시는 기능 외에 소리를 내고 말을 할 수 있는 기관이 되었다.

특히 생각을 감추고 생각과 다른 말을 꾸며대서 말해도 용케 상대방과 의사소통되는 것이 신기했다. 천음(天音)을 들을 수 없게 되었으니 몹시 답답하였으나 반면 일일이 우주의 조화와 하늘의 뜻을 좇지 않아도 되어 매우 홀가분하게 되었다. 마고성에 있을 적에는 꿈을 꿀 수 있는 사람은 아무도 없었는데 비로소 그들은 저마다 서로 다른 꿈을 꾸게 되었다.

많은 세월이 흘러 세대가 바뀌고 또 바뀌면서 사람들은 마고성에 관한 기억이 점점 희미해져 갔다. 그들은 열심히 일하고 가족과 집단을 위해서 서로 협동을 아끼지 않았으며 가능한 한 소용되는 물품을 서로 나눠 써도 아무런 불만이 없었다.

아이들이 자라서 어른이 되면 산으로 들로 강으로 먹이를 구하러 공동으로 사냥을 하거나 물고기를 낚았다. 밤이 되면 별을 헤아려 자신의 위치를 알게 되고 구름과 바람의 형태와 속도에 따라 폭풍우를 예견할 수 있었다. 그들은 암벽에 말과 사슴, 새와 물고기 등을 그리고 사람의 형상, 웃는 모습도 그려낼 수 있었다. 악기를 만들고 노래를 부르면서 흥겹게 춤도 추었다.

선천적인 능력 면에서 마고성에 있을 적보다 훨씬 뒤떨어지는 평범한 인간에 불과했다. 그러나 그들에게는 사고하고 응용하며 자신들에게 필요한 문명의 이기(利器)를 만들어 낼 수 있는 재능을 갖추었다. 그 무엇과도 바꿀 수 없는 것은 인간이 그 어떤 존재에게도 속박받거나 통제되지 않는 자유인이라는 점이었다. 그들은 행복했으며 행복할 권리를 누리고 있었다. 대지가 그들을 축복하는 듯 언제나 화평하였으며 게으르지 않는 한 땅 위의 모든 소산은 그들의 차지였다.

그들의 지혜는 어렴풋이 살아나고 무슨 까닭인지 모르지만 밝은 곳을 향해 나아가고자 하는 욕구가 일어 에너지가 이끄는 대로 북동쪽을 향해 나아가게 되었다. 천산산맥을 넘어 북해에 이르기까지 대집단의 사람들이 대이동을 계속하였다.

3

천신天神의 출현

해와 달이 바뀌고 또 바뀌어서 마고성(麻姑城)을 탈출한 이래 일천여 년이란 장구한 세월이 흘렀다. 〈삼성기〉에 의하면 환(桓)의 건국은 세상에서 가장 오랜 옛날이었는데 사백력(斯白力)* 하늘에서 홀로 변화한 신이 되시니 밝은 빛은 우주를 비추고 큰 권화(權化)는 만물을 낳았다. 오래 살면서 진리를 깨달아 항상 기쁨 속에서 지극한 기운을 타고 노닐고 그 묘함은 저절로 즐거웠다. 모습 없이 볼 수 있으며, 함이 없이 이루고, 말이 없으면서 다 행하였다. 어느 날엔가 동남동녀 800이 흑수(黑水)와 백산(白山)에 내려왔을 때 이에 한님(桓因)은 또한 감군(監群)으로서 천계에 계시면서 돌을 쳐서 불을 일으켜 날 음식을 익혀 먹는 법을 처음으로 가르치셨다. 이를 환국(桓國)이라 하고 그를 가리켜 천제환인(天帝桓因)이라 불렀다. 또 안파견**이라고도 했는데 환인은 일곱 대를 계승하여 3,300여 년을 다스렸다고 하기도 하고 너무나 오랜 세월이라 그냥 아득하기만 하다고 전해진다.

다스리지 않는 것이 최상의 다스림이며 법이 없음이 최상의 법이다.

각 개인은 스스로 자신을 다스리고, 부족과 국가가 자율에 의해 스스로 다스려졌다. 많은 부족이 모여 나라가 되고 12개 나라가 하나가

---

* 사백력 : 사이베리아.
** 안파견(安巴堅). 하늘을 계승해서 아버지가 되었다는 뜻.

되어 환국(桓國)이 되었다. 자기가 소속되어 있는 나라와 다른 나라 사이에 풍속이 다르고 언행이 달라도 부당하게 다른 부족 다른 나라를 공격하거나 곤경에 빠트리지 않았다. 어느 부족 어느 나라를 막론하고 백성이 주인이었으므로 권력을 휘두르는 통치자도 백성들을 구속하고 벌주는 법과 제도도 없었다.

다만 다음과 같은 오훈(五訓)이 전해지고 있다.

一. 성신불위(誠信不僞) : 성실하고 신의 있어 속이지 아니하고
二. 경동불태(敬動不怠) : 공경하고 행함에 게으르지 아니하고
三. 효순불위(孝順不違) : 효도하고 순종함에 위배됨이 없고
四. 염의불음(廉義不淫) : 염치 있고 의리 있어 음란하지 않고
五. 겸화불투(謙和不鬪) : 겸손하고 화목하여 다투지 아니한다.

이와 같이 오훈은 자신의 마음과 행동을 잘 다스림으로써 인간의 문제를 인간의 자율에 맡겨 생태계의 환경과 자연 법칙에 의하여 곰님(地神)의 뜻에 부합되도록 인도하고 인간 내부의 어둠을 밝혀 영성을 회복해 주려는 것이 한님의 뜻이었다.

한님이 모습 없이 볼 수 있다(無形而見)함은 한님은 인간을 통하여 깊이 보고 듣고 느끼고 사고한다는 뜻이다. 함이 없이 이룬다(無爲而作)함은 한님의 특별한 배려로 인공적인 작업을 통하여 이루게 한다던지 자연섭리에 의해 저절로 대가 없이 이루어지게 한다는 뜻보다는 한님은 인간과 동일한 주체가 되어 인간이 자신을 갈고 닦은 만큼 인간의 능력에 의해 이루어지게 하신다는 뜻이다. 말이 없이 행한다(無言而行)함은 한님은 인간에게 미리 이렇게 하겠다, 저렇게 하겠다 약속이나 공표하지 않아도 한님은 인간과 일심동체가 되어 행하시므로 결

국 인간의 올바르게 뜻한 바대로 행하여짐을 의미한다. 이 세 구절은 한님의 전지전능한 신격(神格)을 표현한 것이 아니요 신격을 낮추어 거룩한 한님의 인격(人格)을 은유적으로 표현한 것이다. 인간의 영성이 한님의 영기(靈氣)와 감통하였으니 신인합일(神人合一)의 경지에 오를 수 있음을 내비친 것이다.

스스로 한님이라 일컫는 천신족들이 인간세상에 출현하여 1세 천제 한님으로부터 2세 혁서 한님, 3세 고시리 한님, 4세 주우양 한님, 5세 석제임 한님, 6세 구울리 한님, 7세 지위리 한님에 이르기까지 3301년에 이르렀다.

천해(天海)의 동쪽 땅 위 파나쥬산 밑에 위치한 환국(桓國)은 남북 5만 리에 동서 2만 리나 되는 광활한 영토를 통치하였다. 모두 12개 나라를 두었는데 비리국, 양운국, 구막한국, 구다천국, 일군국, 우루국, 객현한국, 구모액국, 매구여국, 사납아국, 선비이국, 수밀이국으로서 지상 최대의 제국이었다.

복본復本의 서약

　오미의 화(五味之禍) 이후 마고성을 떠난 사람 가운데 전날의 잘못을 뉘우치고 천성을 되돌리는 복본을 시도하였으나 복본은 원한다고 해서 아무 때나 이룰 수 있는 것이 아니기 때문에 그들의 기도는 수포로 돌아갔다.

　지유의 샘이 파괴된 후 모든 사람들이 동요하여 풀과 과일을 다투어 취하니 기운이 혼탁해져 맑고 깨끗함을 보전하기 어려웠다. 모든 사람의 어른인 황궁씨는 백모로 몸을 묶고 마고 앞에 사죄하여 오미의 책임을 스스로 지고 복본할 것을 서약하였다.

　"오미의 재앙이 거꾸로 밀려오니 성을 떠난 사람들이 하늘과 땅의 이치와 법도를 알지 못하고 다만 어리석음이 불어났기 때문이다. 청정은 없어지고 대성(大城)이 위험하게 되었으니 이를 어찌할 것인가" 황궁씨가 탄식하면서 천부의 신표를 나눠주면서 헤어져 살 것을 명령하였다.

　청궁씨는 권속을 이끌고 동쪽 문을 나가 운해주(蕓海洲)*로 가고
　백소씨는 권속을 이끌고 서쪽 문을 나가 월식주(月息洲)**로 가고
　흑소씨는 권속을 이끌고 남쪽 문을 나가 성생주(星生洲)***로 가고

　　* 파미르 고원 동쪽 중원지역
　 ** 달이 지는 곳. 파미르 고원 서쪽 중동지역
*** 별이 뜨는 곳. 파미르 고원 남쪽 인도 및 동남아

황궁씨는 권속을 이끌고 북쪽 문을 나가 천산주(天山洲)*로 갔다

황궁씨는 복본의 고통을 이겨내고자 매우 춥고 위험한 땅을 택해 떠났다. 황궁씨는 천산주에 도착하여 미혹함을 풀고 복본할 것을 서약하여 무리에게 천지의 도를 닦고 실천하는 일에 근면하도록 일렀다. 황궁씨는 소리가 나는 돌로 변한 천산에 들어가 오래도록 음(音)을 바르게 울려 인간세상의 어리석음을 남김없이 없앨 것을 도모하고 기어이 대성(大城) 회복의 서약을 쟁취하였다. 이에 아들인 유인(有因)씨가 천부삼인(天符三印)을 이어 받으니 이것이 곧 천지본음(天地本音)의 상(象)으로 〈진실로 근본이 하나〉임을 알게 하는 것이었다. 천년 후 유인씨의 아들인 환인(桓因)이 천부삼인을 이어 받아 인간세상을 이치로 증거하는(證理) 일을 크게 밝히니 이에 햇빛이 고르게 비추고 기후가 순조로워 생물이 거의 안도함을 얻게 되었으며 사람들의 괴상한 모습**이 점점 본래의 모습을 찾게 되었다. 이는 3세(황궁, 유인, 환인)가 하늘의 도를 닦아 수증(修證)하는 삼천년 동안 그 공력을 거의 썼기 때문이다.

낙원 탈출 이후 황궁씨를 따르는 무리들은 복본의 서약을 세워 무도(無道)해진 인간 세계의 미혹함을 풀기 위하여 혼신의 노력을 경주하였으며 그 전통이 면면히 이어져 아무리 세상이 변하여도 천, 지, 인의 근본이 하나임을 깨닫게 하여 세계 정신문명의 중심인 부도***를 재건하려 함이다. 본래의 마음 고향으로 돌아가는 천업(天業)은 하나가 시작할 때부터 하나가 끝날 때까지 계승된 만년 유업이다.

* 파미르 고원 북동쪽 천산산맥지역
** 오미의 화 이후 태정(胎精)이 불순해져 짐승처럼 생긴 사람을 많이 낳았다.
*** 수도(首都)의 옛말.

대부분 사람들이 하나님의 속박으로부터 벗어나 자유를 만끽하고 있을 때 천업을 수증(修證)하는 사람은 스스로 자신을 백모(白茅)로 묶은 죄인이 되어 소도의 솟대 앞에 나가 사죄하며 복본을 맹세하였다.

마고성(麻姑城)에 안주함은 인간이 신의 속박으로부터 영원히 벗어날 수 없음을 의미한다. 마고성에서의 탈출은 구속적인 주종관계의 신관(神觀)에서 보다 차원 높은 해탈적이며 합일적인 신관으로 발전해 가는 새로운 신관의 확립이다.

복본의 서약은 인간의 본성이 천성(天性)으로부터 비롯됐으나 인간이 정신(性)과 육신(命)을 수련하지 않는다면 천성회복이 어려움을 고백하고 오미의 난으로 교만 방자해진 인간 자신을 스스로 질책하고 참회함으로써 하느님을 영적으로 더욱 높이 봉정(奉呈)하고 다시 인간을 더욱 높아진 하느님의 차원으로 끌어올리려는 작업은 신과 인간 사이에 무수히 가로 놓인 장벽을 깨트리는 영겁의 소리－천음(天音)을 숨쉬는 것이다.

천음의 파장 하나로 변한 소리나는, 작은 돌이 되는 것이다.
하늘을 여는 개천(開天)이란
하늘이 갈라지고 지축이 바뀌는
경천동지의 천지개벽을 뜻함이 아니라,
인간이 천음(天音)을 숨쉬고 천음과 함께 진동하는 하느님과의 영적인 공명(共鳴)을 이루는 길이다.

그러나 환국(桓國) 시대의 말기인 7세 지위리 한님 대에서 신과 인간과의 믿음이 깨어지고 도처에서 마귀와 귀신들이 인간세상을 암흑으로 몰아가고 있었다. 그들의 세력은 온통 대륙과 사막을 뒤덮고 바다를 건너 수많은 도서와 다른 대륙으로 흑사병처럼 지상에 퍼져 나갔다.

5

닫힌 마음 닫힌 하늘

마고의 후손인 선천족(先天族)과 한님의 후손인 후천족(后天族) 사이에서 태어난 인간들은 사방팔방으로 퍼져나갔다. 오랜 세월이 흐르는 동안 인구증가에 따른 식량문제는 단순한 수렵과 간단한 농사만으로 해결이 어려웠을 뿐만 아니라, 목숨을 보존하고 질병에서 벗어나며, 형벌을 공평히 처리하고 선악을 구분하는 등의 복잡다단한 인간세상사의 일들이 본능적인 욕구와 사사로운 이기심에 의하여 각종 불만과 분쟁이 속출하고 집단적인 과격행동으로 이어져 신들에 의한 자유방임주의는 현실적으로 개인 및 집단과 신정체제 발전에 기여하지 못하는 상황이 되었다.

그때의 시대적 상황이 새로운 변화를 요구하게 되었다. 변화의 새로운 물결, 새로운 바람이 절실히 요청되었다. 전지전능한 신들의 다스림은 Ironic하게도 신을 닮은 인간의 복잡 미묘한 지능의 벽에 부딪쳐 더 이상 큰 힘을 발휘할 수 없는 이변을 낳았다. 한님과 인간들의 관계는 점점 갈등이 증폭되어 인간의 마음에서 한님의 빛은 서서히 사라지기 시작했다. 인간의 마음속에 어둠이 자랄수록 신들에 대한 부정적인 측면만 극대화되어 신에 대한 절대적인 외경심과 믿음마저 점차 스러져 갔다. 현실적으로 만족하고 행복해질수록 인간의 마음은 교만으로 가득 차서 한님을 멀리하게 되고 현세의 달콤한 미혹에 사로잡혀 영성

(靈性)은 파괴되고 그 자리에 마성(魔性)이 틀어박혀 인간의 에너지를 고갈시킨다. 힘센 자들에 의해 살육과, 약탈, 방화, 강간 등이 자행되었다. 불행하면 불행해질수록 한님에 대한 원망이 하늘에 사무쳐 땅 위에서 하늘의 권세를 몰아내려 한다. 가장 힘센 자가 모든 것을 가질 수 있기에 도둑 떼든 폭도들이든 세력을 모은 수괴들은 한님을 대신한 권력을 행사하고 싶었다. 그들은 각지에서 신성한 소도경내에 들어가 제단을 부수고 하늘과의 영적 교통을 위해 높이 세운 솟대마저 부러뜨려 버렸다. 환국(桓國)의 백성들은 백민(白民)이라 불렸음은 항상 깨어있는 백성인 거룩한 한님의 자손이라는 의미였는데 인간의 지능이 인간의 영성을 앞지른 결과 신(神)을 부정하게 되었다.

마고성을 탈출한 이래 오랫동안 지속된 평화와 번영은 하느님의 가치와 믿음에 대한 체계를 무너뜨리고 팽배한 이기심과 끝없는 탐욕이 인간의 마음과 육신을 조율하는 기운을 헝클어트려 마침내 그들의 마음은 굳게 닫히게 되었다.

신(神)의 부정은 행복한 타락이 아닌 사악한 자기부정(自己否定)이었다.

하늘은 닫히고 침묵하였다.

하늘문의 빗장을 거는 거대한 신목(神木)이 까마득히 높은 하늘에 가로질러 떠 있고 시커먼 먹구름이 신목을 휩싸고 있는 장면은 전율과 공포의 대상이 되었다.

6 약탈자 掠奪者

　빼앗긴 사람들은 참담했다. 살던 집은 방화로 잿더미가 되어 버리고 기르던 가축과 재물은 모두 약탈되었으며 부모형제는 살해되고 사랑하는 아내와 아이들은 어디론가 끌려갔다. 싸우다가 부상당한 상처보다 사랑하는 가족을 빼앗긴 마음의 상처가 더욱 고통스러웠다. 살해당한 자들은 고통마저 끝났으나 살아남은 자의 마음의 상처는 날이 갈수록 더욱더 아프고 비통해졌다. 잿빛하늘은 낮게 드리워져 있고 대지는 굳게 침묵하였다. 약탈자들은 동족이거나 이방족을 가리지 않고 도읍과 촌락을 무차별하게 불 지르고 살해하고 빼앗아 갔다.

　빼앗긴 자들 역시 복수의 일념으로 사람을 모으고 병장기를 만들어 세력이 형성되면 상대방을 습격하여 더욱 잔인한 방법으로 처참하게 죽이고 빼앗아 갔다. 복수전은 되풀이되어 누가 약탈자이고 누가 피약탈자인지 분간치 못할 정도로 서로가 서로를 죽이고 빼앗는 것이 약탈의 법칙이 되었다.

　승리는 생존, 패배는 죽음을 의미했다.

　사람들의 마음은 더욱 잔인해져서 누가 더 사람을 잘 죽이는 기술자인가 누가 싸움터에서 더 많은 전리품을 빼앗았는가라는 평가가 그들의 자랑이자 영광이었다. 빼앗는 자들의 전리품인 노예들을 어떻게 학대하고 사역시키든가 따위는 아무런 문제도 될 수 없었고 일말의 양심의 가책도 느끼지 않았다. 모든 집단과 부족 그리고 나라들도 이와 다르지 않았다. 빼앗기지 않으려면 주변 나라보다 부강해져야 하며 강해지면 상대 국가를 침공해서 인명을 포함한 재물을 약탈해 와야 생존이 가능한 약육강식(弱肉强食)의 판세였다.

인간들은 온갖 지혜를 다 짜내서 병장기를 만들고 공격과 방어 기술을 연구하고 실전에 사용하였다. 용맹을 떨치는 무장은 영웅이 되고 시운이 맞으면 조그만 소국의 왕도 되었다. 그들의 깃발에는 자기 집단을 표시하는 문양을 그려 넣고 날이 갈수록 도전과 응전, 살육과 약탈이 치열해졌다. 처음에는 약탈자에서 폭도로 변했다가 대단위의 군사를 이끌고 왕국을 세우는 패도의 길도 있었지만 운수가 나쁜 자들은 목숨을 잃기 부지기수였다.

쉴 새 없는 전쟁은 파괴와 죽음에 대한 공포감과 불안감을 낳고 인간의 영혼을 피폐하게 하였으며 생활의 터전을 빼앗긴 채 내일(來日)에 대한 희망마저 삼켜버렸다. 기나긴 암흑의 세월이었다. 소수 정복자들의 만족과 안녕을 위해서 다수의 백성들은 헐벗고 굶주리며 목숨을 잃는 등 삶 자체가 불행의 연속이었다. 많은 사람들 자신도 한때 약탈자가 되어 온 마을을 불 지르고 말발굽으로 짓밟았으며 목숨을 빼앗고 재물을 빼앗았는데 이제는 새로운 약탈자에 의해서 거꾸로 자신의 아내와 자식은 노예로 끌려가고 모든 재물을 빼앗겼다. 부상당한 몸뚱이는 간신히 목숨만 부지할 뿐 지팡이에 의지해도 걷기조차 힘든 불구자가 되었다.

그들은 그제야 잃어버린 소중한 기억을 되살렸다. 예전에는 언제나 영적인 절대자와 함께였다는 것 – 지금은 절대자의 무한무량(無限無量)한 영기(靈氣)를 느낄 수 없다는 것 –, 언제나 가슴에 와 닿던 포근

하고 따듯한 천음(天音)이 다시 들리지 않음을 모든 것을 잃고 난 다음
에야 깨닫게 되었다.

　五昧의 맛을 알고 능력이 큰 것을 알았도다.
　五訓의 훈계를 저버리니 죄악이 산같이 쌓였어라
　선악을 알고서 이리된 것이니
　능력이 크다 한들 한그루 나무만도 못 하구나
　나뭇잎들은 그늘을 만들어 주고
　나뭇가지는 새들에게 둥지를 베푼다.
　맹수들도 동종끼린 해치지 않는데
　하늘의 자손이란 같은 뿌리의 종족끼리
　싸우고 죽여서 핏물이 금님을 노엽게 한다
　원한이 하늘에 사무쳐
　밤이면 별들이 빛을 잃고
　낮이면 해님도 구름에 숨어버린다.
　원하나이다
　원하나이다
　이 한 마음 되물려서 원래 마음 천원(天元)으로 돌아가기를
　무릎 꿇고 해혹복본(解惑複本) 기원하노니
　속죄,
　속죄하여 주옵소서
　만악(萬惡)의 구렁텅이에서
　구원하여 주옵소서
　마왕(魔王)의 쇠사슬에서

2 8

놓여나게 하여 주옵소서
구원해 주시고 또 구원하시여
본래 자리로 되돌려 주시기를 간곡히 바라나이다.

승자도 패자도 모두 약탈자이자 빼앗긴 자들이다. 누군가 진정한 영웅이 나타나서 천하를 통일하는 위업을 달성한 것도 아니요 그저 서로가 서로를 살육하고 빼앗는 아수라장이 된 것이다.

무도(無道)하고 무리(無理)한 인간끼리의 투쟁과 살육은 모두를 괴롭고 아프게 했다. 전쟁이 지겨웠다. 피비린내가 싫어졌다. 일단의 사람들이 하나 둘씩 무리를 지어 폐허가 된 소도를 다시 재건하고 하늘높이 솟대를 세웠다. 누군가가 그들의 아프고 눈물겨운 상처를 싸매주고 치유해주기를 간절히 바라면서 한결같은 마음으로 하늘에 기도를 올리고 또 기도하였다. 솟대 꼭대기에 앉아 있던 나무새가 날개를 퍼덕이며 하늘높이 날아오르는 것을 보았다. 마침내 간곡한 화평의 기원이 하늘에 전해진 것으로 믿었다. 옆 사람을 돌아보니 자신의 상처보다 그녀의 상처가 더욱 위중함을 알게 되었다. 그들은 서로 상처를 감싸주고 위로하고 포옹하며 눈물을 흘렸다. 슬픔과 괴로움 비탄과 상심이 서로의 마음을 적실 적에 눈물이 비 오듯 흘러내리고 모든 고통이 한순간에 빠져나가는 듯했다. 어디선지 한줄기 광명이 쏟아져 들어오고 기운이 전신에 퍼져나가면서 기쁨의 환호성이 절로 터져 나왔다. 그들의 눈동자는 천인(天人), 천녀(天女) 같았다. 그들은 더 이상 살인자도 약탈자도 아닌 새 사람으로 새롭게 거듭나는 기적을 이루었다.

그들은 자신을 돌아다보았다. 상처를 싸맨 더러운 헝겊쪼가리에 피가 말라 엉겨 붙었고 찢어진 옷가지는 몸뚱이를 제대로 가리지도 못하

고 있다. 퀭한 두 눈에서 야윈 뺨 위로 눈물이 흐른다. 남루한 마음속
엔 무도한 인간이란 낙인이 찍혀있다. 인간의 도리를 모르는 인간이
눈 뜬 장님이 되어 마음의 눈을 뜬 선량한 사람들을 죽이고 가진 것을
빼앗았다. 승리라는 이름으로 약탈 행위 자체를 즐겼으니 빼앗긴 자들
의 슬픔과 고통을 알려고 하지 않았고 알 수도 없었다.

그들은 손에 손을 잡고 일어났다. 그들의 손을 통해서 얼어붙었던
서로의 심장에 뜨거운 피가 흐름을 느낄 수가 있었다. 벅찬 감격이 치
밀어 온다. 그들은 빙글빙글 커다란 원을 그리면서 원무를 추었다. 목
이 터지라고 노래를 불렀다.

새 땅 새 하늘이 파도처럼 밀려오고 있었다.

그들 가슴 속으로~

그들 영혼 속으로~.

숫대의 노래

　천상의 음악인 주리(侏離)가 울려 퍼지자 닫혔던 하늘이 서서히 열리면서 찬란한 태양이 대지를 눈부시게 비추고 천의를 입은 수십 명의 선녀가 옥피리를 불고 너울너울 춤을 추면서 하늘에서 하강하고 있었다.

　풍백(風佰)은 천부경을 새긴 구리거울을 엄숙히 두 손으로 바쳐 들고 앞서나가고 우사(雨師)는 북을 치면서 장중한 춤사위를 펼쳐나가는데 신묘한 북소리는 천지기운을 화합케 하는 듯 새와 짐승들도 기뻐서 우짖었다. 햇빛에 번쩍이는 투구를 쓰고 쇠미늘 갑옷을 입은 운사(雲師)는 백 명의 검사와 함께 대장의 검을 치켜들고 오룡*이 이끄는 황금수레를 타신 환웅천제를 호위하고 하강하는데 위풍당당한 무리가 삼천 명이었다.

　하늘이 열리는 장엄하고 화려한 대장관은 시월상달 화창한 한낮의 햇살이 끝없는 대초원을 휘황한 색채로 휘감을 적에 대지는 화답하듯 영롱한 아지랑이를 뿜어내고 칠색무지개는 지평선 넘어 천상의 구름다리를 한개 두개 세 개 네 개 다섯 여섯 일곱 개를 걸쳐 놓았으니 온 천지가 빛의 대향연으로 소용돌이 치고 있었다. 이 경이로운 장관

---

*　오룡(五龍). 신석기시대부터 서부 바이칼 호 지역에 살았던 퉁구스족(에베키족, 에벤족) 말. "오룡"은 순록을 가리킨다. 즉 환웅천제는 순록(오룡)이 이끄는 수레를 타고 바이칼 호 서쪽에서 진출한 새로운 세력이었을 것으로 추정된다.

을 목격하는 수만의 사람들은 왠지 알 수 없는 기쁨과 두려움이 뒤범벅이 되어 제대로 정신을 가눌 수 없었다.

하늘 사람들이 가까이 다가올수록 상서롭고 온유한 기운이 더욱 강하게 느껴졌는데 사슴뿔 모양의 황금관을 쓰고 황금빛 천의에 천부검을 허리에 차신 환웅천제의 몸에서 황금빛 광채와 서기가 사방팔방으로 뻗어 나와 일곱 개의 무지개와 어울려져서 천지가 찬란한 빛으로 가득 찼었다.

만면에 미소를 띠우시고 인자한 눈빛으로 사람들을 바라보시니 일시에 두려움이 사라진 뭇 사람들이 그를 뵙고자 앞 다투어 그의 면전으로 나갔다. 그는 황금수레를 멈추게 하시여 땅에 내려서신 후 먼저 땅에 엎드려 이마를 땅에 대고 절하시여 곰님께 축원드렸다.

그가 한 발작 걸음을 옮길 때마다 그의 몸에서 그윽한 향기가 은은히 퍼져 나오고 머리에서 황금빛 영광(靈光)이 솟아나왔다. 대지 또한 신선한 대기로 화답하여 하늘과 땅과 그 님의 기운이 신비한 빛줄기로 변하여 수많은 사람들의 전신에 파도처럼 밀려왔다.

"새 한님이시여, 새 한님이시여 저희들을 구원해 주십시오." 운집한 군중들의 그 님 앞에 무릎 꿇으며 간구하였다. 그 님은 한 사람씩 부축해 일으켜 세우며 말씀하시기를

"우리는 모두 하느님 자손이니라"

"이제부터 양식을 위해 곡식을 심어 굶주림에서 벗어나고 스스로 자신을 구원하기 위하여 혼을 갖추고 넓혀서 하늘에 이르는 길을 닦을지어다.

이제부터 만병을 다스려 아프고 고통스런 병자를 돌보리로다. 형평에 맞게 죄진 자를 벌주고 약하고 억울한 자를 보호하고 돌보리로다.

선과 악을 명확히 구분하여 사악함을 깨트리고 무도함을 타파하여 하느님의 선량한 백민이 되게 하리라. 이 다섯 가지 일 외에 인간의 360여 가지 일을 주관주재하여 이 땅 위의 모든 사람들이 존중과 화평으로 마음의 근본을 삼을지니 한시도 하느님의 뜻을 잊지 말지어다."

사람들은 "위대한 새 한님*이시여 홍익인간으로 이 땅에 오셨으니 우리 모두 새 한님을 따르겠습니다. 부디 어두움으로부터 저희들을 구원해 주십시오"라고 부르짖었다.

환웅천제는 궁전을 건축하기 앞서 신성한 구역에 지성소(至聖所)인 소도(蘇塗)를 건립하고 하늘 높이 솟대를 세웠다. 신시(神市)의 사람들 역시 이를 본받아 생업의 터전을 마련하기 전에 가장 깨끗한 곳을 택하여 성역(聖域)인 소도를 안치하고 솟대를 세운다. 한민족은 천손민족이라는 자긍심을 갖고 여러 민족을 아우르고 융합하기 위해서는 장벽을 쌓아 타민족과 대적하기보다 소도마다 솟대를 세워 그들의 의식공간을 제한된 땅으로부터 하늘로 무한히 확대하였으며 땅이란 모든 생물이 공유해야하는 터전이라는 땅열림사상(開地思想)을 펼쳐서 세상의 문물을 개화시켜 나갔다.

한민족에게는 영토를 넓히는 것보다 하늘을 지키는 일(守天)이 제일 중요하였으니 땅은 잃으면 회복할 수 있으나 하늘을 잃으면 천상의 영계와 지상의 인간계의 기운이 조화와 균형을 잃어 인간의 정신세계에 지대한 영향을 미치므로 그들이 가장 두렵게 여기는 바였다.**

---

* 본래 한님은 환국(桓國)의 천제 환인(桓因) 안파견을 한님으로 호칭하여 안파견의 아들인 환웅천제는 한님으로 부를 수 없으나 당시 사람들은 환웅천제를 하느님이 인간의 육신으로 현신(Incarnation)한 새로운 한님으로 받아들였음으로 새 한님으로 불렀으리라 추정된다.
** 훗날 진나라 진시황은 만리장성을 축조하여 중화와 오랑캐 세력으로 천하를 2분법적으로 구분하였으나, 고구려 중심 천하는 여러 민족이 공동으로 구축한 다원화된 세계로서 선(線) 방어 개념에 앞서 점(点) 즉 성(城)을 중심으로 한 공격 우선 전략을 기조로 삼았음을 신시개

하늘에 제사지내는 제천의식은 버려졌던 자신을 다시 돌보는 계기가 되었다. 자신이 결코 홀로 떨어진 혼자가 아니라는 것과 마음에 깊은 상처로 영혼이 신음하는 자들이 안식을 취하고 내면의 상처를 치유할 수 있는 곳이 소도였다. 외상을 입어 거동이 불편한 자에게는 물로 상처를 씻어주고 약초를 붙여 헝겊으로 상처를 동여맨 준다. 환자가 환자를 치료해 주니 서로 감정이 통하고 아픔을 나눌 수 있었다. 동병상련이라 했던가. 서로 위로하다보면 마음의 고통이 반감된다. 눈을 지그시 감고 마음을 가다듬고 숨을 고른다. 다시금 삶의 의지가 솟아난다. 그들에게는 다른 무엇보다도 영혼의 아픔을 달랠 수 있는 따뜻한 말 한 마디와 죽 한 그릇이 절실히 필요했다. 이와 같이 소도는 인생의 소중한 것을 잃은 약한 자들의 치유를 위해서 보살피고 재활시켜 사회로 복귀시켜주는 곳이었다. 병자와 약자, 상처 나고 빼앗긴 자, 절망에 신음하는 자 소외되고 억압받던 자들의 안식처가 소도였다. 아무도 그렇게 시키지 않았으나 그들은 스스로 돌보고 위로했다.

더욱이 인간에게는 남을 돕는 데서 오는 기쁨과 행복을 느낄 수 있다는 것과 누구나 타인을 치유할 수 있는 능력이 있음을 깨닫게 되었다.

부도(符都)소도라 불리는 대소도와 중소도, 소소도 등 전국의 모든 소도에서 감동과 기쁨에 가득 찬 노래가 새로운 시작을 알리는 종소리가 되어 사람들의 가슴에서 가슴으로 울려 퍼졌다. 절망과 죽음의 골짜기에서 희망의 무지개가 떠올랐다.

천시대의 열림사상과 무관치 않은 것으로 추정된다. 최선의 방어는 공격이라는 군사작전전략은 기마민족의 공통된 특징이다. 한민족은 줄곧 침략만 당하고 단 한 번도 타 국가를 침공하지 않은 피침략 민족설은 일제식민사관이 꾸며낸 열등 민족사관임을 바로 알아야 한다.

8

영혼의 고향 신시 神市

새 하늘을 열고 새 땅에 신시(神市)를 세웠다. 신성한 도시 신시(神市)의 시민들은 환골이신(換骨移神)*하여 새 사람으로 거듭나기를 간절히 소망하였다.

내부에서 서로를 용서하고 서로를 용납하며, 서로를 이해하고 서로를 존중하는 마음이 일어나 다른 도시와 산골, 다른 종족과 집단에 퍼져나갔다. 그들은 다시 마음의 고향에 돌아온 것이다. 오랫동안 상처받고 고통에 신음하던 영혼과 육신을 치유할 수 있는 안식처이자 증오와 약탈 살육의 생지옥을 떠나서 깊은 은혜의 보살핌으로 암흑을 벗어나 광명의 길을 열어 나갈 영성이 충만한 신성한 도시 신시(神市)가 창건되었다.

인류 최초의 도시국가─새 한님의 시대에는 나라 이름이 신시(Divine City)라는 아름다운 이름을 가졌으니 신시(神市)라는 이름 자체가 하느님의 자손─인간이 세운 영적인 도시라는 뜻이다.

신시는 나라의 이름이자 수도였으며, 내륙의 도처에 조시(朝市)가 세워져 사람과 물산이 성시를 이루고 해안지방의 요처에는 해시(海市)

---

* 환골이신. 뼈가 바뀌고 정신이 높은 경지로 승화된다는 뜻으로 세속적인 정신과 육신을 영적으로 변화시켜 선인(仙人)으로 탈바꿈하는 것을 의미한다. 범골(凡骨)이 선골(仙骨)로 바뀌는 것. 환골탈퇴와 같은 의미임.

가 발달되어 수산업과 무역이 해양을 통해 뭇 대륙과 도시에 연결되어 활발히 이루어졌다.

신시 시대의 세계는 하나였다. 한국, 지나, 서장, 몽고, 시베리아를 포함하는 모든 종족과 모든 지역의 경계가 없는 하나의 세계 - 부도인 신시를 중심으로 천하의 도시국가들이 지역 특성에 알맞은 고유의 문물을 만들어 내고 교류를 통하여 서로의 문물을 나누었다.

물질문명 발달은 인류를 위하여 필요한 것이나 결국 공허한 것이므로 물질적인 이 세상을 정신적인 세계로 다스리도록 내려 보낸 것을 개천(開天)이라 하였으며 하늘의 뜻을 계승 발전시키는 것을 수천(守天)이라 하였다. 신과 인간과의 머나먼 공간과 시간의 장벽을 허무는 작업을 천업(天業)이라 하였고 하늘 열림(開天)이라 하였다.

정신적인 유아기에 머물고 있던 인간 내부의 암흑덩어리와 장벽을 부수는 작업을 사람을 여는 것(開人)이라 하였다. 사람을 연다 함은 몹시 어려운 일로써 오미의 화(五味의 禍) 이후 잃어버린 혼식을 복구하여 혼을 갖추고 넓히며 잠자는 의식을 깨우쳐야 하는 고도의 수업이 요망되기 때문이다.

또한 땅을 연다함은 세상일을 개화하고 지혜를 함께 닦음인데, 날이 갈수록 물질문명의 개화는 야누스적인 인간 지능의 향상으로 반자연적, 반인간적인 본능과 이기심에 의해 배타적이고 이기적인 만인 대 만인의 투쟁으로 변모하여 인류역사는 전쟁과 살육을 반복하게 되었다.

하늘과 땅 사람을 열어 인간세상을 구하라는 천업을 부여받은 사람은 거발한 환웅천제이다. 인간들이 마고성을 탈출한 이래 신시(神市)는 하늘의 뜻에 부응하여 최초로 지상에 이룩한 복본(復本)의 틀을 짰다. 광명의 새 세상을 위하여 지난날의 의혹을 풀어서 암흑을 깨트려야 하는 명제가 그들에게 주어진 것이다.

제1장 실낙원 편은 고대로부터 전해 내려오는 신화를 바탕으로 민족의 기원과 정신세계를 픽션(fiction)으로 재구성한 것이므로, 역사기록과 동일시하지 않기를 바라며 이러한 내용이 시사하는 메시지가 무엇인가를 통찰하기 바란다.

제2장
홍익인간

신을 몰아냈던 인간세상은 행복한 낙원을 되찾은 것이 아니라 각종 재앙과 전쟁 그리고 서로를 믿지 못하는 불신으로 깊은 절망 속에서 신음하고 정신적인 방황을 계속 하고 있었다.

이러한 절박한 상황하에서 거발한 환웅의 출현은 뭇 사람들에게 새로운 희망과 삶에 대한 의욕을 불어 넣었다.

그 시대 사람들은 홍익인간을 〈인간이 성취해야 할 최고의 이상〉으로 삼았다. 〈홍익인간〉은 오늘날 통용되는 바 같이 「인간세상을 두루 이롭게 한다」는 식의 이념이나 사상과는 전혀 궤를 달리하는 것이다.

〈홍익인간〉에 대한 뜻풀이의 오류는 고대 선인들의 정신적 유산을 더럽히는 공해수준을 넘어 고대 한국인의 정신과 문화를 파괴하는 보이지 않는 〈Vandalism〉과도 같은 양상으로 고착되었다.

이러한 어제와 오늘의 문화적 자학행위가 어찌 〈홍익인간〉에게만 국한되었겠는가마는, 더욱 심각한 점은 〈홍익사상〉 운운하며 민족의 기치를 휘두르는 소위 〈중증 홍익사상 증후군〉에 걸린 사람일수록 자신이 대 사상가인양 왜곡된 뜻을 일반 대중들에게 목청을 높여 강요하고 있다는 점이다. 중국의 동북공정 정책에 못잖은 대내적 Vandalism에 대해서도 철저한 경계와 시정이 요망된다.

봉인된 신화

　역사란 인간의 의식에 의해 감지되고 인식된 현실 세계의 인물과 사건 사상(事像)에 대한 기록이라면 신화란 인간 내면세계의 무의식에 관한 무한한 이상과 동경을 그린 것이다.

　역사와 신화가 서로 교직될 때 비로소 인간은 제한된 시공을 뛰어넘어 우주적 존재로서 영혼의 씨톨이 발아되고 성장하게 된다. 모든 종교와 도(道)의 철학과 사상 등은 신화의 바탕에서 비롯되고 그 신화의 시원(始原)을 향하여 부단히 나아가 궁극적으로 시발점에 복귀하는 것을 목표로 삼고 있다.

　고증되지 않는 역사가 아닌 신화라고 해서 가벼이 평가절하하거나 아예 도외시 한다면 그 신화에 해당하는 정신적 영역은 그 민족에게서 지워져 버리고 그 민족은 정신적 불모지에 머물게 되어 물질적 현상 세계만 추구하는 비인간적이고 무우주적인 제한된 세계에 갇혀버린 길 잃은 미아가 되고 만다.

　이러한 관점에서 한국의 고대 신화를 조명해 보면 고대인들은 우주적 일원으로 살아가기를 원했으며 하늘과 땅과 인간의 "열림사상"을 정신적 최상의 가치로 설정하고, 현재적 삶을 이끌어가는 동력원으로 유일한 절대적 영적 존재와의 합일과 다양한 에너지 공급원과의 조화를 추구하여 자기승화를 도모하고 미래를 위한 새로운 장을 창조해냈다.

고대인의 활동무대인 땅은 그들의 육신을 묶어놓았으나 광대무변한 우주에는 그들이 무시로 왕래할 수 있는 정신적 비밀통로가 있었다. 그 통로의 발견과 활용이야말로 그들의 인격과 능력을 신의 경지로 끌어올리는 정신적 개활능력의 척도가 되었다.

통치권력을 획득하여 부족과 국가를 다스리는 권력의 행사와 다양한 생산활동을 위한 지혜의 창달과 천업을 수행할 수 있는 비밀통로의 개척이야말로 고대인들이 꿈꾸던 "신과 인간이 하나가" 되는 신화의 핵심 요소가 된다.

그러나 주변 국가의 흥망성쇠와 전쟁의 승패에 따라 역사의 잣대는 승자의 욕구대로 상대국의 위대한 신화를 말살시키고 역사마저 축소시키거나 아예 삭제해 버리기가 다반사였다. 중국인의 관점에서 보면 고대 한국의 신화와 역사의 위상이 중국을 능가해서는 안 되기 때문에 중국의 유교사상은 한국인의 사상과 정신적 기본 틀을 엄격하고 철저하게 규제하여 항상 중국의 유교사상을 정신적 지주로 삼도록 교화시켰다. 고구려가 당나라에 멸망한 이후부터 근세조선에 이르기까지 근 1200여 년 동안 한국인의 정신적 에너지의 수탈행위가 왕조의 지배계층에 의해 자발적으로 이루어진 셈이다.

참담한 역사가 위대한 신화를 죽여 버렸다. 중국인의 의식으로 세뇌당한 역사에 포함되지 않은 신화는 모두 거짓으로 규정되고 혹세무민하는 기록으로 금제 대상이었다. 그 후 100년 동안은 일제 식민사관에 의하여 우리의 역사와 신화는 한 번 더 부관참시당하였다. 마침내 신성한 하늘은 닫히고 거룩한 땅도 닫혔다. 고대 신화는 봉인되어 반만년이 지났다. 그것이 하늘의 뜻이었나―아무도 답변하는 자가 없다.

2 사람을 위하여

　한민족의 민족혼은 「열림사상」이다. 열림사상은 민족의 시원과 더불어 하늘이 내린 민족의 홍범*이 되었다.
　「하늘의 뜻을 열고 가르침을 세워 인류를 위함을 인간세상의 이상(理想)으로 삼는다」라는 간단명료한 내용이 홍범의 전부다.

1) 홍범을 세우고

　「홍익인간」 해석에 대한 엄청난 오역이 현재까지 시정되지 않은 채 전 인류를 위한 위대한 사상인양 통용되고 있어 오류의 마술이 각종 둔갑을 부리고 있다. 「홍익인간」은 이념도 아니고 사상도 아니다. 「홍익인간」이란 시공을 초월한 위대한 한 인간을 지칭하는 단어일 뿐이다.
　신라시대 승려인 안함로와 신분이 확실치 않았던 원동중이 쓴 삼성기(三聖記)의 내용을 살펴보자.

　　"환국 말기에 안파견이 밑으로 삼위와 태백을 내려보시며 모두 「홍익인간에게 합당하구나」 누구를 시킬 것인가 물으니 오가(五加)가 모두 대답하기를 여러 아들(왕자) 중에 환웅이 용맹하며 어질고 지혜로움을 겸비한 「홍익인간으로써」 일찍이 세상을 바꿀 뜻이 있으니 태백으로 보내

{ * 홍범: Roll Model. 큰 규범. 큰 모범.

심이 사리에 맞겠습니다. 하니 마침내 천부인 세 가지를 내려주시고 이에 말씀을 내려 사람의 할 일이 다 짜여 있으니 그대 수고로움을 아끼지 말고 가서 「하늘의 뜻을 열고 가르침을 세워 인간세상의 이상(理想)을 인류(만세자손)를 위하는 것으로 삼아라」 그것이 바로 홍범이니라고 하셨다.”

桓國之末安巴堅下視三危太白皆可以弘益人間誰可使之五加僉曰庶子有桓雄勇兼仁智嘗有意於易卋以弘益人間可遺太白而理之乃授天符印三種仅救曰人物業己造完

위 본문 주요구절에 대한 분석은 다음과 같다.

❶ 전략 …… 三危太白皆可以弘益人間 …… 후략

[종전해설] “삼위 태백이 모두 ‘홍익인간 할 곳이로다. 즉 삼위태백 두 지역이 모두 ‘널리 인간을 이롭게 할 곳이로다”

[새 해설] 위 구절의 허사(虛辭) 以자는 전치사로서 동작 행위가 영향을 미치는 대상을 이끌어내며 조성된 결구는 목적어가 된다. 고로 “…에게”로 해석해야 한다.

　“삼위 태백 두 지역이 모두 ‘홍익인간에게’ 합당하구나”. 즉 삼위 태백 두 지역이 모두 ‘홍익인간이라는 특정인에게 합당하다’는 뜻이다.

❷ 전략 …… 桓雄勇兼仁智嘗有意於易卋以弘益人間…… 후략

[종전해설] “환웅이 있어 용맹함과 어진 지혜를 함께 갖추었으며 일찍이 ‘홍익인간 이념’으로 세상을 바꿀 뜻이 있사오니……”. 즉 “환웅은 용맹과 어진 지혜를 함께 갖춘 자로서 일찍이 ‘널리 인간을 이롭게 하는 이념’으로 세상을 바꿀 뜻이 있사오니……”.

[새 해설] 이 구절의 以자는 구절(1)과는 달리 전치사로서 “…으로

써", "…임으로" 해석함이 옳다. "환웅은 용감하며 어질고 지혜로
움을 겸비한 '홍익인간으로써' 일찍이 세상을 바꿀 뜻이 있으
니……". 즉 "환웅은 용감하며 어질고 지혜로움을 겸비한 '홍익인
간이라는 특정인으로써' 일찍이 세상을 바꿀 뜻이 있으니……"라
고 해석된다.

❸ 위 본문의 주요 핵심

첫째 : 하느님 안파견은 삼위와 태백 지역이 홍익인간이 다스릴 수
있는 적합한 지역으로 판단하셨다.

둘째 : 홍익인간의 자질을 갖춘 특정인을 찾는다.

셋째 : 하느님께서 찾으시는 홍익인간이 바로 여러 왕자 중에 한 분
인 환웅입니다. 라고 아뢰면서 그는 용맹하고 어질고 지혜로움을
겸비한 홍익인간으로써 일찍이 세상을 바꿀 뜻이 있었다고 홍익
인간의 자질에 대해 설명한다.

넷째 : 앞으로 사람이 해야 할 일의 계획이 다 짜여져 있다.

다섯째 : 하늘의 뜻을 열고 가르침을 세워 인간세상의 이상(理想)을
인류를 위한 것으로 삼아라 그것이 바로 홍범이다.

❹ 결론적으로 홍익인간은 환웅을 지칭한다.

이것이야말로 파천황적인 홍익인간 뜻의 개벽이다. 만고의 선인도
의 비밀, 홍익인간, 환웅천제가 개벽을 통하여 세상을 바꾸는 역세주
(易世主)로 부활하였다.

❺ 역세주(易世主)에 대한 풀이

첫째, 홍익인간에 대한 글자 풀이

종전의 이병도 해석

홍(弘)자를 "넓은", "넓다"로

익(益)자를 "이롭다", "이롭게 한다" 등으로 풀이하여 홍익인간을 "널리 인간을 이롭게" 하는 것으로 정형화하였다. "인간을 널리 이롭게 하는" 이념이나 행위는 보는 견지에 따라서 인류를 위한 숭고한 사상이라고 할 수 있으나 인간을 이롭게 하는 행위는 주로 물질적인 경제적 시혜나 혜택을 베풂으로서 이루어질 수 있으므로 정신적 구원을 통한 인간세상을 바꾸고자 하는 열림사상과는 그 차원을 달리한다고 볼 수 있다.

둘째, 진정한 홍익인간의 뜻

홍(弘)자를 "널리"라는 의미 대신 "크다", "큰"으로

익(益)자를 "이롭다"라는 의미 대신 "돕는다", "돕는"이라고 풀이하면 홍익인간은 "크게 돕는 사람"으로 풀이된다. "크게 돕는 사람"이 홍익인간이니 정신적인 "구원자" 혹은 인간세상의 어둠을 광명으로 바꿀 수 있는 "역세주(易世主)로서 이타행을 통하여 자기 자신을 희생하는 숭고한 인물이니 홍익인간이 사람들에게 물질적 이익을 주는 '마법의 주술'이나 모든 사람에게 공평하게 이익을 분배해 준다는 공산주의와 같은 특정한 사상이나 주의가 아니라는 점이 명명백백하게 밝혀졌다.

2) 광명세계를 열다

이조 중종 때 이백이 저술한 "태백일사"에서 홍익인간인 환웅천제가 인간세상에 광명세계를 여는 과정과 배경에 관해 기술하고 있다.

「조대기」에서 말한다.

당시 사람은 많고 산업은 궁핍하여 살아갈 방법이 없어 걱정이었다. 서자부에 환웅이라는 대인(大人)이 있었는데 여러 가지 사정을 살피더니 하늘에서 내려가 땅 위에 하나의 광명세계를 열기를 바랐다. 때에 안파견이 두루 금악, 삼위, 태백을 살피더니 태백은 이로써 '크게 돕는 사람'에게 합당한지라 환웅에게 명하여 가로대 사람의 할 일이 이미 다 조성되었으니 그대 수고를 아끼지 말고 무리를 이끌고 하계에 내려가서 하늘의 뜻을 열고 가르침을 베풀어 천신에게 제사 지내는 것을 주관하라. 어버이의 권위를 세워 평화에 귀일케 하며 스승의 도를 세워 인간세상의 이상(理想)을 인류(자손만세)를 위하는 것으로 삼을지니 그것이 홍범이니라 하시며 마침내 천부인 세 개를 주시고 그를 보내신지라 환웅이 무리 3,000을 이끌고 처음으로 태백산 신단수 아래 내려오시니 이를 신시(神市)라 한다. 풍백, 우사, 운사와 더불어 농사를 주관하고 삶을 주관하며, 형벌을 주관하고 병을 주관하시고 선악을 주관하면서 무릇 인간의 360여 사를 두루 주재하시사, 인간의 이상을 '크게 돕는 사람'으로 삼았으니 이 구원자 '크게 돕는 사람'이 바로 환웅천제이다.

위 본문 중에서 주목해야 할 두 구절이 있다.

(1) 在世理化爲子孫萬世之洪範也
(2) 在世理化弘益人間是謂桓雄天王也

(1)의 구절은 "인간세상의 이상을 인류(자손만세)를 위하는 것으로 삼아야 하고 그것이야말로 더할 나위 없는 최고의 '큰 규범'이라는 것과,

(2)의 구절은 "인간의 이상을 '구원자(크게 돕는 사람)]가 되는 것으로 삼아야 하며 바로 이 구원자가 환웅천제이다."라는 두 구절의 뜻이 서로 상반되고 모순된 문장처럼 여겨지나 깊이 새겨 보면 이 두 구절의 뜻이 절묘하게 부합되어 상승된 비의를 내포하고 있음을 깨닫게 된다.

결론적으로 인간세상의 총체적인 이상(理想)은 인류를 위하는 것으로 삼아야 하며 이 이상이 인류구원의 홍범이라는 것을 의미한다.

인간 개체의 이상(理想)을 구원자 (크게 돕는 사람)로 표본을 삼아서 성통공완을 이루면 환웅천제와 같은 구원자나 역세주의 경지에 도달할 수 있다는 뜻으로 구원자의 길이 인류를 위하는 것이며, 환웅천제 자체가 홍범인 최고의 모범이라는 뜻이다. 개개인이 수련을 통하여 홍익인간으로 거듭날 때 마침내 평화에 귀일할 수 있는 광명세계가 열리게 된다는 메시지를 전하고 있다.

朝代記曰時人多産乏憂其生道之無方也庶子之部有大人桓雄者探聽與情期欲天降開一光明世界于地上時安巴堅遍視金岳三危太白而可以弘益人間乃命雄曰如今人物業已造完矣君勿惜勞苦率衆人躬自降往下界開天施教主祭天神以立父權扶携乎和歸一以立師道在世理化爲子孫萬世之洪範也乃授天符印三個遣往理之雄率徒三千初降于太白山神檀樹下謂之神市將風伯雨師雲師而主穀主命主刑主病主善惡凡主人間三百六十餘事在世理化弘益人間是謂桓雄天王也

3) 궁극의 다다름

태백일사의 고구려국 본기에 수록된 내용 중 고구려시대 을지문덕 장군이 선인도 수련법인 정수경도에 관하여 언급한 내용을 발췌하였다.

……전략
…… 요망하건대 날마다 마음속에 목표삼기를 고요히 경도(境途)를 닦아 인간의 이상(理想)인 '홍익인간'되는 것을 간절히 바라노라. ……후략

······전략

······ 要在日求念標在世理化

靜修境途弘益人間······후략

    을지문덕 장군이 추구했던 선인도 수련의 궁극의 다다름이 선인(仙人) 최고의 이상인 구원자「홍익인간」이 되어 잘못된 세상을 바로잡아 질곡과 고난으로부터 사람을 구원하는데 있음을 극명하게 보여주고 있다.

    이는 선인도의 세계가 중국 도가(道家)의 세계에서 동경하고 꿈꾸어 온 우화등선(羽化登仙)* 해서 세속의 고통과 고난을 초월하여 선경에서 자기 홀로 고고하게 화평을 추구하는 것이 아니라는 의미가 함축되어 있다. 환(桓)의 세계로 돌아가는 것은 자기 초월 단계를 뛰어넘는 것이다. 위대한 성웅 을지문덕 장군**은 국가와 민족의 존망이 걸린 전쟁 현장의 총수로서 고구려 군대의 6배가 넘는 수나라 침략군을 쳐부수고 고·수 전쟁을 승리로 이끌어 국가와 민족을 구원한 구국의 영웅이었다.

    을지문덕 장군은 마침내 매일매일 마음속 깊이 구념했던「홍익인간」의 경지에 다다른 것이다. 그가 그토록 간절히 갈망하던 '홍익인간'을 향하여 매일매일 달려가고 고요히 경도(境途)를 닦음으로서 환성(桓性)을 통해 성통공완을 이룩한 것이다.

    「홍익인간」을지문덕 장군의 가르침이 오늘 이 시각에게도 벼락처럼 우리의 귀청을 때리지 않는가!

---

* 道家의 용어로 득도하면 날개가 달린 것처럼 하늘을 나는 신선이 된다는 비유
** 을지문덕 장군은 고구려 제 26대「영양무원호태열제」때 사람으로 자신이 "조의선인" 출신이면서 조의선인 20만 명을 양성시켜 수나라 황제 양광이 130만 대군으로 고구려를 침략했을 때 살수에서 대파시킨 후 여세를 몰아 중국 북경 동쪽 해안인 유주(幽洲)까지 쳐들어가서 그곳까지 영토를 넓힌 불세출의 영웅이다.

제3장
시원始源의 노래

시원始源의 노래

　신시시대 때 선인 발귀리(發貴里)는 제천의 예가 끝나는 것을 보고 아사달에서 시 한 수를 지었다.

　　……전략
　　그윽이 강림하신
　　지극한 영기 ―

　　님의 영혼
　　광명으로 통하게 하여,

　　님을
　　이 세상의 숭고한 이상(理想)인
　　'거룩한 구원자'로
　　이루어지게 하셨나이다.
　　…… 후략

　그 당시 한글이 있을 리 만무하니 후세에 누군가 구전되어 오던 노랫말을 한자로 옮겼다. 소도경전 본훈에 나오는 구절의 일부분인데 소위 학인이니 도인이니 하는 자들에 의해 신물 나게 인용되는 구절 중의 하나지만 그 뜻을 관통하는 사람이 한 사람도 없어 애석할 뿐이다.

一神降衷 일신강충
性通光明 성통광명
在世理化 재세이화
弘益人間 홍익인간

　아무리 하나의 별빛을 쫓아가도 결코 그 별을 잡을 수 없다. 별빛이
그대에게 내리꽂힐 때 비로소 별은 그대와 하나가 된다. 마음자리가
열려 직관의 바위가 깨지고 영감이 솟아오르면 하늘의 비의는 미소를
머금고 그대의 내면을 비춰준다.
　발귀리 선인의 노래는 무엇을 뜻하는가. 그의 마음속의 행로를 따라
가 보자.

　一神降衷은 "하느님의 지극한 영기가 누군가에게 깊숙이 강림하셨
다"는 뜻이고
　性通光明은 "누군가의 영혼에 강림하신 하느님의 지극하신 영기에
의하여 누군가의 영혼을 광명세계로 소통케 하셨다."는 뜻이며,
　在世理化는 "이 세상에 있어서 숭고한 이상은 …… 되게 하는 것이다"
　弘益人間은 "'크게 돕는 사람'이니 '거룩한 구원자' 또는 '구원주'로
풀이 되어, 3·4행을 합하여 "이 세상에서 가장 숭고한 이상은 거룩한
구원자 되게 하는 것"이다.
　종합하면,

　　"하느님의 지극한 영기─
　　님의 영혼에 깊숙이 강림하시여,
　　님의 영혼을 광명으로 소통케 하셨노라.
　　하느님은 님을 이 세상의 가장 숭고한

이상인 '거룩한 구원자'로 이루어지게 하셨노라

라고 풀이된다.

여기서 님이란 '구원주'인 '홍익인간'이요 이 '홍익인간'이 환웅천제를 일컫는 것임을 다음 구절에서 확연하게 밝혀진다.

>……전략
>둥근 원(圓)은 일(一)이 되여 무극(無極)이 되고
>네모 방(方)은 이(二)가 되여 반극(反極)이 되며
>세모 각(角)은 삼(三)이 되여 태극(太極)이라,
>무릇 구원주(홍익인간)란 천제환웅에게 주어진 바다.
>……후략

이 시는 온 누리의 주재주이신 하느님을 찬양하는 동시에 환웅천제가 이 세상의 이상인 '구원주'로 하느님의 부르심을 받았다는 비의를 숨기고 있다. 또한 비단 환웅천제뿐만 아니라 누구라도 성통공완을 이루면 홍익인간이라는 구원의 이상에 도달할 수 있다는 이중적 구조의 함의를 깨달을 수 있다.

그렇다면 선인 발귀리께서는 도대체 이와 같은 노래를 여하히 표현하셨을까. 6천여 년 동안 지상에 떠돌았던 노랫소리에 귀 기울여 본다.

"一神降衷"이니, "그윽이 강림하신 지극한 영기"니 하는 이런 표현과는 거리가 먼 옛 소리가 있었을 터……. 선인 발귀리께서 지으셨다는 노랫말은 우리 귀에 가장 익숙한 노래였으리라.

노래, 시(詩), 기도……. 그렇다 간절한 소망이 담긴 기도, 하늘과 땅을 감동시키고 자신의 영혼을, 영겁의 빛의 세계로 소통케 하는 기도는 무엇인가.

우리의 혼 속에 깊이 뿌리박힌 귀에 익은 소리-이 소리를 들으면 고구려 고분 벽화 속에 선인들의 무구한 미소가 우리의 영성을 파동치게 하는 소리-

　　　　고온지 곤지
　　　　제에엠 젬
　　　　도오리 도리
　　　　짝짜쿠웅 …… 짝짜쿵 짝짜쿵

　　무슨 뜻인지 다 잊어버렸지만 한민족의 기원과 더불어 한국 사람들은 자자손손이 이 '무극도리신공'을 가르치고 배워왔다. 돌잡이 어린아이들의 재롱으로만 알고 있는 '무극도리신공'은 다음과 같은 깊은 의미를 담고 있다.

곤지곤지

- 점 하나-모든 만물에너지의 근원, 하느님의 영기 님 속에 깊숙이 내려오신다.

젬젬

하느님의 영기로 가득 채우니 님의 영혼 태양처럼 밝아지신다.

도리도리

하느님의 깊은 뜻은 지상에 인간의 이상을 이루어지게 하심이라.

짝짜쿵 짝짜쿵 짝짜쿵

님이 거룩한 「구원주 홍익인간」으로 거듭나시니 기쁘고 기쁘도다.

위대한 선인 발귀리는 거발환(居發桓) 환웅이 「구원주」로 거듭나는 신인합일(神人合一)의 과정을 노랫말로 지어 찬양하면서 환웅천제를 큰 모범으로 삼아 일반 사람들도 누구나 수련을 통하여 「홍익인간」의 경지에 도달할 수 있음을 아주 짧은 기도문 속에 보석처럼 숨겨놓고 있다.

밝고도 신령하여 감히 이름하여 헤아릴 수 없는 하느님은 소리와 기운으로 간절히 기도하면 반드시 모습을 나타낼지니, 자신의 본성에서 하느님의 씨톨을 찾으라, 이미 머리골 속에 내려와 계시니라.

> 昭昭靈靈 不敢名量 聲氣願禱
> 絶親見 自性求子 降在爾腦
> —삼일신고—

기적이나 이적을 내세우지 않으면서도 소소영영한 하느님의 천업은 이미 시현(示現)되고 있음에도 뭇 사람들은 이를 깨닫지 못하고 엉뚱하게 천국에 계신 하느님의 존재와 영적 power만 구하고 있다.

이미 각자의 머리골 속에 하느님의 영성이 내려와 계시니 그 영성을 발굴하여 키우면서 진화시키는 작업이 하느님과 짝짜궁을 이루는 홍익인간을 성취시키는 길임을 암시하고 있다. 홍익인간이라는 목표지점을 향해 나갈 수 있는 표석(標石)을 발견하지 못한다면 길을 잃게 되어 수많은 갈림길에서 방황하다가 결국 포기하거나 잘못된 길을 가면서도 자신이 옳은 길을 가고 있다고 자신을 기만하고 타인을 그릇된 길로 인도하게 된다.

종교와 도(道)라 운운하면서 자기 안에 마성(魔性)이나 잔뜩 키우고 있다면 이거야말로 내 안의 하느님의 영성을 매일 죽이고 있는 거나 다름없으니 이토록 무섭고 놀라운 일이 어디 있겠는가.

"하느님이 내 안에 현재하고 계시다"는 메시지가 곤지곤지 젬젬이다.

"이 세상을 구원할 구원주"에 대한 메시지가 도리도리 짝짜꿍이다.

홍익인간의 사명은 물질을 크게 창달시켜 경제를 번창시키는 홍익제물(弘益濟物)과 사람을 크게 도와 구제하는 홍익제인(弘益濟人)을 함께 병행하는 것이다.

홍익인간(弘益人間)과 홍익제인(弘益濟人)을 혼동해서 안 되며 홍익제인을 실천하는 주체가 홍익인간이다.

하늘을 잇는 실크로드

　상고시대 한민족의 기원은 환웅천제가 하늘을 열고 무리 3천 명과 함께 아사달 신단수 아래 내려와 신시개천시대의 광명을 베푼 시점으로부터 발원된다고 삼국유사나 환단고기 등에 기록되어 있다.

　이러한 신화적 요소를 역사적 사실로 오인하거나 액면 그대로 믿을 사람은 그리 많지 않다. 그러나 이와 같은 신화적 요소가 암시하는 비밀 Code와 Sign을 풀어나가면 후세에 전하고 전하는 Message가 눈 멀고 귀 먹은 현대인의 영혼을 뜨거운 영성으로 일깨워준다.

　신라시대 재상 박제상이 쓴 「부도지」에 의하면 여러 민족의 기원은 「파미르(Pamir)」고원의 「마고성」에서 시작됐다고 한다. 「파미르」고원은 중앙아시아의 「타지크스탄」 일대에 위치하고 있으며 민족대이동이 시작한 이래 「파미르」 고원 북동쪽에 위치한 알타이(Altai) 산맥과 천산산맥(Tian-San) 산맥 지역에 환웅천제 무리가 정착한 것으로 추정된다. 알타이 어계 언어에 의하면 알타이는 아사달을 「샤얀」은 삼위(三危)로 풀이되며 금악(金岳)은 AL(금) tan(산)이며 아사달(阿斯達)은 Asa(金=鉄)와 tal(산)의 의미로서 흔붉달(太 白山), 붉달(白岳), 아스달(阿斯達) 등이 모두 금산(金山)의 이름인 알타이(Atai) 산맥과 Altan 고원에 있는 Altun 산으로 밝혀지고 있다.

　백두산을 신성시하는 고정관념에 사로잡혀 환웅천제가 백두산 신단

수 아래 강림하였다는 설은 또 하나의 변형된 신화라고 볼 수 있다. 환웅천제가 신시개천 한 곳은 현 북한 지역의 백두산도 아니요 한민족의 발상지로 떠오르고 있는 러시아의 바이칼 호수 지역도 아니다. 황궁씨의 무리가 「파미르」 고원 지역에서 북진하여 「바이칼」 호 서쪽 지역인 알타이 산맥과 천산산맥 사이 준가리안(Dzungarian) 분지에서 환웅시대까지 정착하다가 점차 「바이칼」 호 지역으로 이동하여 제국의 제2 중심지로 확장한 후 단군 조선 시대 이후 더욱 동진하여 중국 북부 지역을 포함한 몽고 지역 및 만주 지역과 한반도 지역으로 세력을 확대하여 국가 형태를 갖춘 민족 대이동이 진행되었다고 추정된다.

이러한 문제의 제기는 언어학적, 고고학적인 역사적 사료에 의해서 충분히 연구되어야 할 과제다. 다만 우리 민족의 시조인 환웅천제에 대한 시각은 그가 인간세상을 다스리기 위해서 하늘문을 열고 하강한 하느님의 아들인 신적인 존재가 아니라는 점이다. 그는 인성을 갖춘 인간으로서 하느님의 영성에 끊임없이 다가가서 마침내 환골이신하여 신인합일의 경지에 도달한 홍익인간이었음을 부연하고 강조하기 위함이다.

또한 한민족이 천손민족이라는 개념 역시 우월의식의 발로에서 비롯된 민족차별적 주장이므로 자칫 국수주의에 빠진 민족 지상주의로 빗나갈 수 있다. 우리의 천손민족설이나 유태인의 선택된 민족설 등은 배타적이며 폐쇄적인 근본주의 사상으로서 시대에 뒤떨어진 자아도취적인 사고에 불과하다. 경계함이 마땅하다.

21세기의 우리가 기리고저 하는 것은 옛날의 화려하고 강대했던 민족과 국가 그 자체가 아니라 그 당시 여러 민족의 다양한 인종과 문화를 아우르는 융합된 지혜와 이상 그리고 일반 사람들이 공유했던 정신적 가치관을 헤아려서 21세기의 피폐해진 정신적 토양을 비옥하게 하여 인간이 인간다운 삶을 영위하고자 함이다.

옛 선인들의 의식과 행동양식이 현대인의 영적 수준보다 고차원의 영적 세계와 교통하고 있었으며 신체적인 면에서도 심신수련을 통하여 고강한 내공력을 운용하여 몸과 마음 기운 일체가 자연계의 만물과 접화군생(接化群生)하는 도리를 터득하고 있었다. 구극적으로 인간세상을 구원하고자 염원하고 추구했던 하늘과 사람을 잇는 정신적 Silk Road를 재발견하는 길이 오늘날 몸과 마음이 만신창이가 된 인류를 치유(Healing) 하는 데 조그마한 보탬과 도움이 되리라 생각된다.

해동선인 최치원 님이 직접 쓰신 「고운선생속집(孤雲先生續集)」 "나라에 현묘한 도가 있어 이를 풍류라 한다. 교를 창설한 기원은 선사(仙史)에 실려 있고 삼교를 포함하여 접화군생(接化群生) 한다. 집에 들어오면 부모에 효도하고 밖에 나가 나라에 충성함은 노나라 사구(공자)의 교지와 같고, 무위로 처신하고 말없이 행함은 주나라 주사(노자)의 종지와 같다. 여러 악한 일을 하지 않고 여러 선한 일을 받들어 행함은 축건태자(석가)의 교화"와 같다.

> 國有玄妙之道 曰風流 設敎之源 備群仙史
> 實乃包含三敎 接化群生
> 且如入則孝於 出則忠於國 魯司冠之旨也
> 處無爲之事 行不言之敎 周主史之宗也
> 諸惡莫作 諸善奉行 竺乾太子之化也

우리나라에 풍류라는 현묘지도가 있는데 그 기원은 선사(仙史)에 실려 있고 공자의 유교 노자의 도교, 석가의 불교 등 삼교의 종지를 다 포함하고 있으면서, 모든 생명체와 유기적으로 연결되는 접화(接化)를 이뤄 모든 생물과 더불어 사는 군생(群生)을 도모한다.

고운 최치원 선인의 모든 철학과 생명사상이 「접화군생」이라는 뜻에 농축되어 있다고 해도 과언이 아니다. 생명과 생명, 기운과 기운이 서로 닿고 상응하여 모든 생명체가 더불어 살며 진보하고 진화하는 것이 진정한 생명 존중 사상이다.

이 지구상의 모든 생명체가 점점 퇴보하고 퇴화되어 간다면 멀지 않아 군생이 아닌 공멸의 길로 접어들게 될 것이다.

오늘을 사는 우리에게 뼈에 닿는 경각심을 촉구하는 듯하여 삼가옷 깃을 여미게 하고 절로 머리가 수그러든다.

풍류라는 선(仙)이 유교, 도교, 불교를 다 포함하고 있다 해서 최상의 길이 아니다. 비단 삼교뿐만 아니라 기독교, 이슬람교 등 백교(百教)의 교리를 다 포함하고 있어도 상생이 아닌 상극과 군생(群生)이 아닌 독생(獨生)의 길로 치닫는다면 인류와 지구상의 모든 생명체는 공멸의 길을 가게 될 것이다.

선(仙)은 모든 만물과 접화군생하여 지구촌 도처에서 몸살을 앓고 있는 땅과 생물을 치유할 수 있는 까닭에 일찍이 최치원 선인께서 「현묘한 도」라고 갈파한 것이리라.

선인의 길이 접화군생 하는 것임을 일깨워 준다. 접화군생이란 한마디로 표현하여 휴전(Fusion)이다. 음과 양이 동과 서와 정신과 물질이 융합되어 더 높은 차원으로 승화하는 것이다.

환의 세계

환웅은 홍익인간이다.
홍익인간은 환웅이다.
마른하늘에 날벼락이다. 파천황이다.
얼토당토않은 소리다. 미친 자의 헛소리다.

마흔 일곱 분의 단군들이 통치하던 고조선시대마저 신화로 매장되고 고구려와 발해역사마저 중국 역사에 편입시키려는 상황 하에서 단군조선 시대보다 1565년이나 앞선 신시개천시대의 열여덟 분의 환웅선인들의 등장은 한·중·일의 역사를 뛰어넘어 인류의 혼을 각성시키는 장이 될 것이다.

한국인의 정체성은 환웅대성존에서 비롯된다. 다시 한번 환웅이라는 낱말의 의미부터 살펴보자. 지금도 러시아 시베리아 「바이칼」 호수 지역에 거주하는 「부리야트」 족, 「에벤키」 족, 「코린 혹은 코리」 족 주민들은 「한」 또는 「하트」를 하늘의 최고 신인 "텡그리의 자손"으로 일컫고 있다.

「몽골」과 「투르크」어계에서도 「한(칸)」이 세속적인 의미인 군장이나 군왕 또는 제왕의 뜻으로 폭넓게 사용되고 있었으나 본래 「한」이란 "하느님의 자손"이란 샤먼의 용어다.

환웅의 환(桓)은 「한」 즉 하느님을 계승한 "하느님의 아들"이라는 뜻이다. 웅(雄)은 수컷이라는 뜻 외에 집단의 두목이나 수장을 의미한다. 두 글자를 결합한 환웅은 "하느님의 아들인 임금님"이란 뜻이다.

더욱 간추리자면 환웅은 제사장이자 임금인 "Shaman King" 천왕, 천제로서 "하늘에서 온 임금"이다.

신시개천시대의 열림은 파미르(Pamir) 고원으로부터 진출한 환웅의 선진문명세력이 비문명권인 천산산맥 및 알타이 산맥 등지를 거쳐 바이칼 호 지역으로 이동하면서 빚어지는 낙후된 토착 세력과 선진 이주세력간의 충돌과 갈등을 화해와 평등의 열림 사상으로 화합된 새로운 인간세계를 건설하는 것이다.

전쟁과 질병, 굶주림과 자연적인 재해로부터 인명과 재산을 보호하고 정신적인 진보를 통하여 미망의 암흑세계에서 방황하는 인간세상을 구원하는 것과 「마고성 탈출」 이후 대립과 불복관계였던 신과 인간과의 화해를 통한 우주 질서의 복원은 파괴된 지상 낙원을 재건하기 위한 신시(神市)의 건설로 황궁씨가 마고여신에게 서약했던 복본의 서약이 수천 년이 경과한 후 환웅시대에 일차적으로 달성된다.

신에 대한 모든 의혹을 풀고 본래의 자리로 돌아가야 한다는 「해혹복본」은 신(神)은 인간과 만물이 태동했던 생명의 근원이며 한시도 만물과 분리될 수 없는 생명에너지의 시원이자 우주 만물의 주재주라는 인식과 믿음으로 돌아간다는 서약이다. 환웅천제는 하느님의 아들인 신격체가 아닌 홍익인간의 사명과 우주 질서 회복을 위한 신과 인간의 화합과 중재를 담당하는 Shaman King이었다. 그리고 그는 인류 최초의 구원자였다.

인간세상의 구원과 우주 질서 회복을 위한 「해혹복본」이란 하늘과

땅 사람의 기운이 어우러져 끊임없는 에너지 교통과 진화과정 속에서
인간정신을 광명으로 통하게 한다. 이것이 환(桓)의 세계다.

홍익인간에 의해 구현되는 환의 세계,

환으로 들어가는 길,

환으로 가는 길,

환의 길.

"환(桓)은 전일(全一)이며 광명이다.
전일(全一)은 삼신의 지혜와 능력이며
광명은 삼신의 참된 덕(實德)이다.
고로 환은 우주 만물에 앞선 곳이다."

"桓國注曰桓者全一也光明也
全一爲三神之智能 光明爲三神之實德
乃宇宙萬物之所先也

-태백일사, 환국본기-

우주 만물에 앞선 곳,

전일(全一)로 표현되는 모든 생명에너지를 아우르는

천원(天元)이자 (The Source of Energy) 암흑을 소멸시키는 광명의
시원처,

만물을 낳고 기르는 우주의 자궁,

아리라(Arila)*

* '아리'는 "오리"라는 옛말이요 '라'는 "물" 또는 "강"을 일컫는 옛말이다. '아리수'는 압록강이나
  한강의 옛말이나 어원은 '아리라'라고 표현함이 맞다. '아리랑'의 어원도 '아리라'에서 기원했
  을 것으로 추정한다. '아리'는 본래 "영원"이나 "생명"을 뜻하는 고어이나 후대에 가서 음역이
  비슷한 "오리"로 변형되었을 것이다. 아리라(Arila)의 본래 뜻은 생명의 시원인 우주의 자궁을
  일컫는 말로 해석함이 옳다고 본다.

우주의 정신과 우주의 마음,
우주의 생명과 우주의 기운,
우주의 정기와 우주의 몸이
환으로부터 비롯됐다.

빛이 비쳐온 빛의 시원으로
빛을 되비추는 것,

나의 작은 빛을 환(桓)을 향하여
쏘아 올리는 공부가 홍익인간을 찾아가는 길이다.

제4장

얼로 푹는 천부경

환웅이 꿈꾸던 세상은 하늘의 정신을 열고 땅의 풍요를 열며 사람의 혼식(魂識)을 열어 지상에 화평세계를 건설하는 것이었다.

　이와 같은 열림사상(개벽사상)의 구현은 부단한 자기성찰과 치열한 해혹복본의 수련을 통해 인간의 내면의식과 우주의식과의 소통을 도모하는 것이다.

　우주가 낳은 삼라만상과의 접화군생을 이루는 이타행－. 그 길은 믿음의 외길이다. 이성이나 감성의 두꺼운 벽을 깨트리는 것이야말로 영혼이 허망한 인간 존재를 뛰어 넘어 영원한 환(桓)의 세계에 닿을 수 있다는 자기 구원의 메시지다.

　궁극의 목표인 접화군생하는 홍익인간의 경지에 이르기 위해서는 자기 희생이란 명확한 대가를 철두철미하게 치러야 한다는 공법(公法)이 천부의 경전이다.

　인간의 정신이 지향하는 환의 세계를 가리키는 나침반이자 Road Map인 천부경, 21세기 전 인류가 공유해야 하는 은혜로운 자기 열림은 민족과 종교의 갈등과 마찰을 해원하는 군생의 길이다. 독생(獨生)인가 군생(群生)인가. 진아(眞我)의 되찾음에서 은혜의 폭포수가 쏟아져 내린다.

1 천부경은 말한다

천부경은 환웅대성존이 하늘에서 내려오기 전부터 천제 환국에서 말로만 전해지던 글이었는데 환웅천제가 신지(神誌) 혁덕(赫德)에게 명하여 녹도(鹿圖)의 글로써 이를 기록케 하였다. 고운(孤雲) 최치원(崔致遠)은 신지의 전문(篆文)을 옛 비석에서 보고 이를 첩으로 만들어 세상에 전하게 된 것이다.

그렇거늘 본조(本朝)에 이르러 뜻을 애오라지 유가(儒家)의 글에 두더니 다시 조의(早衣)*와 더불어 의논하여 보존할 것을 바라지 않으니 이 또한 한스러운 일이라!

때문에 특히 표하여 이에 들어내어 뒤에 오는 자에게 보이고저 한다.
-태백일사, 이맥**-

환웅천제 이전 환국시대부터 말로만 전해져 내려온 하느님과 인간과의 언약을 담은 비전의 경전. 만고의 비밀을 간직한 채 침묵하고 있는 민족의 성전. 천부경에 다가가 그 본래의 소리를 들어 보자.

혹자는 주역식으로 또는 수리적으로 혹은 기발한 여러 방식을 동원하여 자의적인 해석을 하고 있다. 물론 목표에 대한 접근 방법은 다양할 수 있겠으니 그 해답마저 구구하다면 진리의 뜻은 멀리 떨어져 있어 누군가 가까이 다가오기를 고대하고 있을 것이다.

* 선인도를 수련한 고구려의 무사나 선인도 수련자.
** 조선시대 연산군과 중종 때의 학자.

여태까지의 난해한 해석들이 장황한 서론과 혼란스런 본론만 있을 뿐 결론이 없음은 웬 까닭인가. 아직도 유(儒), 불(佛), 도(道)가의 넋두리에 억매여 혼백을 빼앗긴 때문인가.

이제 천부경 스스로 신비의 베일을 벗고 만고의 비밀을 밝혀야 한다. 천부경이 스스로 말하지 않는다면 사람들은 영원히 그 본음(本音)을 들을 수 없고 본성(本性)의 빛을 바라볼 수 없다.

"삼일신고" 허공편에 또 하나의 표식(Sign)이 있다.

소리와 기운으로 간절히 기도하면 반드시 모습을 나타내리니 네 자신의 얼에서 씨앗을 찾으라―. 이미 네 머리골 속에 내려와 계시니라

위 표식대로 우리 얼 속의 유전인자에 입력된 만고의 미로를 탐색해 보자.

얼로 푹는 천부경

천부경은 이 세상에서 존재하는 수많은 경전 중 최소 분량의 문자인 81자로 구성되었다. 지금으로부터 1,100여 년 전 신라시대 고운 최치원 선인이 6,000여 년 전 환웅시대 신지 혁덕의 전자체 고문자를 한자로 옮길 적에 다음과 같은 금기사항을 고려하여 본래 천부의 뜻은 담되 문자가 아닌 얼로 풀지 않으면 금제가 풀리지 않도록 완벽한 보호장치를 한 듯하다. 그 이유인즉, 첫째, 당시 당나라 유교, 불교, 도교의 문화에 젖어있던 신라 귀족 및 지식계층에 의해 천부경의 뜻이 훼기(毁棄)됨을 방지하기 위하여 천부경 전문을 암호화하였다.

두 번째, 당시 신라왕조 말기 현상으로 미륵신앙이라든가 혹세무민하는 사이비 구세주들로부터 천부의 뜻을 수호하기 위하여 선가(仙家)의 계승자에게만 비전되도록 천부경을 재구성하였다.

세 번째, 최치원 선인은 자신이 신라인이지만 고구려를 멸망시킨 당나라 문화에 선맥을 이어온 고구려의 선인문화가 흡수되거나 소멸됨을 방어하기 위한 조치로 수수께끼 같은 천부경의 구조를 고안하고 천연요새인 우주의 자궁 속에 천부경을 봉인하였다.

천년 앞을 내다보고 천부경을 수호한 최치원 선인의 혜안에 접하면 절로 엄청난 영력과 무한한 기쁨이 솟구쳐 오른다.

조선왕조 세조와 성종시대의 천재적 문장가로 알려지고 있는 매월

당 김시습조차 "천부경의 뜻이 난해하여 풀 길이 없다"고 솔직하게 고백하였음을 감안할 때 "국유현묘지도"의 선맥을 계승했던 최치원 선인이 재구성했던 천부경은 글자풀이가 아닌 얼로 풀어야 하는 까닭이 여기에 있다.

천부경은 한 사람이 한 사람을 홍범으로 삼아 인간세상의 모든 사람을 위해 쓴 위대한 경전이다. 그 한 사람이란 한민족의 홍범이 된 홍익인간 환웅의 전형을 자기 자신 내부에서 발견하고 구현한 최치원 선인이었다.

3 시대적 배경과 천부경사상

    환웅시대 이전에 하늘과 땅과 사람을 하나로 정하는 위대한 홍익인간이 인간세상을 가르치고 구원할 것이라는 환인들의 예언이 있었다. 이는 하늘의 뜻이 거발한 환웅천제 시대의 도래를 계시하여 민중들에게 믿음과 희망을 주기 위함이었다.

    환웅시대는 우주가 하나라는 깨달음을 통하여 만물의 근원 역시 하나로서 인간은 결코 동떨어진 개체가 아니라 하나라는 시원에 닿을 수 있는 영적인 존재이며, 하나의 모태를 공유하는 만물은 회귀본능을 가지고 부지불식간에 유한의 세계에서 무한의 세계로 지향하는 가르침이 있었다. 이러한 회귀에 대한 동경과 열망은 인간을 참으로 고양시키며 모든 삼라만상을 진화케 한다는 것이다. 우주의 섭리는 무에서 시작해서 無로 끝나는 단막극에 불과하지만 인간이 우주의 진리를 터득하면 끝남에서 다시 시작으로 이어지는 영속적이고 무한한 영적 존재로 승화될 수 있다는 것이다.

    그 길은 누구의 구원에 의해서가 아니라 개개인의 자유의지에 의해서 정신과, 목숨, 정기를 참으로 돌이킬 때 인간은 진정한 자유와 은혜를 누리고 만물의 진화에 동참하여 창조적인 구원자로 거듭날 수 있다는 메시지가 천부경 속에 함축되어 있다.

    환웅시대 이후인 단군 조선시대와 부여의 뒤를 이어 백제, 가야, 신라 등 고구려 통일시대의 사한을 복속시키고 동북아지역 대소국가를 정복한 다물정신은 정신적으로 해혹복본을 목표로 삼았으며 홍인인간을 지향하는 선인도 수련으로 선인 문화의 전성기를 이루었다.

고구려 제국시대에는 정신적인 심법 못지않게 心·氣·身 수련에 보다 구체성을 띤 호국무예를 수련하는 것으로 긍지를 삼아 조의선인(皁衣仙人)이라는 무사들의 관직이 제도화되었으며 귀족 및 지배계층의 주류를 이루고 있었다.

고구려 멸망 이후 통일신라 및 고려시대의 불교 전성기를 거쳐 이조 조선시대의 유교문화의 창달은 중국에 대한 사대주의 사상에 사로잡혀 민족 고유의 선인도 정신을 수용하지 못하고 금기시하거나 배척하였다. 항상 역성혁명을 도모하는 주체나 배후에는 미륵신앙, 도참설, 정감록, 상제하강설 등 자신을 구세주로 자처하여 민중의 호응이나 봉기를 부추겨서 정치적이나 종교적으로 이용하려 했다. 이러한 집단은 반역도당으로 낙인찍혀 처형되었기 때문에 은거하여 세속적인 일에 초연하게 사는 것이 목숨과 선맥을 이어가는 길이었다.

고구려가 당나라에 멸망한 이후 근 1,3000여 년 동안 홍익인간은 우리의 뇌리 속에서 잊혀졌다.

이제 홍익인간은 기나긴 잠 속에서 깨어나 우리 민족을 다시 각성시키고 인류의 구원을 위하여 반드시 부활해야 한다.

제5장
천부경 내편內編

천부경 전문

一	始	無	始	一	析	三	極	無
盡	本	天	一	一	地	一	二	人
一	三	一	積	十	鉅	無	匱	化
三	天	二	三	地	二	三	人	二
三	大	三	合	六	生	七	八	九
運	三	四	成	環	五	七	一	妙
衍	萬	往	萬	來	用	變	不	動
本	本	心	本	太	陽	昂	明	人
中	天	地	一	一	終	無	終	一

2

원방각의 천부경 도해

ㄱ. 천부원도

ㄱ. 천부원도-2

一	始	無	始	一	析	三	極	無
地	二	三	人	二	三	大	三	盡
三	萬	往	萬	來	用	變	合	本
二	衍	人	中	天	地	不	六	天
天	妙	明	終	一	一	動	生	一
三	一	昂	無	終	一	本	七	一
化	七	陽	太	本	心	本	八	地
匱	五	環	成	四	三	運	九	一
無	鉅	十	積	一	三	一	人	二

ㄴ. 천부방도

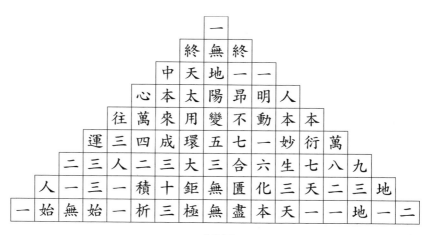

ㄷ. 천부각도

천부경 81자를 천지인을 뜻하는 원 ○ 방 □ 각 △에 대입시켰을 때 외형상으로 다음과 같은 운동 방향과 에너지의 흐름을 느낄 수 있다.

ㄱ. 원① : 아주 작은 점에서 시작한 하나의 에너지는 회전을 거듭할수록 커지면서 확대되고 확산되어 나간다. 맨 마지막의 하나는 5단계 차원인 고정된 궤도를 초월하여 홀로 새로운 궤도를 창출하고 기존의 에너지장과 독립된 궤적을 만들고 있다.

기존의 에너지 무리는 새로운 틀 속에서 일정한 방향으로 변화하고 발전하는 원운동을 계속한다. 창조와 생명력을 부여하는 진화된 새로운 하나의 등극과 종전의 역할마감에서 다시 시작되는 새로운 세계의 새로운 하나로 재현되어 우주의 진화는 영원히 계속된다.

원② : 처음의 하나가 열려 끊임없이 순환이 계속되면 삼극의 에너지는 무수히 진화하여 접화군생의 우주질서를 이룬다.

마지막 하나는 모든 에너지를 축적하여 영겁의 귀향처로 떠날 차비를 완료하였다.

ㄴ. 방 : 하나의 에너지 운화(運化)의 시작으로부터 활동을 거듭할수록 하나에서부터 열까지의 모든 에너지는 응축되어 점점 축소되고 한 곳으로 집중된다. 마치 원자로 속의 고성능 우라늄과 같다. 마지막 하나는 가장 안전한 틀 속에 들어가 있으나 폭발 일보직전의 고농축 핵폭탄과 같은 가공할 폭발력을 내재하고 있다.

기폭장치가 격발되면 마지막 하나는 유쾌의 틀을 깨고 폭발할 것이다. 새로운 시작의 한순간을 위하여 합쳐지지 못하면 하나의 끝남은 마지막의 하나로 영원히 사라지게 된다. 끝남의 하나는 모든 융합처리

과정을 통과하였다. 그리고 다른 하나를 기다린다.

ㄷ. 각 : 하나의 에너지는 분열과 통합을 거듭하여 한 단계씩 높아질수록 에너지 값은 상승되고 고양된다. 태양처럼 밝아진 마지막의 하나는 삼각의 꼭짓점에 홀로 서 있다.

　마지막의 하나는 새로운 시작의 열림이다. 끝나버리는 종말의 하나가 아니라 폭발 일보직전의 농축된 하나와 엄청난 힘으로 확산일로를 치닫고 있는 하나가 융합되어 열십(十)이 된다. 비로소 열리는 하나에서 열이 탄생된다. 성통공완을 이룩한 대원일의 하나다. 사람을 여는 개인(開人)이 성취됨이다.

　홍익인간의 경지에 오름이다.

ㄹ. 천부경 에너지순환 구조도

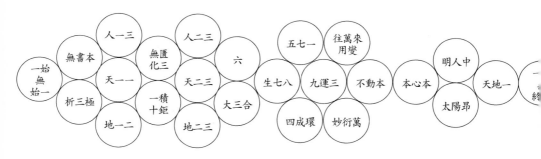

① 하나의 에너지가 진화하고 순환하는 법칙이 담겨져 있다.
② 천부경 81자의 비의가 감춰져 있는 25개 성단(星團)이다. 이 도
　식을 관통하면 천부경의 비밀을 고스란히 깨닫게 된다.

5법 10단 천부경

母法	段階	子法
1. 一始法	1	一始無始一
	2	析三極 無盡本
	3	天一一 地一二 人一三
2. 一積法	4	一積十鉅 無匱化三
	5	天二三 地二三 人二三
3. 六 法	6	大三合 六 生七八
4. 往萬法	7	九運三 四成環 五七一
	8	妙衍萬 往萬來用變 不動本
5. 一終法	9	本心本 太陽昻 明人中 天地一
	10	一終無終一

1) 일시법(一始法 ; 하나가 시작하는 법)

1단계 : 一始無始一

「하나는 없음에서 시작했고 이것이 맨 처음의 하나다」

무(無)는 혼돈 Chaos다. Chaos에서 하나의 시작으로 우주 Cosmos
가 탄생되었다. 하나는 우주 자체이며 우주의 어머니이기도 하다. 「시
작도 없고 끝도 없다」는 의미의 무시무종(無始無終)이란 표현으로 영
원한 우주의 존재와 하느님을 뜻하는 신(神)의 영원무궁함을 나타내고
있다. 광대무변한 우주와 절대적인 신에 대하여 왜소하고 한계적인 인

간이 취할 수 있는 최대의 외경심과 경배심의 발로로 인생의 무상함을 뛰어넘을 무한에 대한 열망이 짙게 배어 있다.

천부경 81자 중 첫 구절과 마지막 구절은 이와 같은 무시무종(無始無終)의 의미를 뛰어넘는 유시유종(有始有終)으로 명백하게 그 뜻을 부조(浮彫)하고 있다.

「시작과 끝」이 반드시 있다는 비의다. 무단예한 우주와 절대지고의 존재인 신(神)조차도 어느 때인가 알 수 없지만 우주의 섭리에 의해 종말을 고한다는 것이다. 우주의 종말을 불길한 재앙으로 추정 비관하거나 실망할 필요는 없다. 그 끝남은 인간이 셈할 수 없이 장구한 세월이 걸릴 뿐더러 단막극이 끝나듯 무대의 휘장이 내려지면 새로운 세계를 위한 막이 다시 오르기 때문이다. 끝남은 옛것이 가는 새로운 시작이며 삼라만상이 함께 진화하여 영원으로 떠나는 종착역일 뿐이다.

천부경에서 하나라는 의미는 단지 하나라는 개체만을 나타내는 것이 아니라 때로는 영(零)인 무(無) 혹은 절대적이고 신성한 하나, 온 누리를 함축한 하나, 하늘과 땅, 사람 그리고 삼라만상을 아우르는 하나, 절대지고한 하느님인 일신(一神), 지극한 영기(靈氣) 등의 뜻을 모두 내포하고 있다.

하나가 무(No-thing)에서 시작한 맨 처음의 하나라면 혼돈 Chaos인 무(無)는 하나를 잉태하고 출산한 모태가 된다.

수리적 개념으로 영(零)과 하나의 값이 다르지만 무한하다든지 상상을 초월할 정도로 크다는 등의 초자연적인 현상을 표현할 경우 하나가 무(無)의 개념인 태허(太虛)나 무극(無極)으로 쓰이기도 한다. 무극은 지고무상(至高無上)한 형태가 없는 형태 무형이형(無形而形) 등의 형이상학적 의미를 담고 있다.

이와 같이 하나의 정의는 하나가 아니라 다양하게 쓰임에 따라 변화한다. 천부경의 하나를 조화주로서의 지극한 기운(至氣)이나 온 누리의 하느님을 뜻하는 한님 또는 환님으로 정리함이 적절하다고 생각된다. 고로 시일(始一)은 알파다. 셋이 모여 하나로 돌아오고 하나를 잡아 셋을 포함하는 우주의 태동이 시작된다.

* 주 : 현대 과학은 우주의 종말을 약 200억 년 후에 발생할 것으로 추정하고 있다.

2단계 : 석삼극(析三極) 무진본(無盡本)

「삼극으로 나누어도 근본에는 다함이 없다」

시일(始一)의 하나를 삼극인 천·지·인을 의미하는 원·방·각인 무극(無極), 반극(反極), 태극(太極)으로 나누어 분화하더라도 하나의 성질(性質)은 변화하거나 사라지지 않고 오히려 시일(始一)에서 분화된 무극, 반극, 태극의 형성에 시일(始一)과 동일한 형질의 씨앗을 심어주어 천·지·인이 시일(始一)과 동성동본(同性同本)의 존재로 천·지 창조의 서곡을 이루게 된다.

시일(始一)에서 삼극으로 분화되어 천·지·인이 창조되었다. 이는 모체인 시일(始一)이 3등분 되어 사라진 것이 아니라, 시일의 형질 일부가 천·지·인을 형성하는 원소가 되었을 뿐 시일의 본질에는 하등 변동이 없이 본래의 형질을 그대로 유지하고 있다.

우주는 생성·팽창·소멸 등 변화를 거듭하지만 시일(始一)의 본질은 다함이 없어 영원무궁하다.

3단계 : 天一一地一二人一三

「천일(天一)은 만물로 하여금 각기정신(性)으로 통하게 함으로 첫째요

지일(地一)은 만물로 하여금 각기 생명(命)을 갖게 함으로 두 번째요
인일(人一)은 만물로 하여금 각기 정(精)을 보존케 함으로 세 번째다」

ㄱ. 시일(始一)에서 분화된 하나는 양(陽)의 바탕인 천일(天一)로서 우
주만물, 정신(性)에너지의 본원이 된다. 이를 무극(無極)이라 하며 원
(圓)으로 표상을 삼는다.

무(無)에서 출생한 시일(始一)은 무극이요
시일(始一)에서 분화된 천일(天一)도 무극이다.

「태백일사/삼신오제본기」에 이르기를 "상계주신(上界主神)의 호는
천일(天一)로서 절대지고의 권능으로 만물로 하여금 각기정신(性)으
로 통하게 한다. 천일은 모양이 없는 것으로 형태를 삼어(無形而形)
조화(造化)를 주재하며 이를 청진대(淸眞大)의 체(体)라 했다".

ㄴ. 천일(天一)에서 분화된 하나는 음(陰)의 바탕인 지일(地一)로서 우
주 만물, 생명(命) 에너지의 원천이다. 이를 반극(反極)이라 하며 네모
(方)로 표상을 삼는다.

무(無)는 始一을 낳고 始一은 天一을 낳았으며 天一은 地一을 낳았다.

「삼신오제본기」에 이르기를 하계주신(下界主神)의 호는 지일(地一)
로서 하는 바 없이 만들어(無爲而作) 교화(敎化)를 주재하며 지선(至
善)을 유일한 법력으로 삼아 만물로 하여금 각기 그 목숨(命)을 갖게
한다. 이를 "선성대(善聖大)의 체(体)라 한다" 하였다.

ㄷ. 지일(地一)의 음기운과 천일(天一)의 양기운이 결합되어 인일(人一)을 낳았다.

　인일(人一)은 우주 만물의 기본 에너지인 정(精)을 온 누리에 충일케 한다. 이를 태극(太極)이라 칭하며 세모(角)로 표상을 삼는다.

　「삼신오제본기」에 이르기를 "중계주신(中界主神)의 호는 태일(太一)로서 말이 없으면서 이루며(無言而化) 치화(治化)를 주재하여 덕량(德量)을 최고 무상으로 삼아 만물로 하여금 각기 정(精)을 보존케 한다. 이를 미능대(美能大)의 체(体)라 한다"하였다.

ㄹ. 天一一地一二人一三의 의미가 위와 같이 복잡하게 얽혀있는 듯 여겨지지만 이를 간추려 보면 그 뜻이 간단명료해진다.

구분　　호	에너지 바탕	에너지 성질	극	주관	界	體
天一	정신 性	양	무극	조화	상계 주신	청진대 淸眞大
地一	목숨 命	음	반극	교화	하계 주신	선성대 善聖大
太一	정 精	반음/반양	태극	치화	중계 주신	미능대 美能大

　표에서 보듯이 삼극의 에너지가 6가지 항목으로 분류되어 일목요연해진다.

　흔히 天一地一人一을 하늘과 하나, 땅과 하나, 사람과 하나로 분리하면 해석을 위한 진입 자체가 잘못된다. 또한 이 구절을 천(天)을 우주 지(地)를 지구 인(人)을 사람 등의 공간개념으로 파악하면 깊은 함정에 빠지고 만다.

하나와 천지인의 동격인 하늘의 하나, 땅의 하나 사람의 하나란 천
·지·인 공간 자체가 아닌 상·중·하계의 주신(主神)을 의미한다. 여기
에서 주신이란 신(神/God) 의미가 아닌「신령한 에너지」로 인식함이
타당하다.

　　고로 만물의 정신(性) 주에너지원은 천일 天一,

　　만물의 목숨(命) 주에너지원은 지일 地一,

　　만물의 정(精) 주에너지원은 인일 人一,

등의 외연으로 감싸져 깊숙이 숨겨져 있는 내연의 비의를 발굴해낼
수 있다.

　　(보기) 산신(山神), 강신(江神), 해신(海神), 목신(木神), 풍신(風神)
　　등의 신(神)의 개념을 산 에너지, 강 에너지, 바다 에너지, 나무 에너지,
　　바람 에너지 등으로 해석함이 옳다고 본다.

□. 天一一地一二人一三 구절 중의 天一, 地一, 人一의 숨겨진 뜻을
풀어냈으니, 天一一地一二人一三의 끝자리에 오는 一, 二, 三의 의미
를 규명해 보자.

일석삼극무진본(一析三極無盡本)이니 시일(始一)을 삼극으로
나눈다 했다.

　　삼극은 원 ○ 방□ 각 △이니 天一, 地一, 人一 다음 자리에 오는
一, 二, 三은 에너지의 성질을 나타내는

　　天一의 양 陽은 一이 되고

　　地一의 음 陰은 二가 되며

　　人一의 반음/반양 半陰/半陽은 三이 된다.

ㅂ. 결론 :

天一 만물의 정신 性은 첫 번째 에너지 양 陽,

地一 만물의 목숨 命은 두 번째 에너지 음 陰,

人一 만물의 정 精은 세 번째 에너지 반음/반양

으로 집약할 수 있다.

삼극의 천지인을 하늘, 땅, 사람 등의 공간개념인 외형적 형태가 아
닌 만물의 본질을 이루는 에너지의 몸체(Energy Body)로 인식하면,
절대적인 순수함과 지극히 성스럽고, 덕으로 능히 이루는 형체가 없으
며(無形), 하는 바가 없으며(無爲), 말이 없는(無言) 진·선·미의 핵에
도달할 수 있다. 고로 빛과 소리의 시원인 환(桓)의 세계는 하나로 통
한다.

2) 일적법(一積法 ; 하나가 모이는 법)

4단계 : 一積十鉅 無匱化三

「하나가 쌓여 열로 커진다. 틀이 없는 것을 셋으로 만들면…….」

일적십거(一積十鉅) :「하나가 쌓여야 열로 커진다」니 지극히 상식
적인 말이다. 하지만 오직 하나가 쌓여야만 열로 커질 수 있는 것은
아니다. 둘, 셋, 넷 등 열 이하의 어떤 숫자든 쌓이면 열로 커질 수
있다.

4단계 역시 어설픈 숫자놀이가 아님을 직감적으로 느낄 수 있다.
여기서 一積의 하나가 어떤 종류와 성질의 하나인가에 대해서 깊이
헤아려 보자.

ㄱ. 一積의 하나는 수리개념이 아닌 地一의 하나다.

ㄴ. 一積이란 단지 하나가 쌓인다는 하나가 아니라 地一의 하나와 상대적인 天一의 하나가 합일됨을 말한다.

ㄷ. 積자를 「쌓을 적」이라는 해석보다 「모을 적」으로 풀이하면 비의가 상통한다. 즉 地一의 음 기운이 天一의 양 기운을 받아 모으면 열 十이 열려 太一로 발전된다. 이를 십(十)으로 커진다고 표현했다. 모든 만물의 생명에너지가 正·反·合적 진화과정을 거치는 것과도 같다. 남여 간의 음양지도도 이와 다르지 않다.

천부 三角運一圖

ㄹ. 열 十의 생성과정을 살펴보면 천부경의 地一에 해당하는 「뉘조」자인 가로(一) 하나와 천부경의 天一에 해당하는 「하나님 신」자인 세로(｜) 하나가 교차하여 외형적인 十의 구조를 이룬다. 아래 성좌와 같은 「一積｜鉅十」의 에너지 센터가 가동된다.

내면적으로 地一의 陰에너지와 天一의 陽에너지가 교합하여 中(반음/반양)의 太一 에너지로 진화된 열 十의 환골이신(換骨移神)이 이루어진다.

태백일사 삼한관경본기에 이르기를

"一積而陰立 十鉅而陽作 無匱而衷生焉……"
'一積이 음을 세우고 十鉅가 양을 만들며 無匱가 衷을 만든다'

라 하였다.

이는 地一의 음에너지인 생명(命)이 天一의 양에너지인 정신(性)의 씨앗을 받아드려 精에너지 본체인 太一을 낳았다는 생명에너지의 전환을 열 十으로 커졌다고 함축적으로 표현하였다. 열 十은 조一로 완벽해진 「열린 하나」가 되었음을 의미한다. 열 十을 수리적 개념이 아닌 '열림'으로 해석하면 인간계의 주신(主神, 최상의 에너지) 太一의 열 十은 삼계(三界) 삼신(三神)의 특성을 부여받은 특정인을 암시하고 있다.

ㅁ. 결론적으로 천부경의 열 十은 홍익인간을 의미하며, 하늘과 땅을 열고 사람을 연 홍익인간 환웅천제의 출현을 예고하고 있다.

천부경은 한 인간이 여하히 성통공완을 이루어 홍익인간으로 거듭 나는가를 은유적으로 드러내고 있다. 시일(始一)의 하나에서 시작하여 열 十의 열림으로 홍익인간을 이루고 다시 종일(終一)의 하나로 끝 나는 '하나와 열'에 관한 비밀의 문이 그곳에 있다.

無匱化三(무궤화삼)

「무형의 틀을 깨쳐 셋으로 바꾸면 ……」

ㄱ. 무궤란 틀이 없다는 뜻이다. 틀이 없으면 장벽이나 제한 등이 없어 져 자유자재할 수 있다.

반대로 유궤(有匱)란 틀이 있어 장애와 제한 등으로 속박, 구속, 억 압 등의 자유스럽지 못한 상황이나 숨겨진 상태, 혹은 닫힌 현상을 나 타낸다.

ㄴ. 구체적으로 그 틀이란 무엇인가?

그 틀은 물건을 간수하는 궤짝이나 상자일 수도 있으며 건축물이나 장벽일 수도 있다. 그렇다면 이 지상에서 가장 멍청하고 이기적이며 소아병적인 구조물인 중국의 만리장성이거나 아니면 이 지상에서 가 장 불가사의하며 정신적인 건축물인 고대 이집트의 피라미드인가. 모 세의 십계명 판석을 보관한 성궤나 최후의 만찬시 예수님이 사용했던 성배를 간직한 상자인가, 혹은 환웅천제가 강림할 때 지상으로 가져온

세 가지 보물인 천부인을 담은 천궤인가, 유괘의 비밀을 풀어야 무궤
에 관한 해답이 나올 것이다.

ㄷ. 의문은 또 있다. 유괘란 유형적인 틀인가 무형적인 괘인가? 그 틀
안에 무엇이 들어 있는가?
　다음 표 「일적십거 홍익인간 천부경도」를 먼저 살펴보자.

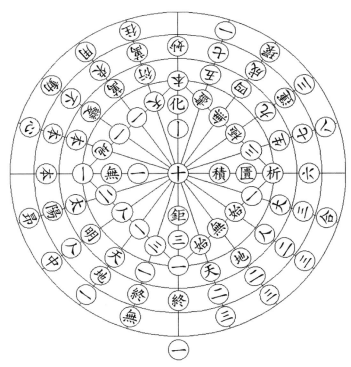

일적십거홍익인간천부경도

　세 겹의 원 둘레 안에 사각형의 윷판이 있다. 윷판 중앙에는 4단계인
「一積丨鉅 無匱化三」이 중앙의 十을 중심으로 가로, 세로의 열 十자

를 형성하고 있고, 1. 2. 3 단계의 「一始無始一, 析三極無書本, 天一 一地一二 人一三」이 성곽처럼 열 十을 둘러싸고 있다.

4단계의 「一積十鉅 無匱化三」이 큰 十자를 이루고 1, 2, 3단계의 20개의 성단(星團)이 9개의 十자 성좌를 포위하여 감싸고 있는 형국이다.

ㄹ. 20개의 성단이 바로 유괘다.

「一積十鉅」의 홍익인간을 이룸으로서 유괘의 틀이 깨지게 된다. 마치 고구려 시조 고주몽 천제나 신라의 시조 박혁거세의 난생신화와 같이 우주의 알을 깨고 홍익인간이 탄생하는 과정이다. '유괘의 틀'이 깨진 다음에 만왕만래 변화를 거듭하여 더 높은 차원의 5, 6,7, 8, 9, 10 단계의 경지에 오른다. 마침내 일종무종일의 「마지막 하나」인 종일 (終一)로 마침표를 찍게 된다. 유괘 속의 보물은 「一積ㅣ鉅十(일적일 거십)'이며 유괘속의 내괘는 「無匱化三'이다.

ㅁ. 「무궤화삼」은 「열 十으로 열린 太一이 유괘의 틀을 깨트려 그 속 심지인 충(衷)을 셋으로 바꾸면 …….」으로 해석한다. 부연하면 일적십 거가 완성되면 외연의 틀인 유괘를 깨뜨려서 내연의 심지인 충(衷)을 생성한다. 충(衷)이란 天一, 地一, 太一을 관통하는 에너지의 통로이 자 성·명·정(性命精) 에너지의 총화인 생명에너지의 핵인 진성, 진 명, 진정을 융합한 참하나(眞一)를 의미한다.

ㅂ. 「일적십거 홍익인간」 圖를 보면 정중앙인 충(衷)에 열 十이 있고 최하단에 마지막 원둘레를 뛰어넘은 종일(終一)이 홀로 있다. 종일(終 一)이 돌아가는 곳ㅡ.

전체적인 구도는 성통공완을 이룬 홍익인간이 태양처럼 온 누리에 빛을 발하고 있다. 천부경의 윷판도는 태양빛으로 아로 삭인 환성(桓性)을 전하는 고대 선인의 메시지다.

우주 에너지 센터인 천원(天元)이 열려 영겁토록 생명력을 이어주는 접화군생의 수레바퀴가 형태도 없이 무위로 돌아간다.

우주에 가득한 생명의 숨소리—. 태어나는 것, 자라는 것, 병들고, 늙어가는 것, 죽는 것 그리고 소멸되지 않는 영혼—. 이 모든 아름다운 것들은 누군가가 말없이 보살피고 은혜를 베풀어 아픔과 슬픔을 이겨내는 지혜와 용기 그리고 사랑을 충일케 한다.

환님의 지고지순한 영성이 내 안의 눈을 뜨게 하려 빛을 비추지만 눈 먼 내면의 눈은 그 빛을 보지 못한다. 내면의 빛을 되비칠 수 있는 날, 진정한 나를 발견하고 한 그루 나무가 되어 우주의 한 소리—, 생명의 숨소리를 듣는다.

십(十)을 이룬다 함은 천지기운이 하나가 되는 우주의 도리를 터득한 자가 우주 질서를 유지하는 덕과 지혜와 힘을 다해 이타행을 위하여 총력을 경주하는 홍익인간의 완성을 의미한다. 마음의 장벽을 허물어 무형의 틀을 깨트리는 순수작업—, 그것을 사랑이라 부르든 개벽이라 부르든 무슨 큰 대수인가.

5단계 : 天二三 地二三 人二三

「하늘의 二와 三, 땅의 二와 三, 사람의 二와 三이 된다」

4단계의 一 積十鉅 無匱化三의 연장선상에서 삼진(三眞)의 생명에너지 총화로 十을 이룬 홍익인간은 장벽과 난관인 유궤(有匱)의 틀을 깨트려서 억압받던 내면의 진아(眞我)가 표면 위로 부상된다.

무궤로 노출된 삼신일체의 기운을 받은 삼진이 영혼의 태반이 되어 초자아(超自我)를 발육성장시킨다. 영혼의 심지불은 점점 밝아지고 강성해지지만 제2의 무궤의 장벽이 기다렸다는 듯이 포위망을 좁혀온다.

5단계에서도 3단계의 天一一地一二人一三과 유사한 패턴의 강력한 진용을 갖춘 天二三地二三人二三 군단과 마주치게 된다. 천지인이 1차 유궤작전보다 막강한 전력을 보유한 二三, 二三, 二三 군단의 공세다.

자아의 내부 진영에서는 벌써 혼란과 공황현상이 일어난다. 그러나 언제나 대혼란 속에는 질서와 화평을 추구하는 반동적인 요소와 운화가 있다. 그것은 우주정신이 혼속에 내재한 인간의 순수한 열정이다. 대혼란 속의 진. 선. 미를 추구하는 미립의 알갱이는 극히 작고 미약한 존재이지만, 아수라와 같은 암흑의 대혼란에 대해 거역하고 반동하며 광명을 향해 나아가려는 의지와 힘을 키우게 하여 지능적이며 막강한 무질서의 세력에 대항할 수 있는 지혜와 능력을 함양시킨다.

만약 대혼란의 주체가 존재치 않는다면 화평, 믿음, 사랑, 은혜, 용기와 같은 의미조차 무의미한 것이 될 것이다.

마음의 혼란은 자기 내부를 정화하고 순수케 하고자 하는 동기를 부여하여 심적인 고뇌와 육체적 고통마저 감내하는 자기 성찰의 문을 열게 한다. 그 문은 영원한 행복의 문인가, 찰나의 지옥문인가. 그 문을 여는 순간 온갖 부정하고, 추악하며, 거짓투성이의 위선과 썩어빠진 배물주의와 싸구려 지식을 파는 Junk의 산물들, 그 문은 자기 성찰이 아닌 자기 파멸의 열어서는 안 될 지옥의 문이다.

그러나 지옥문을 과감히 열어젖히고 복마전을 향해 나갈 때 어둠의 존재들의 빗발치는 저주의 화살을 맞고 독기와 사기를 뒤집어써서 오장육부가 뒤틀리고 뼈와 살이 터지고 찢어져 피투성이가 되며 코브라의 독액보다 더 독한 맹독의 독기가 전신의 신경을 마비시켜 육신의 힘을 무너트리고 영혼마저 고갈시킨다. 혼의 심지불이 풍전등화와 같다.

암흑의 존재들의 힘과 능력이 가공하고 악랄할수록 조의선인 또한 치열하게 싸우지 않으면 마(魔)의 노예가 되어 평생 마귀의 종노릇을 해야 한다.

혼란과 난관은 외로운 전사를 항상 긴장시키며 마음의 거울을 닦아 마의 채찍질에 결코 쓰러지지 아니하고 전사의 내공력을 확인시켜주는 시금석으로 삼는다.

「혼(魂)의 구연(俱衍)」이란 내 안의 어둠을 광명으로 넓혀가는 것—, 혼을 갖추고 넓혀 환성(桓性)으로 내부를 비추는 마음공부다.

잠시 다음 표식인 삼일신고/인물편을 만나보자.

> "사람과 만물이 한 가지로 삼진(三眞)을 받나니 사람들은 땅에서 헤매어 삼망(三妄)에 뿌리를 내리고 참(眞)과 망령(妄)됨이 서로 어울려 세 가닥길(三途)을 만든다.
>
> 가로대 성품과 목숨과 정기라……중략
>
> 가로대 마음과 기운과 몸이라…… 중략
>
> 마음(心)은 성품(性)에 의지하여 선악을 이루고,
>
> 기운(氣)은 목숨(命)에 의지하여 맑거나 탁함을 이루고,
>
> 몸(身)은 정(精)에 의지하여 두텁고 엷음을 이룬다.
>
> 가로대 느낌(感) 숨쉼(息) 닿음(觸)이라……
>
> 고요한 마음으로 깊이 깨닫고(止感), 우주와 조화를 이루는 숨쉼(調息)과 원초적 감각의 근원에 닿는 금촉(禁觸)으로 대상과 하나가 되면 망령됨이 참으로 돌아와,
>
> 하느님의 기틀을 크게 일으켜서,
>
> 성통공완을 이루게 된다."

ㄱ. 이미 3단계의 天一一地一二人一三에서 天 一은 성품(性)이요, 地

一은 목숨(命), 人一은 정기(精)임을 규명한 바 있다.

　삼일신고/인물편에서 세 가지 망령(三妄)이 심(心) 기(氣) 신(身)인데 삼망은 삼진(三眞)의 성·명·정에 의거하여 발생된다 하였다.

ㄴ. 세 가지 참됨(三眞)의 성(性) 명(命) 정(精)과 세 가지 망령(三妄)됨이 심(心) 기(氣) 신(身)이 세 가지 가닥길(三途)의 감·식·촉을 여하히 극복하느냐가 성통공완의 관건이 된다.

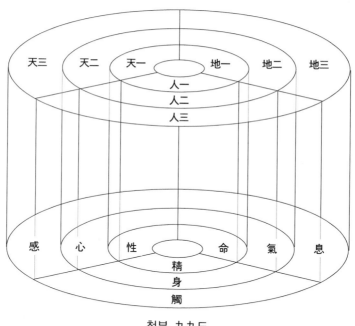

천부 九九도

ㄷ. 「천부九九도」를 해설하면 아래와 같이 천부수가 1에서부터 9까지 자동적으로 풀이가 되어, 二三, 二三, 二三 군단을 격파하게 된다.

천부 九九도 해설표

천부경	三眞	천부수	천부경	三妄	천부수	천부경	三途	천부수
天一	性	1	天二	心	4	天三	感	7
地一	命	2	地二	氣	5	地三	息	8
人一	精	3	人二	身	6	人三	觸	9

결론적으로

天二는 마음(心), 天三은 깨달음(感)이다.

地二는 기(氣), 地三은 숨쉼(息)이다.

人二는 몸(身), 人三은 닿음(觸)이다.

고로

天二三은 마음과 느낌(깨달음),

地二三은 기와 숨쉼,

人二三은 몸과 닿음이다.

이를 다시 도표로 정형화 하면,

무궤화삼으로 환골이신(換骨移神)된 후 에너지의 핵심인 성·명·정이 9개의 에너지 그물망을 형성하여 밭전자(田)형의 유궤 속에 제 2차로 十을 포위한 형국이 된다.

十은 天二三, 地二三, 人二三의 적진의 포위망을 뚫고 환도(桓道)로 나아가야 한다.

대원일

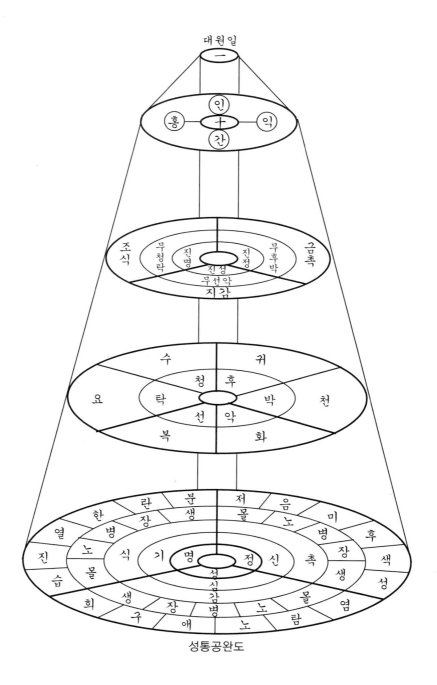

성통공완도

전장에 나가 싸우기에 앞서 내 자신의 망령됨을 참으로 돌이키기 위해 선공에 들어간다. 정수경도(靜修境途) 선공법이란 "고요히 마음속의 가닥길을 닦아 삼물(三物)인 덕과 지혜와 내공력으로 망령된 심·기·신을 참으로 돌리고 즐겨 삼도(三途)인 감·식·촉을 채워 홍익인간 되는 것을 간절히 구념하여 날마다 목표달성을 위해 정진한다."고 고구려시대 선인 을지문덕 장군께서 말씀하셨음을 상기해 보자.

ㄹ. 성통공완해설 표

三妄	因果		三途	十八境	선공	三眞	목표	성통공완
心	善	福	感	희·구·애·노·탐·염	止感	眞性	무선악	홍익인간
	惡	禍						
氣	淸	壽	息	분·란·한·열·진·습	調息	眞命	무청탁	
	濁	夭						
身	厚	貴	觸	성·색·후·미·음·저	禁觸	眞精	무후박	
	薄	賤						

　　선인은 마음속 깊이 깨닫고(止感),

　　우주와 조화를 이루는 숨쉼(調息)과,

　　원초적 감각을 초극하는 깊은 금촉(禁觸)을 통하여 망령됨을 참으로 돌이키면,

　　마음의 저편에 선과 악도 없고

　　기운의 저편에 맑고 흐림도 없으며

　　정기의 저편에 두텁고 엷음도 없는

　　진아(眞我)의 경지에 이르러 환(桓)의 세계로 나아가게 된다.

ㅁ. 뭇사람들은 天二의 「마음」

地二의 「기」, 人二의 「몸」 등이 天一 「성품」, 地一 「목숨」, 太一 「정」에서 연유한 결과 선악과, 맑고 탁함, 두텁고 엷음이 서로 섞여 가닥길을 함부로 내달리다가 본인의 의지와는 상관도 없이 낳고, 성장하고, 늙고, 병들어 죽는다.

더욱 불가피한 것으로 天三의 「깨달음」은 정서적 감정이 마음의 복잡다단한 심리의 기저를 이룬다.

地三의 「숨쉼」은 내외적인 기후풍토와 중독 및 오염물질에 의한 인간의 생체와 정신에 지대한 영향을 미친다.

人三의 「닿음」은 인간과 자연현상·인간 대 인간의 접촉이 여러 가지 문제와 부작용을 야기시켜 사람들을 구도의 장에서 탈락시키거나 구제불능의 나락으로 떨어트리게 한다. 사람과 만물과의 깊은 닿음은 단순한 접촉을 초월한 "접화군생"하는 재창조의 높은 경지로 나아가야 한다.

평생을 함께 하여야 하는 육신과 영혼이 자연계에 뿌리박혀 있어 순수할지라도 인간의 내부에서 자라고 있는 감·식·촉의 명암은 인간 스스로를 속박하는 장애요인이 된다. 인간의 자아와 만물의 본연(本然)은 결코 독립적이거나 배타적인 존재가 아니라 소위 천지신명이라 불리는 에너지원과 서로 연결되어 있다.

이러한 상호 의존적인 우주의 섭리야 말로 접화군생의 원리가 되어 끊임없이 삼라만상의 진화가 이루어지고 종국에 가서는 모든 만물이 하나로 귀일하게 된다.

인간이 天一, 地一, 太一의 삼신(三神) 에너지와 조화와 균형을 이룰 때 반우주적, 반지구적, 반인간적인 미망 속에서 벗어나 참자유를 누릴 수 있는 환골이신(換骨移神)의 경지로 나아갈 수 있다.

  선인 을지문덕 장군의 「정수경도」란 지감, 조식, 금촉의 선공으로
이기적인 자아와 함께 18경도를 뛰어넘어 무선악, 무청탁, 무후박의
환(桓)의 세계로 나아가는 혼의 구연(俱衍)이다.

  홍익인간은 말한다.
  앞서간 선인들의 길을 따라가라.
  의식의 장벽을 깨트려라.
  새로운 가치를 창조하라.
  만물을 열어 접화군생하라.
  진아(眞我)의 중심이 돼라.
  일중(一中)으로 돌아가라.

3) 육법(六法)

6단계 : 大三合 六 生七八九

「큰 삼이 합하면 6이 되고 6은 7과 8 9를 낳는다」
ㄱ. 一始法 2단계의 「析三極」에 대한 대구(對句)와 같은 「大三合」의
용어가 등장한다. 大三合의 「큰삼」과 析三極의 「삼극」은 같은 뜻이다.
다른 점이 있다면 "셋으로 나눈다는 것"과 "셋을 합친다"는 쓰임만 다
른 것이 아니라 「삼극」이 시공상의 체(体)인 하늘·땅·사람을 의미하
는 것이라면, 「큰삼」은 무형적인 정신에너지의 쓰임(用)을 나타내는
환님, 굼님, 열님(선님)의 삼신에너지를 의미한다.

ㄴ. 「큰삼」이 합하면 6이 된다함은 「큰셋」의 환님, 금님, 선님의 에너지인 三眞 성·명·정에 三妄의 심·기·신 에너지가 생성하여 확대되었으므로 삼진과 삼망을 합하면 도합 六이 된다.

ㄷ. 生七八九의 6이 7, 8, 9를 낳았다함은 2차원의 천부수의 6인 人二의 몸(身)이 3차원인 천부수 7, 8, 9인 天三, 地三, 人三의 삼도(三途)의 감(感) 식(息) 촉(觸)을 낳는다는 뜻이다.

성·명·정과 심·기·신을 합하면 六이 되고 천부수 七인 〈느낌〉, 八인 〈숨쉼〉, 九인 〈닿음〉의 에너지가 생성되어 3차원으로 전환, 향상된다.

1, 2, 3차원의 형성은 자연적인 조화에 의한 것이지만 인간이 지감(止感) 조식(調息) 금촉(禁觸)의 선공을 통해 망령된 심기신을 올바른 마음(正心), 올바른 기운(正氣) 올바른 몸(正身)으로 바로 잡고, 삼도(三途)의 감·식·촉을 본래의 느낌(本感) 본래의 숨쉼(本息), 본래의 닿음(本觸)으로 순수하게 정화시키면 선함도 악함도 없고, 맑고 탁함도 없으며 두텁고 엷음도 없는 4차원의 높은 경지에 진입하여 홍익인간으로 거듭난다는 뜻이 함축되어 있다.

태일(太一)의 말이 없이 이루는(無言而化) 성통공완을 성취함이다.

生七八九의 九는 분류상 7단계의 九運三에 다시 나온다. 일단 의미의 연결상 「生七八九」로 해석하고 7단계에서 「運三」을 인도하는 첫 글자로 등장하니 혼선이 없기 바란다.

천부경 해석상 이와 같은 용법은 여러 번 반복된다.

예: 一始無始㊀ ㊀析三極
                  一積十鉅㊇ ㊇匱化三
              五七㊀ ㊀妙然㊤ ㊤往萬來用變.

천·지·인 에너지 순환표

차원	1차원			2차원			3차원			4차원	5차원
천부수 구분	1	2	3	4	5	6	7	8	9	10	11
체	天一	地一	人一	天二	地二	人二	天三	地三	人三	太一	桓一
용	性	命	精	心	氣	身	感	息	觸	홍익인간	대원일

4) 왕만법(往萬法 ; 무수히 가고 오는 법)

7단계: 九運三 四成環 五七一

ㄱ. 「九運三」

「아홉의 에너지가 세 바퀴 돌면……」

－대개벽을 예고하고 있다－

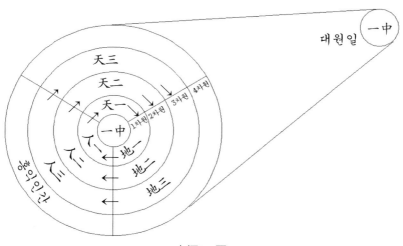

九運三 圖

하늘과 땅 사람의 에너지가 고양되어 하나로 승화된다. 회삼귀일(會三歸一)이 이루어짐이다.

九運三 해설표

	性	命	精	心	氣	身	感	息	觸
1회전	天精	地性	人命	天身	地心	人氣	天觸	地感	人息
2회전	天命	地精	人性	天氣	地身	人心	天息	地觸	人感
3회전	天性	地命	人精	天心	地氣	人身	天感	地息	人觸
	三眞			三正			三本		

ㄴ. 성·명·정, 심·기·신, 감·식·촉의 아홉 에너지가 지구처럼 자전을 한다. 1회전 할 때마다 천지인의 아홉 자리가 서로 바뀌게 되고 2회전을 거쳐 3회전을 완료하면 모두 제자리에 돌아온다.

이는 자전을 통해 에너지의 차원을 높이고 4회전시에는 성·명·정을 삼진(三眞)으로 돌이키고 삼망(三妄)의 심·기·신을 삼정(三正)으로 올바르게 하여 삼도(三途)의 감·식·촉을 삼본(三本)인 본도(本途)로 제 길을 찾아들어 홍익인간으로 환골이신 된다. 성통공완을 이룬다. 4회전시 4차원으로 진입되고 공전의 운행으로 대원일의 일중(一中)에 합일된다. 5차원의 경지에 들어간다.

ㄷ. 3단계의 無匱化三은 十의 속심지인 충(衷)의 씨앗이 天二三 地二三 人二三으로 확산 변화되어 에너지의 기본 토대를 이루었음에 반해 九運三은 우주와 인간 정신의 기본 토대 에너지가 무수히 변화하여 더 높은 차원으로 진화되는 과정을 보여주고 있다.

이는 (天一一地一二人一三) 十 (天二三地二三人二三)의 우주의 본체가 헤아릴 수 없이 많이 변화하면서 궁극적으로 우주만물의 시원인 대원일로 복귀하는 장엄한 우주의 대광경을 「구운삼」이라는 단지 세 글자 속에서 펼쳐내고 있으니 그저 황홀하고 망연해질 뿐이다.

ㄹ. 결론적으로 성품은 하늘, 목숨은 땅, 정기는 사람에게만 국한되고 예속된 것이 아니라, 氣에너지의 질적인 성격과 대표성을 표현한 것이다.

하늘을 대표하는 원에도 방, 각의 요소가 있고,

땅을 대표하는 방에도 원, 각의 요소가 있으며,

사람을 대표하는 각에도 원, 방의 요소가 있다.

이를 합하면 3圓, 3方, 3角이니 도합 아홉이요

이를 세분하면 삼진(三眞)의 성, 명, 정

삼망(三妄)의 심, 기, 신

삼도(三途)의 감, 식, 촉

도합 아홉 에너지가 세 바퀴 돌아가면

첫 번째 회전시 합계 27이요

두 번째 회전시 합계가 54요

세 번째 회전시 합계가 81이 되어 천부경 글자 수 81과 동일하게 된다.

「구운삼」은 아홉 에너지가 세 바퀴 도는 것을 시발로 무량무수하게 돌고 돌면서 우주 만물의 생·장·병·노·몰의 우주에너지 순환을 이루고 있다. 사람도 그 중의 한 축을 이루어 웃고 울고 떠들어대면서 인생이란 연극에 출연하고 있다.

人生이란 無常한가 有常한가 관점에 따라 각자 삶의 質과 意味도 달라질 것이다.

천부경은 아주 촘촘히 잘 짜여진 우주의 그물망(Net) 위에 나라는 존재가 매달려 발버둥치면서 활로를 개척하기 위해 힘과 지혜를 기르고 덕을 쌓으면 우주를 둘러쌓았던 그물망이 에너지를 공급하는 생명선으로 바뀌게 되고 깨달음을 얻은 진아(眞我)는 삼라만상과 함께 희로애락을 느끼고 함께 숨쉬며 함께 닿음의 기쁨을 나눌 수 있는 접화군생의 길로 나아가는 것을 함축하고 있다.

九運三 회전표

회전수	합계	81천부경 글자 수로 나눈 수	구운수	구운수를 회전수로 나눈 수
1	27	0.33333333333	9×3	3
2	54	0.66666666666	9×6	3
3	81	1(1÷81=0.012345679)	9×9	3
4	108	1.33333333333	9×12	3
5	135	1.66666666666	9×15	3
6	162	2(2÷162=0.012345679)	9×18	3
7	189	2.33333333333	9×21	3
8	216	2.66666666666	9×24	3
9	243	3(3÷243==0.012345679)	9×27	3
10	270	3.33333333333	9×30	3
11	297	3.66666666666	9×33	3
12	324	4(4÷324=0.012345679)	9×36	3
13	351	4.33333333333	9×39	3
14	378	4.66666666666	9×42	3
15	405	5(5÷405=0.012345679)	9×45	3
16	432	5.33333333333	9×48	3
17	459	5.66666666666	9×51	3
18	486	6(6÷486=0.012345679)	9×54	3
19	513	6.33333333333	9×57	3
20	540	6.66666666666	9×60	3
21	567	7(7÷567=0.012345679)	9×63	3
30	810	10(10÷810=0.012345679)	9×90	3
99	2,673	33(33÷2,673=0.012345679)	9×297	3
1000	27,000	333.3333333	9×3,000	3

ㅁ. 사성환 오칠일(四成環 五七一)

환님의 마음이 접속 고리가 되어

곰님의 기운과 연결되면,

하늘이 감응하는

홍익인간의 천성이 빛을 발하여

대순환의 에너지를 견인한다.

(하여 홍익인간의 지혜와 힘, 접화군생의 경지를 높여준다)

사성환의	四는	천부수의 4	천심(天心)이며
오칠일의	五는	천부수의 5	지기(地氣)이고
오칠일의	七은	천부수의 7	천감(天感)이다
오칠일의	一은	천부수의 1	천일(天一)로서 인간에 내재한 천성(天性)이다.

五七一 성통공완도 해설

△ 1차원

性命精과 心이 한가운데 있는 몸(身)을 둘러싸고 있다. 몸은 성품과 목숨, 정기 그리고 마음이 거처하는 곳이다. 만약 몸이 없다면 혼백이 흩어지고 영만 남게 되어 귀신과 같은 존재가 된다. 몸은 성명정 심기신 등의 모든 에너지를 포용하고 있다.

△2차원

감식촉이 1차원 성·명·정·심을 둘러싸고 있다.

○五七一 : 性 1은 身 6과 합하여 感 7을 만들고 地氣 5가 고리를 이루어 571이 운행된다.

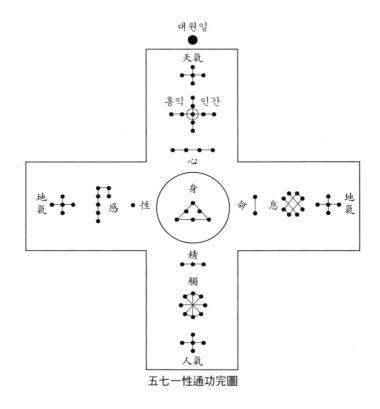

五七一性通功完圖

○五八二 : 命 2는 身6과 합하여 息 8을 만들고 地氣 5가 고리를 이루
어 582가 돌아간다.

○五九三 : 精 3은 身 6과 합하여 觸 9를 만들고 人氣 5가 고리를 만들
어 593이 운행된다.

△3차원

天氣, 地氣, 人氣 등 3개의 기운이 還五를 이루고 돌아가니 4차원의
궤도에 새로운 六이 등장하게 된다.

○五十四 : 心 4는 身 6과 합하여 홍익인간 十을 만들고 桓氣 5가 고리
를 이루어 열 十이 4차원의 한 단계 높은 경지로 진입하게 된다.

　　10은 5를 한 자리 높여줘 6으로 격상, 4차원에 진입하고 열 十은 영만
남고 대원일과 합일된다. 고로 五十四는 六○四로 변화 발전된다.

–571 성통공완도를 수리로 조합해 본다.

△ 六을 둘러싼 내연을 이루는,

　　　　1＋2＋3＋4=10

△ 두 번째 원에 포진한,

　　　　7＋8＋9＋10=34

△사성환오의

　　　　5×4=20

△ 중심에 위치한 몸(身)

　　　　6×1=6

△ 대원일　　11
　　─────────
　　도합　　　81　　천부경 글자수와 일치된다.

– 홍익인간을 지향하는 수리체계

④　604×6 = 3,624÷360 = 10　　↑

③　593×6 = 3,558÷360 = 9.8　↑

②　582×6 = 3,492÷360 = 9.7　↑

①　571×6 = 3,426÷360 = 9.5　↑

각 에너지 역량이 홍익인간인 十의 세계를 지향하고 있다.

8단계 : 妙衍萬 往萬來用變 不動本

ㄱ. 妙衍萬

「(홍익인간의 덕과 지혜와 공력이) 고양되어 묘하게 퍼져서 무수해지고……」

ㄴ. 往萬來用變

「삼신의 에너지가 시공을 달리하여 무수히 오고 가고 쓰임이 변하여도……」

ㄷ. 不動本

「대원일의 근본은 소멸되거나 변화하지 않는 영원한 생명에너지의 시원이자 정신에너지의 귀향지다」

5) 일종법(一終法 ; 하나가 끝나는 법) 9단계

本心本 太陽昻 明人中 天地一

ㄱ. 本心本

「누구나 하느님의 깊을 뜻을 깨달으면……」

ㄴ. 太陽昻

「진아(眞我)의 황금태양이 밝아져서……」

이 구절의 〈태양〉이란 태양계의 태양을 의미하지 않는다.

선공수련시 최상급의 영체단계에서 대아(大我)가 진아(眞我)로 선화되면 두뇌 중심부에 위치한 천심방(天心房) 속의 천성로(天性爐)에서 금양(金陽)이라는 황금태양(黃金太陽)이 형성되어 영체를 밝히게 된다.

ㄷ. 明人中 天地一

「사람과 천지 가운데를 환하게 비추는 영적으로 으뜸인 홍익인간으로 거듭난다」

천·지·인 모든 경계를 허물어트리는 대개벽의 진앙지― 진아를 광명으로 통하게 하는 지기(至氣)의 중심 일중(一中).

만물을 잉태하고 낳는 광명의 시원처―.

오직 마음과 정신으로 닿을 수 있는 곳.

그 빛은 온 누리를 비추되,

홍익인간의 황금태양이 그 일중(一中)을 향하여 되비추는 것―. 회광반조(回光反照)의 대혼천(大渾天)이 운행되어 영원한 광명세계로 나아간다.

ㅁ. 천부경이란 암호문을 해독하는 또 다른 Code, 을밀선인이 남기신 표식을 찾아가 보자. 발귀리 선인처럼 을밀선인께서도 노래를 좋아하셨나보다. 을밀선인(乙密仙人)은 고구려 제 22대 안장제(安藏帝) 때 조의선인(皁衣仙人)으로 뽑히시어 휘하에 3천여 명의 조의선인(皁衣仙人)을 양성하여 무사계층의 간성이 되게 하셨다.

을밀선인이 지으신 다물흥방(多勿興邦)의 노래말 중

"人中天地爲一兮心與神卽本爲一故其虛其粗同卽本故惟神惟物不二……"라는 구절이 있다.

다물흥방가의 "人中天地爲一兮" 구절이 천부경의 "名人中天地一" 의 구절과 거의 동일한 자구를 사용하고 있음이 주목된다. 이는 고구려시대의 정신적 사상체계가 단군조선의 뒤를 이어 홍익사상의 맥을 그대로 이어받았음을 실증한 것으로 생각된다.

위 발췌문 해설

"사람과 천지 가운데 하나를 위함이여, 마음은 정신과 더불어 근본에 닿나니, 하나이기 때문에 빈 것(虛)도 성긴 것(粗)도 같은 것이며, 그 자체가 근본이므로 정신이나 물질로 양분할 수 있는 둘이 아닌 하나일 뿐일세……중략"

다물흥방의 노래 전문

"먼저 간 것은 법이 되고,
뒤에 오는 것은 위(上)가 되네,
법이라는 것은 낳은 것도 사라지는 것도 아닐세
위(上)라는 것은 그래서 귀할 것도 천할 것도 없는 것

사람과 천지 가운데 하나를 위함이여
마음은 정신과 더불어 근본에 닿나니
하나이기 때문에 빈(虛) 것도 엉성한(粗) 것도 같은 것이며 그 자체가 근본이므로 오로지 정신이나 물질로 양분할 수 있는 둘이 아니라 하나일 뿐일세

참(眞)은 온갖 착함의 극치이고
하느님의 주재하심은 일중(一中)의 극치일세

고로 삼진(三眞)은 하나로 돌아오고
고로 일중(一中)은 일신(一神)이며 삼신(三神)일세

하늘 위 하늘 아래 오직 스스로 존재함이여
다물(多勿)은 나라를 일으킴이라,
스스로 존재하므로 무위(無爲)로서 나라를 일으키는 일을 하며 말없
이 가르침을 행하였네

진명(眞命)의 큼이여, 성품을 낳아 광명으로 통하네,
들어와선 효도하고 나아가선 충성함이라.
광명은 모든 착함을 받들어 행하지 않음이 없고
효와 충은 어떠한 악도 일체 짓지 않는다.

백성의 옳은 바는 오직 나라를 소중히 여기는 바다.
나라 없이 나는 어떻게 태어날 수 있는가.
나라가 소중함으로 백성이 사물을 소유하고
복을 누리나니, 내가 있으므로 나라에 혼이 있어
덕을 누리네

혼(魂)에 생(生)이 있고 깨달음(覺)이 있으며 영(靈)이 있음이여,
일신(一神)이 거처하는 곳은 천궁(天宮)일세,
생·각·영 삼혼(三魂)은 지혜와 삶을 함께 닦을 수 있고
일신(一神)은 고로 모습을 갖추고 혼을 넓혀나가는 것일세

우리들 자손 착함으로 나라를 위함이여,
태백의 가르침은 우리의 스승일세,

우리들 자손은 다스림에 균등하지 않음이 없으며,
우리들 스승은 가르침마다 새롭지 않음이 없다네."

10단계 : 一終無終一

「하나의 끝남은 無에서 끝나고 이것이 마지막의 하나 終一이다」
천부경의 첫 구절 1단계 一始無始一의 대구인 一終無終一.

하나가 무에서 태어나서 10단계에 이르는 동안 무수히 변화하고 진화하는 가운데 파란만장한 여러 난관을 헤쳐 나왔다.

천부경은 스스로 본래의 모습을 감추기 위하여 맨 처음의 하나인 시일(始一)이 열 十의 홍익인간에 이르러 광명으로 통하는 묘문(妙門)의 열쇠를 유궤의 틀 속에 봉인해 놓았다.

금제 봉인을 풀고 유궤를 해제하여 무궤 속으로 들어가 보면, 인간이 인간으로서 갖추어야 할 미덕과 착함 그리고 추구해야 할 이상의 성취가 만물을 비치는 태양빛처럼 밝아온다.

우주와 인간과 만물이 모두 시일(始一)에서 비롯된 동성동본(同性同本)의 동일한 유전자를 소유했음을 누누이 일러준다. 비록 모양과 쓰임이 다른 사물일지라도 결국 근본이 하나라는 귀착점에 귀결한다는 것을 일깨워준다.

인간의 본질은 선하고 악함, 맑고 탁함, 후하고 박함 등의 삼망(三妄)에 뿌리박고 있으나 망령됨을 올바르게 하여 참으로 돌이키면 누구나 홍익인간이라는 구원자가 될 수 있다는 메시지를 후세에 전하고 있다.

천부경은 초기 민족 성립 단계인 신시개천시대에 민족의 영이요 민족의 몸으로 현신하여 우리 민족에게 하늘의 정신을 열고 땅의 풍요를 열며 인간의 성품을 여신 거발한 환웅천제가 민족의 구원주, 홍익인간임을 밝혀 준다.

홍익인간의 구원은 자기 초월을 통한 자기 구원을 뜻한다. 자신의 영혼을 지고지순한 경지로 이끌어 광명으로 통하는 길―. 성통공완의 완성은 궁극적으로 이타행을 위한 접화군생을 구현하는 것이다.

이는 인간과 인간, 자연과 인간, 신과 인간과의 삼신(三神) 에너지와 균형과 조화를 이루어 영(靈)과 육(肉)의 심지 불을 밝혀 이 세상을 광명세계로 변화시키고자 하는 높은 이상에 대한 열망과 이상(理想) 실현을 위한 자기희생을 전제로 한다.

자기초월은 자기희생이라는 대가를 지불해야 한다. 자기구원이라는 뗏목을 타고 분노하는 바다를 가로질러서 피안의 세계에 닿기 위해서는 심청이처럼 용왕(운명을 주관하는 에너지)에게 자신을 던져야 한다.

결국 닫힌 하늘을 연다는 것은 하늘을 치유하는 의식이며 닫힌 땅을 연다함은 땅을 치유하고 돌봄이다. 하늘의 슬픔, 하늘의 고통을, 하늘의 분노를 풀어주고, 아픈 상처를 씻고, 의혹의 뿌리를 뽑아버리는 행위다. 자기구원의 피안에 도달하는 것은 만물의 근원인 하나에 복귀하는 과정을 의미한다.

천부경은 「사람은 사람이고, 땅은 땅이며, 하늘은 하늘, 하느님은 하느님이다」라고 준엄히 천명하고 있다. 이것이 「하나와 열」의 현묘지도인 것이다.

"일종무종일" 하나가 처음에 무(無)에서 왔듯이 끝날 때가 되면 하나가 다시 무(無)로 돌아가니 이를 마지막 하나(終一)라 칭한다. 그러나 처음의 하나인 시일(始一)과 마지막 하나인 종일(終一)은 동일한 하나다. 그래서 종일(終一)은 오메가다.

하나와 모든 만물이,

사람과 하늘과 땅,

온 누리의 삼라만상이 무(No-thing)로 돌아간다.

새로운 질서의 창조를 위하여,

새로운 진화를 위해 모든 것을 불태운다.

정신과 물질,

무의식과 의식,

성·명·정, 심·기·신, 감·식·촉의 모든 것

태양과 달, 금성, 수성, 화성, 목성, 토성, 명왕성, 천왕성 등 태양계를 포함한 우주의 수천억 개의 별들, 그리고 인간의 안식처인 아름다운 지구조차도 때가 되면 한꺼번에 쪼개지고 재가 되어 없음(無)으로 돌아간다.

더러움도 깨끗함도

사랑도 미움도

인간과 나무와 동물들

물고기와 날짐승과 작은 미물들도,

모두 영겁이라는 피난처, 환생의 용광로 속으로 들어가 용해된다.

그런 다음에,

새로운 영적인 인간들이,

새 우주의 어느 곳엔가 새로운 보금자리를 만들 것이다. 그들은 누구보다도 천부경을 가장 잘 이해하는 혼식이 열린 홍익인간들일 것이다.

새 선인들은 "앞서간 것은 법이 되고 뒤에 오는 것은 위(上)가 된다"고 을밀선인의 노래를 부를 것이다.

그들 열린 사람들은 복본을 이룬 새로운 사람들일 것이다.

종일(終一)은 우주의 종말과 함께 사라져 소멸되지 않고 대원일로 복귀하여 새로운 시일(始一)로 거듭 태어날 하나임을 의미한다.

우주의 운행은 반드시 시작과 끝남이 있다. 끝남이란 우주의 운행이 구질서에서 신질서로 전환되는 과정 중의 마지막 장이다. 그때에, 우주의 모든 에너지가 일시에 폭발되고 파괴된다. 시간도 정지하고, 기나긴 침묵이 소요된다.

대원일은 맞끝에서 시작의 실마리를 풀어내어 대순환의 물레에 연결한다. 우주만물의 시작과 끝남이 대순환의 일부분임을 마지막 하나가 증명한다. 종일(終一)의 끝남은 대순환 에너지 운행의 연속성을 의미한다.

제6장

천부경 해의

1.
하나는 없음에서 시작했으며,
이 하나가 맨 처음의 하나(始一)이라네.
하나는 미명의 혼돈을 깨트리고
밝음의 질서를 세웠나니,
우주가 생성되고 시간이 흘러가네.
하나로부터 만물이 비롯됨이여,
언젠가 돌아가야 할 영혼의 고향이라네.

2.
하나는 님의 씨앗을 떨어뜨리어 하늘과 땅
그리고 사람을 창조하였지……
하늘보다 더 큰 공간 어디 있으며,
땅보다 더 소중한 별이 어디 있을까.
하물며 사람보다 더 지혜로운 존재 뉘리오마는
아무리 크고 아무리 소중하고 아무리 지혜로운 존재일지라도,
그 시원은 하나에서 나와 이루어졌다네.
하나를 무극인 하늘, 반극인 땅, 태극인 사람으로 나눈다 해도 하나
의 본질은 다함이 없네.

생성하고 팽창하고, 소멸하는 우주의 대순환이
계속되어도 하나는 무궁하고 영원하다네.
그 하나가 끝날 때까지…….

3.
맨 처음의 하나(始一)에서 떨어져 나온 천일(天一)은
우주만물로 하여금 정신(性)으로 통하게 하는
양(陽)에너지의 바탕을 이루었네.
절대지고의 권능으로 조화를 주재하는 한님이라네.
지일(地一)은 천일(天一)에서 분화된 음(陰)에너지의 바탕으로 만물
에 생명이 있게 하는 목숨(命)의 원천이라네.
지선(至善)을 유일한 법력으로 삼아 교화를 주재하는 곰님이라네.
천성(天性)의 양기운과 지명(地命)의 음기운이 결합하여 인일(人一)
을 낳았다네, 인일은 우주만물로 하여금 정(精)을 충일케 하는 반음반
양에너지로 형성되어 덕량을 최고 무상으로 삼아 치화를 주재하는 선
님이라네.
이래서 천일, 지일, 인일은 성·명·정 에너지의 삼신이 되어
천일(天一)의 양 에너지는 일(一)이 되고
지일(地一)의 음 에너지는 이(二)가 되며
인일(人一)으 반음/반양 에너지는 삼(三)이 된다네.
하나를 잡아 셋을 포함하는 집일함삼(執一含三)의 뜻이 이러함일세

4.
하나가 쌓여서 열로 커짐은

하나는 하나로되,

먼저 지일(地一)의 음기운이 쌓이고 모아지면

절로 천일(天一)의 양기운이 켜져

가로 하나(一)와 세로 하나(丨)가 교합하여

열십(十)이 된다네.

열(十)은 전일(全一)로서 진아(眞我)의 완성을 이룬 자, 열린 사람(開人)이니 인간세상을 구원하라시는 부름을 받은 환웅천제이시라네.

하늘을 열고, 땅을 열고, 사람을 여는 홍익인간의 지상출현을 예언함이니,

무한한 은혜와 거룩한 영광이 온 누리에 넘치노라

육신과 정신이 홍익인간으로 환골이신 되는 성통공완을 이루면 우주에너지의 시원인 천원(天元)으로부터 성·명·정 에너지 중심을 관통하는 대간맥인 충(衷)이 뚫린다네.

성·명·정 에너지의 운행이 시동되면……

5.

하늘의 마음과 깨달음이, (天二三)

땅의 기운과 숨쉼이, (地二三)

사람의 몸과 닿음이, (人二三)

천일(天一)의 성(性)

지일(地一)의 명(命)

인일(人一)의 정(精)과 함께

맞물려 돌아간다네

6.

대삼(大三)인 환님, 곰님, 선님(열님)의 에너지인 성·명·정이 합쳐지면 삼망의 심·기·신에너지가 생성되어 도합 육(六)이 된다네.

육(六)은 바로 사람의 몸, 육신(肉身)이라네.

성품에 의한 마음에는 선악의 양면이 도사리고 있고,

목숨에 의한 기운에는 맑고 탁함의 명암이 있으며,

정에 의한 몸에는 두텁고 엷음의 차별이 상존한다네.

대삼합의 통합을 거친 몸은 삼도(三途)의 깨달음·숨쉼·닿음의 七, 八九를 담아 열여덟 경도를 넘나들면서 낳고·성장하고, 늙고, 병들고, 죽는 고통에 떨어진다네.

선인은 고요한 마음으로 깊이 깨닫고,

우주와 더불어 조화로운 숨쉼을 함께 나누며,

영적인 우주의 통찰력으로 만물과 내적인 교통을 하게 되면 열십(十)의 성통공완을 이룬다네.

7.

깊고 고요한 선공으로 성·명·정, 심·기·신, 감·식·촉 아홉 에너지를 세 바퀴 돌리면,

천·지·인 에너지가 순수하게 선화되어 지고지순한 하나로 돌아오는 회삼귀일(會三歸一)의 운행이 이루어지네.

삼진, 삼망, 삼도의 아홉 에너지가

거듭되는 삼회전의 자전과 일회전의 공전으로

점점 선공의 경지가 높아진다네

환님의 마음과 곰님의 기운이 어우러져

우주가 감응하는 홍익인간의 천성(天性)이
빛을 발하여 덕과 지혜와 공력이
높아지나니……

8.
그 영력이 신묘하게 발산되어 무수한 접화군생으로 만물과 화합하는
새로운 물질과 가치를 창출하고,
진화와 발전을 거듭한다 하여도 환님의 절대적 권능은 영원히 변치
않는 부동의 근본이라네.

9.
누구나 환님의 깊은 뜻 깨달으면
진아(眞我)의 황금태양 밝아져서,
사람과 천지가운데를 환하게 비추는,
영적으로 으뜸인 홍익인간으로 거듭나노라.

10.
하나가 무에서 시작했듯이
하나가 무에서 끝난다네.
이 하나가 맨 끝의 하나(終一)이거니,
대원일은 맞끝에서 시작의 실타래를 풀어내어
대순환의 물레에 연결한다네.
우주만물의 시작과 끝남이
대순환의 일부분인 것을
마지막 하나(終一)가 증명하노니,

이 끝남도 대순환의 영속적 운행임을 깨닫게 하네.

무구한 은혜여
무구한 지혜여
무구한 힘이여

황금의 태양—.
홍익인간이 밝아지고 밝아짐이여…….

제7장

삼일신고 三一神誥

삼일신고는 천부경과 함께 환웅천제의 가르침을 적은 글로써 천부경을 푸는 코드(Code)가 대부분 삼일신고에 담겨져 있다.

가. "삼일신고의 구본에는 분장(分章)이 없고 행촌 선생이 처음으로 장을 나누어 1장 허공, 2장 일신, 3장 천궁, 4장 세계, 5장 인물이라 했다. 저 허공을 하늘의 질량이라 하고, 일신을 하늘의 주재(主宰)라 하고, 천궁을 하늘의 조화를 갖춘 곳이라 하고, 세계를 만세라 하였다. 인물은 곧 시(市)이다. 인물은 우주 삼계의 원훈(元勳)이다. 대저 태백진교(太白眞敎)는 천부에 근원하여 지전(地轉)에 합치고 또 사람의 일을 바르게 하는 것이다. 여기에 정사를 일으킴에 있어 화백(和伯)보다 앞섬이 없고 덕을 다스림에 있어 책화(責禍)보다 선한 것이 없다. 제세이화의 도는 모두 천부에 준하여 거짓이 없고, 지전을 취하여 게으름이 없어 인정에 합쳐서 어긋나지 않는다면 천하의 공론이 어찌하여 한 사람인들 아니라 할 자 있으리오. 신고(神誥)의 오대(五大)의 지결(旨訣)도 역시 천부에 바탕을 둔 것이다.

신고(神誥)도 결국 천부 가운데 하나의 이상에 다름 아닌 것이다. 처음 자(字)의 근원이 오래됨을 알았다. 글자의 의미는 좋고도 크도다."

　　　　　　　　　　　　　　　　　　　　　 -태백일사/소도경전본훈-

나. "삼일신고는 본디 신시개천시대에 나와서 책으로 이루어진 것이니 대저 하나를 잡아 셋을 포함하고(執一含三) 셋을 모아 하나로 돌아옴(會三歸一)의 뜻을 근본으로 삼는다. 5장으로 나뉘어져 천신조화(天神造化)

의 근원과 세상 사람들과 사물들의 교화를 상세히 쓴 것이다.

그 일(一)의 「허공」은 "하나와 함께 없음에서 시작함으로 그 시작이 같고 하나와 함께 무에서 끝남으로 그 끝남도 같다".

밖은 허하고 안은 텅 빈 가운데 항상 함이 있다.
「虛空與一始無同始一終無同終也外虛內空中有常也」*

그 이(二)의 「일신(一神)」은 "헛것은 가고 실재(色)가 나타나서 모든 것을 주재하는 듯하나 삼신(三神)이 대제(大帝)로서 실로 공이 있음"이라 했다.

그 삼(三)의 「천궁」은 "진아(眞我)가 거처하는 곳이라 만 가지 착함을 스스로 갖추어 영원토록 쾌락이 있으라" 하였다.

그 사(四)의 「세계」는 "뭇 별들은 해에 속해 있으니 모든 백성과 큰 인물들이 여기서 태어난다"라고 하였다.

그 오(五)의 「인물」은 "사람과 물건은 삼신에서 나와 하나의 참으로 돌아가나니 이를 대아(大我)라고 한다고 하였다. 세상에서 혹은 삼일신고를 가지고 도가의 제사 지낼 때 올리는 말씀이라고도 하지만, 이는 크게 잘못된 것이다. 우리 환국은 환웅으로부터 개천하여 천신에게 제사지내고 신고(神誥)를 조술하였으며 산하를 널리 개척하였고 백성을 교화하였다."

-태일일사/소도경전본훈-

위와 같은 뜻을 담은 삼일신고 내용이 원전의 잘못된 오역으로 전연 엉뚱한 해석을 낳고 있어 문제가 제기되고 있다. 삼일신고를 활용하는 종교단체나 수련단체 등에서 이러한 문제점을 전혀 인지하지 못한 채

---

* 한단고기-임승국 저. 이 부분을 "허공은 일(一)로 함께 시작하지만 같지 않고, 일에서 시작하여 끝나지만, 끝을 같이함이 없다"라고 오역하였다.

일반 대중들에게 제멋대로 전파시킨 결과, 이에 대한 전문지식이 없는 대중들은 오도된 내용을 무비판적으로 받아들이고 있어 삼일신고의 본래의 뜻이 점점 더 크게 왜곡되고 훼손되어가고 있다.

이와 같은 맥락에서 잘못 번역된 부분을 바로 잡고자 한다.

一장 허공(虛空)

帝曰元輔彭虞야 蒼蒼이 非天이며 玄玄도 非天이라

天은 無形質하고 無端倪하며 無上下四方하며

虛虛空空하며 無不在하고 無不容하니라

환웅천제께서 이르시기를 원보팽우여 푸르고 푸른 것이 하늘이 아니고 아득하고 아득한 것도 하늘이 아니다. 하늘은 형태와 바탕이 없으며 첫끝과 맞끝도 없으며 위 아래와 사방도 없고, 허허롭고 텅 비어서 어디에 있지 않은 곳이 없고 감싸지 않는 것도 없느니라.

二장 일신(一神)

神은 在無上一位하사 有大德大慧大力하여 生天하고

主無數世界하며 造甡甡物하되 纖塵無漏에

昭昭靈靈하고 不敢名量이라 聲氣願禱면

絕親見하리니 自性에서 求子하라 降在爾腦이니라

하느님은 그 위에 더할 나위 없이 높은 첫 자리에 계시사 큰 덕과 큰 슬기와 큰 힘을 가지시어 하늘을 내시며 우주를 주재하시고 만물을 창조하시되 티끌만큼도 빠트림이 없으며 밝고도 신령하시어 감히 이름하여 헤아릴 수 없다.

소리와 기운으로 간절히 기도하면 지극히 은혜하여 모습을 나타내실지니 저마다 지닌 성품에서 씨앗(子)을 구하라. 너희 머리골 속에 내려와 계시니라.

위 문장의 마지막 구절인 「聲氣願禱면 絶親見하리니 自性에서 求子하라 降在爾腦이니라」 중의 絶親見 세 글자가 번역가들에게 오역의 주대상이 되고 있다.

임승국 저/한단고기에서 위 구절을 "소리와 김으로 원하여 빌어도 친히 보임을 끊나니 성품으로부터 씨(子)를 찾으라, 너의 머리끝에 내려계시니라"라고 해석하였다. 임승국 저자는 絶親見을 글자 그대로 "絶"자를 "끊을 절"로 "親"자를 "친히", "몸소"로 "見"자를 볼견으로 직역한 결과, 絶親見을 "친히 보임을 끊나니"라고 해석하여 聲氣願禱와 自性求子 降在爾腦 두 구절의 문맥이 서로 상충되고 있다.

다시 한 번 絶親見을 잘 살펴보자.

ㄱ. "絶"자는 「끊는다」는 의미 외에 「지극히」, 「대단히」라는 뜻도 있다.

ㄴ. "親"자는 「친히」, 「몸소」라는 뜻 외에 「가까이 하다」「사랑하다」라는 뜻도 있다.

ㄷ. "見"자는 「볼견」이라는 뜻 외에 「보이다」, 「나타나다」라는 의미도 있으며 상고시대에는 "現"(나타날 현)자가 없어 "見"자가 「나타날 현」자로 쓰였다.

ㄹ. 고로 「絶親見」은 「지극히 은혜하여 모습을 나타내리니……」라고

해석해야 옳다.

ㅁ.「聲氣願禱」란「소리와 기운으로 간절히 기도하면……」이라고 해석해야 옳고 선공수련시 천부경 등을 영송(詠誦)하면서 운기조식함을 뜻한다.

ㅂ. 종합 : (하느님은)「소리와 기운으로 간절히 기도드리면 지극히 은혜하시여 모습을 나타내실지니 자기 성품에서 씨앗(子)을 구하라. 너희 머리골 속에 내려와 계시니라」가 된다.

이를 부연하면 하느님은 인간이 미치지 못하는 높고 높은 아득한 곳에 계시다고 해서, 달리 하느님을 좇을 것이 아니라, 이미 하느님의 유전인자를 갖고 있는 우리 자신의 내부인 진아(眞我)에서 찾아야 한다는 뜻이다. 하느님은 우리의 성품 속에 내려와 계시다는 자성(自性)은 성품이나 정신이라는 뜻보다 하느님의 유전인자를 지닌 우리 영혼 속에 존재하는「진아(眞我)」를 의미한다.

하느님은 항상 우리 자신 내부인 가장 가까운 지근 거리에 계시지만 우리가 이를 느끼지 못하고 인식하지 못하고 있기 때문에 천국이나 천궁에 계신 초월적인 절대자 하느님만을 상상하고 어렵사리 먼 곳에서 구하려고 애쓰고 매달리고 있음을 경계하고 바른 신관을 가르치고 있다. 그렇다고 해서 "내가 곧 하느님*"이라는 생각은 더더욱 아니다. 아버지와 동일한 유전인자를 가졌다 해서 그 자식이 아버지가 될 수 없음과 마찬가지다.

三장 천궁(天宮)

天은 神國이니 有天宮하여 階萬善하고 門萬德이라, 一神攸居에 群

{ * 동학의 인내천(人乃天) 사상과는 그 궤를 달리하고 있다.

靈諸哲護侍하며 大吉祥大光明處라 惟性通功完者라야 朝하여 永得快
樂하리라.

하늘은 하느님의 나라이니 하늘 궁전이 있어서 온갖 착함으로 섬돌
을 삼고 온갖 덕으로 문을 삼나니, 하느님이 계시는 곳에는 뭇 신령과
뭇 선관들이 모시고 있어서 크게 복되고 상서로운 큰 빛의 시원이라
오직 성통공완자라야 하늘 궁전에 들어가 영원히 쾌락을 얻을 지니라.

四장 세계(世界)

爾觀森列星辰 數無盡 大小明暗苦樂不同
一神造群世界 神勅日世界使者 轄七百世界
爾地自大一丸世界 中火震蕩海幻陸遷 乃成見象
神呵氣包底 照日色熱 行翥化遊栽 物繁殖

너희들은 총총히 벌린(森列) 별들을 보라. 그 수가 다함이 없으며,
크고 작고 밝고 어둡고 괴롭고 즐거움이 같지 않느니라. 한 분이신 하
느님께서 온 누리를 만드시고 그 가운데 해누리를 맡은 사자를 시켜
칠백누리를 거느리게 하시니 너희 땅이 스스로 큰 듯이 보이나 작은
한 알의 세계니라. 속불이 울리어서 바다가 변하여 육지로 바뀌었고
이에 보이는 모양을 이루었다. 하느님께서 기를 불어 싸시고 밑까지
해의 빛과 열로 쪼이시니 날고, 헤엄치게 되고 심는 (동식)물들이 번식
하느니라.

五장 인물(人物)

인물편은 삼일신고의 진수이며 결정체다. 천부경을 푸는 코드와 작동원리가 평범한 도덕관념처럼 기술되어 있어 천부경과는 무관하거나 보완적인 준칙 정도로 인식하게 한다.

삼일신고와 천부경은 인간이 신봉하고자 하는 진리의 겉과 속 같이 인간이 추구하는 보편적인 가치와 선인이 궁극적으로 지향할 바를 공유하고 있다.

특히 인물편은 내공력의 동력원이 되는 에너지 축을 추적하다보면 천부경의 회전축과 맞물려 함께 돌아가고 있음을 깨닫게 한다.

망망한 바다속 한 가운데 존재하는 선경에 닿을 수 있는 해로(海路)에서 앞서간 선인들의 자취와 숨결과 향기를 느끼게 한다. 해인(海印)의 봉인이 해제되어 무구한 세계가 펼쳐진다.

人物同受三眞 曰性命精　人全之　物偏之

　眞性無善惡　上哲通　眞命無淸濁　中哲之

　眞精無厚薄　下哲保　返眞一神

惟衆迷地　三妄着根　曰心氣身　心依性　有善惡

　善福惡禍　氣依命　有淸濁　淸壽濁夭　身依精

　有厚薄　厚貴薄賤

眞妄對　作三途　曰感息觸　轉成十八境

　感　喜懼哀怒貪厭　息　芬爛寒熱震濕

　觸　聲色嗅味淫抵

衆善惡淸濁厚薄相雜　從境途任走　墮生長肖病歿苦

哲止感調息　禁觸一意化行　返妄卽眞

發大神機 性通功完是

　사람과 만물이 다같이 삼진(三眞)을 받나니 이는 성품과 목숨과 정기라. 사람은 그것을 온전하게 받고 만물은 치우치게 받느니라.
　참성품(眞性)은 착함도 악함도 없으며 이는 상철(上哲)로서 두루 통하고,
　참목숨(眞命)은 맑음도 탁함도 없으니 중철(中哲)인이 알고,
　참정기(眞精)는 두터움도 엷음도 없어 하철인(下哲人)이 보전하니 참으로 돌이키면 하느님이 깃든다.

　생각하면 뭇사람들은 미혹한 땅에서 세 가지 망령(三妄)됨에 뿌리내리니 이는 마음과 기운과 몸이니라.
　마음은 성품에 의지한 것으로 착함과 악함이 있으니 착하면 복되고 악하면 화가 된다.
　기운은 목숨에 의지한 것으로 맑고 탁함이 있으니 맑으면 오래 살고 탁하면 일찍 죽는다.
　몸은 정기에 의지한 것으로 두텁고 엷음이 있으니 두터우면 귀하고 엷으면 천하게 된다.

　참됨과 망령됨이 서로 맞서 세 가닥 길을 지으니 이는 느낌(感)과 숨쉼(息)과 닿음(觸)이다. 이것이 열여덟 가지로 나눠지니,
　느낌에는 기쁨, 두려움, 슬픔, 성냄, 탐냄, 싫음이요
　숨쉼에는 정신을 어지럽히는 중독물질, 몸과 기운을 상하게 하는 오염됐거나 부패된 물질, 춥거나, 덥고, 축축하거나 건조한 기온 등이다.
　닿음에는 소리와 빛 냄새와 맛 미혹함과 대항하여 투쟁하는 것이다.

뭇사람들은 착하고 악함과 맑고 탁함 두텁고 엷음이 서로 섞여서 가닥길을 함부로 달리다가 낳고 자라고 늙고 병들고 죽는 괴로움에 떨어진다.

밝은이는 고요한 마음으로 깊이 깨닫고(止感),
숨쉬는 것을 고르게 하며(調息),
닿음을 초극한다(禁觸),

이를 한마음으로 실천하여 망령됨을 참으로 돌이키면 크게 하느님의 기틀을 일으키나니 성통공완을 이룬다 함이 이것이니라.

가.

인물편에 수록된 성(性) 명(命) 정(精)은 천부경의 기저를 이루는 천일(天一) 지일(地一) 태일(太一)이다. 이를 기학(氣學)적 측면에서 고찰해 보자.

ㄱ. 성(性)은 성품 또는 정신으로 해석된다. 즉 육신이나 물질이 아닌 영체(靈体)를 의미하며 마음이 근거하는 마음자리이기도 하다. 진성(眞性)은 성통공완을 이루는 진아(眞我)의 바탕이 된다. 연신환허(鍊神還虛)하면 진아(眞我)가 홍익인간으로 선화(仙化)된다. 진아(眞我)가 영아(靈我)로 환골이신 되었음이다.

ㄴ. 명(命)은 목숨 그 자체와 목숨을 유지하는 기운자리인 혼체(魂体)다. 진명(眞命)은 대아(大我)의 에너지 공급원이다. 선공을 통하여 연기화신(鍊氣化神)하면 대아가 진아(眞我)로 진화된다.

ㄷ. 정(精)은 정기로서 신체활동의 원동력이 되는 백체(魄体)다. 진정(眞精)은 소아(小我)인 육아(肉我)가 자아(自我)로 성장발육하는 곳이다. 연정화기(鍊精化氣)하면 자아(自我)가 대아(大我)로 진화한다.

　이와 같이 성·명·정을 단순한 성품, 목숨, 정기라는 일반적인 뜻보다 선공수련 계제를 이루는 기(氣)에너지의 등급과 소아(小我)에서 자아를 발견하고 대아(大我)로 발전하여 내공력을 높이고 진아(眞我)로 진화하여 성통광명(性通光明)하는 새로운 경지의 개척을 의미한다.
　성·명·정 삼체가 모두 동일한 기(氣)에너지이지만 질적 수준이 다른 각각 고유의 기질(氣質)을 가졌다.
　이를 도식화하면 다음과 같다.

氣質	三眞	三妄	氣體	成己	仙品	大三
上級	性	心	靈体	眞我	上哲	天一
中級	命	氣	魂体	大我	中哲	地一
初級	精	身	魄体	自我	下哲	太一

　중국의 도가에서는 성과 명을 함께 닦는 성명쌍수(性命双修)를 대본으로 삼고 있으나 선인도의 삼일심법은 성·명·정 삼수(三修)를 함께 수련한다. 회삼귀일, 집일함삼의 삼태극 원리가 여기서 비롯되는 것이다.
　인간의 내면세계가 육아(肉我)인 소아(小我)에서 백체가 성장하여 자아(自我)를 발견하고 혼체인 대아(大我)로 발전하여 영체인 진아(眞我)로 진화된다. 육아를 완전히 벗어버리는 뼈를 바꾸고 정신을 바꾸는 영아(靈我)로 탈바꿈하여 영적 차원을 상승시킨다.

내면적인 덕인 깊은 은혜와

내면적인 지혜인 깨달음과,

내면적인 힘인 내공력을 함양함은 내면에 화평세계를 구축하여 매일같이 홍익인간됨을 구념했던 성웅 을지문덕장군의 정수경도(靜修境途) 수련법이다.

나. 지감, 조식, 금촉에 대한 재해석

오역의 극치를 이루는 부분이 바로 감·식·촉이다.

ㄱ. 지감(止感)

모든 해석가들이 글자 그대로 직역하여 "느낌을 그친다"라고 당당하게 번역하고 있다. 명약관화——불을 보듯이 분명한 오역이다. 인물편 본문중 느낌에는 기쁨(喜), 두려움(懼), 슬픔(哀), 노여움(怒), 탐냄(貪), 싫음(厭) 등이 있다.

위와 같은 여섯 가지 인간의 주된 감정을 칼로 짚단을 베듯이 잘라버리라는 주문이다.

「지(止)」자는 〈그친다〉라는 뜻 외에 〈마음〉이라는 의미도 있음을 유의할 필요가 있다.

「감(感)」자는 〈느낀다〉라는 뜻과 〈감동하다〉, 〈깨닫는다〉라는 의미로도 쓰인다.

고로 「지감(止感)」이란 〈고요한 마음으로 깊이 깨닫는다〉라고 해석함이 옳다.

아무리 경지가 높은 구도자라고 해서 목석이나 신이 아닌 이상 감정을 그친다고 해서 복잡다단한 잠재의식이나 무의식마저 영영 지워버릴 수 있는 것이 아니다. 지우면 지울수록 더 많은 번뇌가 더욱 맹렬히 엄습해 올 것이다. 선인도는 불교식으로 용맹정진하여 108번뇌를 모조리 끊어버려 해탈의 경지를 이루라고 압박하지 않는다. 오히려 이와 반대로 모든 고뇌와 고통, 슬픔, 기쁨, 두려움, 노여움, 사랑 등등의 감정의 밑바닥으로 침잠하면 감정의 에너지가 수정처럼 투명하게 정화되어 내면의평안과 큰 깨달음의 경지로 나갈 수 있다는 뜻이다.

〈지감(止感)〉은 자신의 내면을 관조하는 내관을 통해 치열하고 순수하게 마음을 닦는 선공수련법이다.

기쁘다, 두렵다, 슬프다, 노엽다, 욕망한다, 싫어한다 등의 여섯 가지 감정의 거친 파도 속으로 들어가 정일한 심해 속에 도달하면 고요한 의식의 바다 속에 형형색색의 감정을 지닌 물고기들이 헤엄치고 돌아다닐 것이다.

한 마리 조그마한 물고기가 되어 그들과 함께 헤엄치며 그들에게 다가가 깊은 마음을 전해보자. 불안, 근심, 걱정, 슬픔과 고통을 간직한 물고기들과 함께 아무 얘기든 말해보라. 물고기의 눈물 한 방울이 바닷물을 짜게 만들 테지만 그대의 따뜻한 미소가 잔잔히 바다 속에 퍼져나가면 그 물고기들도 미소로 화답할 것이다. 그대 속 감정의 바다는 평온해지고 기쁨의 파도가 일파이파……만파 밀려올 것이다.

마음속 깊이 느낀다는 것은 그 어떤 깨달음에 닿게 된다는 것이다.

ㄴ. 조식(調息)

조식이란 글자 그대로 숨쉼을 고르게 한다는 뜻이다. 조식이라는 용어는 기학(氣學)의 효시이며 성·명·정 삼수를 닦는 선인도 선공수련의 모태가 되는 5대 환웅태우의께서 「혼의구연을 위해 반드시 묵념하여 마음을 맑게 하고 숨을 고르게 쉬며 정기를 보존하라」는 "必使默念 淸心調息保精"하라는 가르침에서 비롯된다.

만물은 호흡이 끝나는 순간 죽음에 임박하게 되고 완전히 숨을 거둔다면 죽는다는 것은 당연지사다.

숨을 쉰다는 것은 신체의 어느 특정 부위로만 호흡하는 것이 아니잖는가.

조식의 요체는 나라는 존재가 우주의 일부분으로서 우주와 함께 호흡을 주고받아 우주와 내가 혼연일체를 이루는 에너지의 대순환에 자기 자신을 맡기는 일이다.

머리꼭지로 숨을 쉬든 배꼽으로 숨을 쉬든 발뒤꿈치로 숨을 쉬든 그 단계에 머문다면 약장수식 호흡법에 불과하다.

태우의 환웅께서 가르침을 주신대로 묵념하여 마음을 맑게 한 다음 고요히 우주와 함께 숨쉬고 정기를 보전하는 것을 진정한 조식이라 할 수 있다. 즉 〈고르게 숨쉰다〉는 뜻은 우주에너지와 조화를 이루는 숨쉼을 이름이다. 조식이란 나 혼자만의 숨쉼이 아닌 태양계의 소혼천 호흡, 대우주의 대혼천 호흡으로 나누어진다.

삼일신고 인물편의 숨쉼에는 향내(芬), 술내(爛), 춥고(寒), 덥고(熱), 건조하고(震), 축축함(濕) 등이 있다고 명기하고 있다. 이 부분 역시 향내(芬), 술내(爛) 두 글자의 본래 〈분(芬)〉은 〈향기분〉의 뜻이 아닌 〈어지러울 분〉이 맞으며 〈술내 란(爛)〉은 〈물크러질 란(爤)〉의 오기다.

조식을 바로하기 위해서는 〈어지러울 분〉은 중독성이 있는 마약성분이나 술 등 정신을 어지럽히는 성분을 사용해서는 안 된다는 것이며, 〈물크러질 란〉은 오염된 공기나 물 부패된 음식 등을 섭취하거나 그런

공해에 노출돼서는 안 된다는 뜻이다. 또한 춥거나 더운 기온과 건조하거나 습하여 축축한 기후 하에서도 우주 기운과 조화를 이루는 심오한 선인호흡을 통해 이와 같은 악조건을 극복하고 자아를 구현하라는 뜻이다.

조식이란 한마디로 〈우주에너지와 조화를 이루는 숨쉼〉을 일컫는다.

ㄷ. 금촉(禁觸)

금촉 역시 "부딪침"을 금하라고 잘못 해석하고 있다. 금촉이라는 낱말의 〈금(禁)〉자는 "금하다"는 뜻 외에 〈이긴다〉는 의미도 있으며, 〈촉(觸)〉자는 "부딪친다"는 의미가 아닌 〈닿다, 접촉하다〉로 해석해야 한다. "부딪친다"는 의미의 글자는 뒤에 나오는 〈저(抵)〉자의 뜻으로 〈닥뜨릴 저, 싸울 저, 저항할 저〉인데 어찌된 영문인지 〈촉(觸)〉자와 〈저(抵)〉자의 의미가 서로 뒤바뀌었다.

〈닿음〉에는 성(聲), 색(色), 후(嗅), 미(味), 음(淫), 저(抵) 등인데 이를 풀이하면 소리, 빛, 냄새, 맛, 미혹함, 맞닥뜨림으로서 속인이든 선인이든 어떻게 이와 같은 닿음을 일거에 금지하여 끊어버릴 수 있단 말인가. 도대체 왜 소리와 빛을 피하고 냄새와 맛을 멀리하여 미혹함과 맞닥뜨림에 대해서는 촉수를 엄금하라는 얼토당토아니한 금지명령을 내렸는가.

신체는 정(精)에 의거하며 〈닿음〉은 몸의 촉감으로부터 유발된다.

소리와 빛은 기운(Energy)의 운화(運化)로부터 파생되는 현상이다.

〈빛〉은 우주적 은혜와 베풂을 의미하고 우주정신의 발로에서 투사된다.

〈소리〉는 진음으로 우주의 지혜와 각성을 뜻한다.

〈냄새〉는 우주의 유전인자를 후각으로 식별할 수 있는 선인의 감각과 판단능력을 가르킨다.

〈맛〉 또한 일반적인 미각이 아닌 우주의 구성인자를 헤아리고 식별할 수 있는 능력과 판독할 수 있는 선인의 오관이 영적인 촉감으로 닿을 수 있는 상급차원의 경지를 은유한 것이다.

미혹함이란 사랑이 배제된 육욕적인 성적 남용, 또는 도박이나 마약 등에 중독되어 정신적으로 마(魔)에 사로잡혀 있는 상태를 이름이며 금촉을 통해 미혹의 속박으로 벗어남을 의미한다.

끝으로 〈맞닥뜨림〉은 수련자로서 부딪쳐야 할 여러 가지 저항적인 요소와 난관을 금촉으로 극복하여 내부의 화평을 견지함을 일컬음이다.

접촉이 불가피한 여섯 가지 요소의 본질에 닿음으로서 각 요소를 뛰어 넘어 자유의 경지에 도달하는 것이 접촉을 이기는 것이다.

〈금촉〉이란 〈닿음을 이기는 것〉 즉 육아의 접촉을 초월하여 영적인 깊은 닿음으로 절대자인 대원일과 일맥상통(一脈相通)을 이루는 것을 뜻한다. 〈금촉〉은 "접촉을 금하라"는 고식적인 금지사항이 아니다. 오히려 본질에 닿는 깊은 접촉으로 진아를 보다 높은 차원인 영아로 진화시키려는 것이다.

결론적으로 지감, 조식, 금촉은 심오한 명상을 통한 영적인 깨달음과 우주의 에너지 파장에 자신의 에너지 파장을 맞춰 우주의 숨쉼과 조화를 이루는 현묘한 선인호흡, 그리고 인간의 외적 감각기능을 초월하여 내적인 깊은 닿음으로 만물에너지의 시원인 대원일과 일맥상통을 이루는 홍익인간 완성을 위한 선공의 3대 관문을 일컬음이다.

깨달음과 숨쉼, 닿음의 세 부분의 감·식·촉 에너지는 인간이 삶을 영위하는 데 필요불가결한 요소다. 그러나 이러한 열여덟 경도에 얽매여 낳고, 성장하고, 늙고, 병들어 죽는 덧없는 인생을 아무런 목적의식 없이 살아간다면 깨달음을 갈구하는 영혼의 심지는 불 한 번 밝혀보지 못한 채 평생을 신음하며 자기 구원을 위해 절규할 것이다.

혼을 갖추고 넓히는 작업이야말로 사람을 여는 주춧돌이 된다. 비록 선인의 경지에 미치지 못하더라도 자기를 구원하고자 하는 마음가짐이 마음의 눈을 열게 할 것이다. 겸허하며 따뜻한 마음은 하늘의 에너지 센터인 천중(天中)과 땅의 에너지 센터인 지중(地中) 그리고 자신의 에너지 센터인 태중(太中)과 일맥상통하는 〈氣 에너지의 Silk Road〉를 놓아줄 것이다.

참나를 꿰뚫는 일중(一中)의 닿음이 그대의 존재를 확인할 것이다.

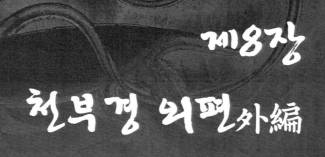

제8장
천부경 외편外編

모든 생명체는 몸을 지니고 있다. 현대과학은 생명체뿐만 아니라 광대무변 하다는 우주도 약 천억 개의 별이 모여 은하계를 이루고 이런 은하계가 대략 천억 개가 모여서 전체 우주를 형성하여 우주의 몸체를 이루고 있음을 밝혀냈다.

　우주의 은하계와 인체의 세포는 구조적으로 몸 구성의 중간단계를 이룬다. 인체는 원자들이 모여 세포를 만들고 세포가 모여 몸 전체를 만드는 데 인체의 세포 수는 60조 내지 100조 가량이 된다 하며 그 세포 하나하나마다 32억 개의 염기쌍을 지닌 DNA가 들어 있다 한다.

　1백조는 10의 14승이다. 인체는 10의 28승개의 원자로 이루어졌으니 세포 하나에 10의 14승개 정도의 원자로 꽉 차 있는 셈이다.

　우주의 근간을 이루고 있는 별, 은하계, 우주라는 구조와 원자, 세포, 인체라는 성립관계가 동일한 구성 원리에 의해서 이루어졌고 수소가 우주의 주성분의 원소인 동시에 인체의 주성분 원소이니 우주 만물이 하나에서 비롯됐다는 천부경의 원리와 일치됨을 부인할 수 없다.

　그런데 우주에 천억 개의 은하계가 존재하며 인체의 세포수가 60조 내지 100조라는 등의 획기적인 사실을 발견하였다 해도 실제로 인체의 오묘불가사의한 비밀을 모두 풀어낸 것이 아니며 아직도 베일에 가려진 부분이 과학으로 밝혀진 부분보다 더 많은 비중을 차지하고 있다.

　몸이라는 신체는 일반적으로 육신을 가리킨다. 그 육신은 태어나고,

성장하고, 늙고, 병들고, 죽어간다. 그 신체는 살아있으면서 이상이 발생하면 통증을 느끼기도 하고 슬픔과 기쁨, 사랑과 미움을 느끼는 등 오묘한 인간의 정서적 감정을 아무리 과학이 발달했어도 아직껏 인간과 동일한 수준의 모조품을 만들어 내지 못하고 있다. 하물며 신체기능 뿐만 아니라 인간의 내면적인 정신적 백(魄) 혼(魂) 영(靈)의 실체를 구현해 낸다는 것은 거의 불가능하다고 본다.

천부경은 우주와 인간과의 관계를 우주의 몸체와 인간의 몸체 그리고 우주정신과 인간의 정신세계가 맥락을 같이 하며 서로 일맥상통한다는 점과 눈에 보이지 않는 우주 에너지의 〈대순환〉의 영역권 안에 우주와 지구와 인간이 함께 숨 쉬고 있는 에너지체임을 깨닫게 한다. 이러한 천부사상은 환국, 신시, 고조선 및 고구려 발해로 이어지는 고대 제국의 건국신화의 배경을 이루는 통치철학이자 신앙적 모태이기도 했다.

영靈, 혼魂, 백魄체

천부경 원리에 의한 인간의 몸은 육신에만 국한되어 있지 않고 보이지 않는 에너지로 형성된 영·혼·백체가 육신과 함께 신체를 이루고 있다.

상위급 몸이 하위급 몸의 기능을 통제하고 조정하고 있으며 이 에너지 몸은 각각 고유의 에너지 장을 형성하고 있다.

도표 001 〈영혼백체도〉에서 보듯이

백체의 영역에 속하는 신체(身体)와 정체(精体)

혼체의 영역에 속하는 기체(氣体)와 명체(命体)

영체의 영역에 속하는 심체(心体)와 성체(性体)

로 구성되어 있다. 이는 천부경 성·명·정에서 파생된 심·기·신과 함께 육체(六体)가 고스란히 영·혼·백체에 내포되어 인간의 모든 기능과 정보를 담고 있다.

다시 말해 천부경의 〈大三合六〉의 육체(六体)가 형성되고 천부수 육은 에너지 몸을 담고 있는 육신을 의미하며 성·명·정과 심·기·신을 합한 숫자이기도 하다.

영체의 성심(性心)체

혼체의 명기(命氣)체

백체의 정신(精身)체의 육체(六体) 중 신체(身体)를 제외한 성·명

·정과 심·기의 오체(五体)는 눈에 보이지 않는 에너지체(Energy Body)로 구성되어 있다.

도표 002 십거대충맥도(十鉅大衷脈圖)를 참조하면,

가. 인체의 3개의 에너지 센터는
상로(上爐)의 천성로(天性爐)
중로(中爐)의 지명로(地命爐)
하로(下爐)의 태정로(太精爐)로 구성되어 있으며,

나. 삼로의 에너지 센터를 감싸고 있는
상방(上房)의 천심방(天心房)
중방(中房)의 지기방(地氣房)
하방(下房)의 태신방(太身房) 등의 삼방이 있다.

다. 도표 002 십거대충맥도를 참조하면 4개의 바다우물(海井)이 대충맥의 축을 따라 삼로, 삼방과 함께 고유의 에너지 영역과 에너지파를 생성하고 주류시킨다.

十의 영해정(靈海井)은 천성로와 천심방을 함께 감싸고 있다.

七의 감해정(感海井)은 가슴 상단 자궁(紫宮) 부위에 위치하여 천심방과 연계된다.

八의 식해정(息海井)은 제하부위(배꼽)에 위치하여 지기방과 연계된다.

九의 촉해정(觸海井)은 남녀 생식기관 내에 위치하여 태신방과 연계된다.

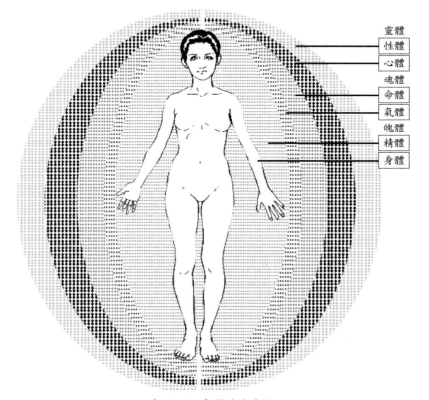

靈體
性體
心體
魂體
命體
氣體
魄體
精體
身體

[도표 001] 靈魂魄體圖

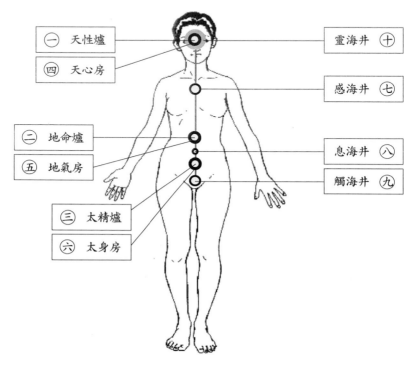

一	天性爐		靈海井	十
四	天心房		感海井	七
二	地命爐		息海井	八
五	地氣房		觸海井	九
三	太精爐			
六	太身房			

[도표 002] 十鉅大衷脈圖

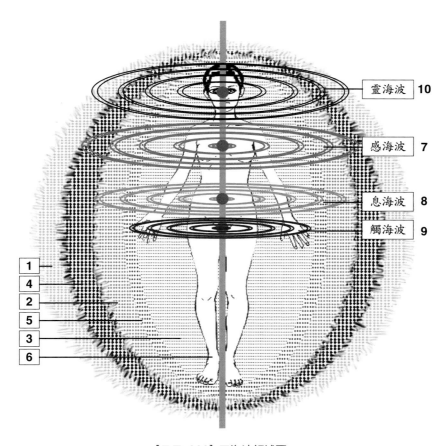

　　　　　靈海波 10

　　　　　感海波 7

　　　　　息海波 8

　　　　　觸海波 9

1
4
2
5
3
6

[도표 003] 四海波領域圖

1 성체(性體) 에너지장　　　2 명체(命體) 에너지장
4 심체(心體) 에너지장　　　5 기체(氣體) 에너지장
3 정체(精體) 에너지장
6 신체(身體) 에너지장

삼로(三爐)는 천부수 一, 二, 三
삼방(三房)은 천부수 四, 五, 六
사해정(四海井)은 천부수 七·八·九·十으로 분류된다.

대충맥은 삼로, 삼방, 사해정의 정중앙을 관통하는 에너지 통로다.
인체 내의 네 개의 해저우물에서 솟구치는 물의 에너지와 세 개의
에너지 센터에서 정련되는 불의 에너지인 음과 양 에너지가 서로 대립
하거나 상충되지 않고 조화와 균형을 유지하고 있을 때 인체는 정상의
기능을 수행하게 되고 정서적으로도 행복감을 느끼게 된다.
인체의 기능과 음·양 에너지의 조화는 인위적이 아닌 자연적 섭리
에 의해 모양이 없는 것으로 형태를 삼고(無形而形)
하는 바 없이 만들고(無爲而作)
말이 없으면서 이룬다(無言而化)는 천부철학과 같이 정신 에너지와
육체 에너지가 서로 교직되어 오묘한 인간의 몸체가 구성된다.
태양계의 행성들이 일정 주기를 갖고 태양을 향해 공전을 하듯이 인
체도 상로인 천성로(天性爐)를 향해 지명로(地命爐)와 태정로(太精爐)
에너지가 상승하고 천성로의 에너지가 하강하는 승강작용을 하고 있다.
심·기·신, 감·식·촉 에너지도 각기 고유의 에너지 파동과 에너지
장을 형성하면서 상호보완 작용을 통해 생명력과 활동력을 유지하고,
지각하고 사고하는 의식에너지의 질적 향상을 위해 무형·무위·무언
으로 부단히 에너지를 생성 공급하며 전환되고 순환된다.
건강이란 "잘 먹고 잘 배설하는 것"이라고 자신 있게 말하는 의료전
문인들을 종종 접하게 된다. 이는 인체란 살아있는 동안 심장에서 산
소와 영양분이 풍부한 피를 각 기관과 뇌로 공급하는 기계적 공정을

반복하는 물리적 구조물로만 인식하는 하드웨어(Hard-ware)적 사고 방식의 대표적인 사례 중 하나다.

잘 먹고 잘 배설하는 사람도 소프트웨어(Software)적 견지에서 볼 때 정신적, 물리적 장애와 고통을 겪는 등 많은 문제점을 드러내는 경우가 허다하다.

동서의학을 막론하고 숲을 강조하다보면 나무를 못 보고 나무를 강조하다보면 숲을 보지 못 하는 딜레마(Dilemma)에 빠져 인간은 점점 인간 본래의 자가 치유능력을 상실해 가고 있다.

고난도의 수술과 고단위의 약물복용으로 인간의 수명은 연장되고 있으나 과도한 약물남용과 수술 후유증 등으로 인간은 화학물질인 독소를 뿜어내는 독성인간으로 변이되어 가고 있다.

인간의 소프트웨어가 변질되거나 손상된 케미컬 인간군(群)이 가정을 이루고 사회를 형성하고 있다. 드디어 인간의 소프트웨어는 본인 스스로를 파괴하고 타인을 공격하는 무서운 존재로 변모한 것이다. 이 문제는 인류 전체가 직면하고 있는 가장 두려운 현실이다. 쓰나미의 파도가 한순간에 수십만 명의 인명을 빼앗아 갔다. 인체의 독성화로 인한 재앙은 그 어떤 자연적 재앙보다 더 무서운 화(禍)가 되어 가고 있다. 문제는 이 엄청난 화근을 아무도 알지 못 하고 있다는 점이 더욱 더 공포감을 높여 간다.

1) 백체(魄體) 에너지

백체는 신체와 정체로 구성되어 있으며 사람이 태어날 때 태아보다 먼저 생성되는 부분이 보이지 않는 정체(精体)인 인체의 기본을 이루는 초급에너지다. 사람이 죽을 때는 이 정체는 신체(身体)와 더불어 소멸된다. 백체의 근간이 되는 정체가 무엇인가 알기 위해서는 기체 (氣体)의 실체부터 파악하는 것이 순서의 첫 번째가 될 것이다.

흔히 기(氣)라고 총칭하는 것은 성·명·정, 심·기·신, 감·식·촉 아홉 에너지 분자를 한 데 묶은 에너지과의 원자를 말한다.

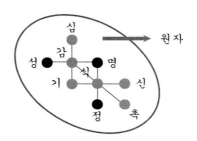

[도표 004] 원자 가상도

도표 004를 참조하면 원자 내부에는 9개의 고유의 특성을 가진 분자가 ㄱ과 ㄴ이 맞물린 형태로 자체 영역을 분할하고 있으며, 상호작용을 통하여 기능적 특성과 정보를 나누고 보완하면서 생명의 원천을 이루고 있다.

백체의 분자 구조는 도표 005와 같이 태정(太精) 분자 3개와 태신 (太身) 분자 3개 촉해(觸海) 분자 2개로 형성되어 있다. 여기서 신(身) 분자라 함은 혈액, 효소, 호르몬 등의 물질적 분자 형태를 말한다.

신체는 해부학적으로 규명되고 X-Ray상으로 촬영이 가능하지만 정체와 촉체 즉 백체에 해당하는 부분은 현재까지 과학적으로 규명되지 않고 있다.

한의학의 경락체계는 백체의 일부를 이론화하고 질병 치료에 적용한 것이다.

백체 에너지는 정(精) 에너지 센터인 기해혈 부위에 위치한 태정로 (太精爐)에서 생성되고 제련되는 에너지로서 촉해파 에너지와 연계하여 혼체 및 영체 에너지와의 상호작용을 통해 인체에 필요한 기초적 에너지를 생산 공급한다.

백체 에너지 시스템은 신체와는 별도의 에너지 수급망을 구축하고 있으면서 신체 시스템과 상호작용을 통해 신체 운영에 필요한 에너지를 생성하고 신체 기능을 통제하고 조정한다.

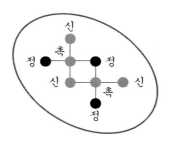

[도표 005] 백체 에너지 분자 가상도

이 정체(精体) 에너지 시스템은 신체와 독립된 에너지 시스템을 구축하고 있으면서 특정한 챠넬을 통하여 정보와 에너지를 신체와 교환하고 있다.

도표 005와 같이 3개의 태정분자는 3개의 태신분자와 교차하면서 2개의 촉 에너지 분자를 매개로 정보와 에너지 교환에 의한 영향을 서로 미치면서 정체 에너지의 역할을 수행한다.

성·색·후·미·음·저의 여섯 가지 금촉 사항을 연결하는 고리는 촉해파 분자다. 생명 에너지의 기본이 되는 태정 에너지도 마음과 기운에 의해서 강약과 후박이 조절되고 승화되며 그 결과는 직접적으로 신체에 영향을 미치게 되고 더 나아가서 중급 에너지인 혼체와 상급 에너지인 영체에도 미치고 또한 영향을 받게 된다.

세계 최초로 1962년 북한의 DR. 김봉한 교수가 발견한 〈봉한씨 맥관〉 시스템이 바로 〈정체〉 시스템을 해부학적으로 실증한 것이다. 그의 발견은 혈액 속에 흐르고 있는 DNA, RNA, Amino Acid, hyaluronic Acid(산성다당류), Free nucleotides(자유핵산), Adrenaline, Cortico-steroid, Estrogen 등에서 추출된 유동체와는 상당히 급수가 다른 고단위 형태의 유동체가 〈봉한씨맥관〉을 통하여 주류되고 있는 현상을 통해 〈정체(精体)〉의 베일이 한 꺼풀 벗겨졌다.

2) 혼체(魂體) 에너지

혼체 에너지는 명체(命体)와 기체(氣体)로 구성되어 있으며 식해정(息海井)을 관장한다. 명체는 명치 부위 내부 〈대충 맥〉에 위치한 지명로(地命爐)에서 생성되며 지명로는 지기방(地氣房) 내에 존재한다.

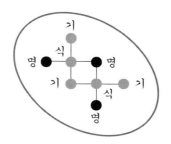

[도표 006] 혼체 에너지 분자 가상도

혼체 에너지 분자구조는 〈도표 006〉과 같이 지명(地命) 분자 3개와 지기(地氣) 분자 3개 식해(息海) 분자 2개로 구성되어 있다.

혼체 에너지는 중급의 생명 에너지다. 호흡을 통한 기(氣) 에너지의 정화와 식해파 에너지를 주관하며 분·란·한·열·진·습 에너지의 영향을 받는다.

혼체 에너지는 인체의 항병능력을 배양하고 조식으로 정련된 혼체 에너지는 자가치유능력을 보유한다.

고유의 에너지 수급망 시스템을 갖추고 있으며 백체와 영체와의 교량적 기능과 역할을 수행한다.

현재까지 혼체 에너지 체계에 대하여 과학적으로 규명된 바 없다. 기(氣) 분자는 세포와 세포, 원자와 원자, DNA 등을 관통하며 그물망과 같은 일정한 루트를 통하여 주류되거나 백체 시스템과 영체 시스템의 채널을 서로 방해하지 않고 공유한다.

3) 영체(靈體) 에너지

영체 에너지는 성체(性体)와 심체(心体)로 구성되어 있으며 영해정과 감해정을 관장한다.

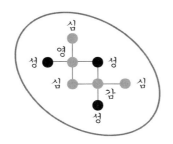

[도표 007] 영체 에너지 분자 가상도

영체는 뇌 중앙에 위치한 영해정(靈海井) 내에 천심방(天心房) 내부의 천성로(天性爐)에서 생성된다.

〈도표 007〉에서 보듯이 3개의 천성분자와 3개의 천심분자 1개의 영해분자 1개의 감해분자로 구성되어 있다.

영체 에너지는 정신 에너지로서 상급 에너지이다. 삼중구조로 되어 있는 에너지 센터는 외부가 영해정으로 둘러싸인 천심방 내부에 천성로가 위치하고 있다. 천성로는 백체의 태정로와 혼체의 지명로 에너지를 통제하고 조정한다.

백체 에너지는 정련 과정을 통해 중급 에너지인 혼체 에너지로 전환되고 혼체 에너지 역시 정화 과정을 거쳐 영체 에너지로 승화된다.

천성로의 에너지가 순도 100%로 순수해지면 천성로에서 〈황금태양〉의 운행이 작동된다. 9대 에너지가 모두 고양되고 순수해진다. 선화(仙化)가 진행된다. 영·혼·백체에 상상을 초월하는 엄청난 변화가 시공에 구애됨이 없이 일어난다. 본인의 의식에 관계없이 혼식(魂識)이 발양된다.

마침내 성통공완을 이룬 홍익인간으로 진화된다.

4) 에너지 그물망(氣回路綱)

인체는 신체를 제외한 9대 에너지가 해부학적으로나 X-Ray상으로 포착되지 않는다. 1960년대 북한의 DR. 김봉한에 의해 해부학적으로 밝혀진 바 있는 〈봉한소체〉 및 〈봉한씨맥관〉 등의 시스템은 정체의 영역에 국한된 것이고 한의학의 경락체계는 정체 중의 일부를 이론화한 것이다.

DR. 김봉한의 학설과 이론은 국제학계에서 발표 후 부정되었다가 최근 다시 근거 있는 학설로 주목받고 있다. 그러나 DR. 김봉한의 학설이 정당한 평가를 받고 인류의 학문이 진일보하기 위해서는 기(氣)에너지라는 실체가 조속히 과학적으로 입증되고 실증되어야 한다고 본다.

물질계와 정신계를 자유자재로 드나들며 생명작용의 원소 노릇을 하는 기(氣)의 실체가 밝혀지지 않은 막연한 단계에서 에너지 장이 어떻고 에너지 센터가 어디에 위치하고 있으며 그 분자구조의 도표를 만드는 자체가 허구이자 가설일 수밖에 없다.

그러나 이러한 가설은 단지 상상력을 동원한 fiction에 불과한 것만은 결코 아니다. 수백 번 체험한 실례와 영감과 vision 등에 의해 천부학설의 이론을 정립한 것이다.

인체의 에너지는 특정 통로인 선(線)으로만 흐르고 주류하는 것이 아니라, 점(点)과 선(線) 그리고 면(面)으로 주류하고 있음을 인지해야 한다.

그 중앙 통로는 삼로와 삼방 사해정을 포괄하는 〈대충맥〉이다. 대충맥이 완전히 열리게 되면 앞뒤의 임맥과 독맥이 스스로 열리고 만맥(萬脈) 천규(千竅)가 동시에 열린다.

만맥이라 함은 한의학의 14경락과 같은 단석적 구조가 아니라 대충맥을 원통으로 하여 전신의 내부를 9겹으로 둘러쌓고 있는 에너지 그물망을 지칭한다. 천규는 만맥을 서로 연결하여 상황에 따라 에너지와 정보를 교환하는 인체 내외부를 관통하는 천 개의 역참과 같은 기운이 모였다가 헤어지는 지점이다.

10개의 에너지 센터와 이를 원통으로 포용하는 〈대충맥〉과 〈만맥〉〈천규〉의 에너지 그물망은 에너지장을 형성한다. 다양한 차원의 각 에너지장은 단순한 전기장이나 자기장보다 차원 높은 에너지로 형성된다.

신체 내부의 에너지장은 신체 외부로 발산되어 기색(氣色)인 오라 (Aura)와 같은 현상을 빚는다. 특정한 경우 여러 색깔을 띠우기도 하고 독특한 냄새와 맛을 발산한다. 인체가 발산하는 독특한 냄새는 수천 종이 넘고 그 맛 또한 수천 종의 냄새에 비견된다. 때로는 인체가 발산하는 에너지는 보안경(Gogle)의 두꺼운 유리알을 일시에 깨트리는가 하면 특정한 환자들에게 발출되는 독성이 강한 냄새는 의식을 마비시키기도 한다. 이와 같은 냄새와 맛과 에너지의 느낌을 통해 환자의 질병을 정확하게 진단할 수 있다.

에너지 분자 하나하나가 스스로 발전하면서 발광하는 집합체를 이루고 극초소형 배터리와 같은 기능을 한다. 단지 에너지 집속체로서의 배터리 기능 외에 에너지 분자들이 집합되면 각종 정보와 에너지를 전달하거나 교환한다. 이 특정한 집속체들은 지능을 갖추어 임의로 에너지 그물망 속의 운행을 결정한다.

에너지 회로 그물망은 평상시 존재를 드러내지 않다가 회로 시스템에 에너지 분자들에게 전류나 자기가 접속되면 에너지 파동이 발생되며 에너지 시스템이 가동되기 시작하여 회로망의 존재가 서서히 드러나기 시작한다.

이는 정신 에너지가 물질 에너지로 전환될 수 있고 물질 에너지도 정신 에너지로 전환될 수 있기에 이와 같은 비물질/비정신적 에너지의 실체는 과학기재로도 포착하기 어렵다.

문제는 백·혼·영체 에너지의 변형되고 손상된 에너지와 네거티브 에너지(Negative Energy)의 존재다. 네거티브 에너지는 모든 포지티브 에너지(Positive Energy)를 공격하고 파괴한다. 이럴 경우 신체는 심각한 타격을 입어 치명적인 손상을 입게 되고 본인의 의사와 관계없이 타인마저 공격하여 타인의 에너지 체계에 상해를 입히게 되지만 피해자나 가해자 쌍방이 모두 이와 같은 상해사실을 알지 못한다. 지능을 갖춘 가공할 파괴력의 Negative Energy에 의해서 이 시각에도 만인 대 만인의 공격이 소리 없이 진행되어 서로를 침공하고 파괴시키려 한다.

동기감응(同氣感応) 또는 동성상응(同聲相応)이라는 옛말이 있다. 요새 시체말로 코드가 같은 존재끼리 서로 회동한다는 우리나라 말이다. 정기(正氣)는 정기끼리 감응하고 사기(邪氣)는 사기끼리 탁기(濁氣)는 탁기끼리 서로 감응한다. 소리도 같은 화음의 소리끼리 상응한다는 뜻이다.

문제는 사기(邪氣)나 탁기(濁氣)의 도수가 심각한 정도의 사람끼리 만나 담소를 나눠도 피차 상대방의 나쁜 기운을 느끼지 못하는 것은 서로의 탁도가 비슷하기 때문에 아무 불편을 못 느끼게 되지만 피차 심각한 수준의 사기나 탁기에 중독되거나 오염되어 더욱 탁도가 높아지고 건강이 악화된다.

기(氣) 에너지는 정(正) 사(邪)를 불문하고 자체에 정보를 저장하며 의식과 지능을 통해 통제기능을 수행하는 실로 무서운 극소체의 존재다. 또한 변이되고 전환되며 에너지의 힘과 차원을 달리하여 다방면으로 사용할 수 있다.

"인간을 동식물보다 영적인 존재라고 내세울 수 있음은 인간의 영적인 요소를 수련을 통해 제한되고 부자유스러운 영적 의식공간을 무한히 확대해 나갈 수 있는 존재이기 때문이다.

〈삼일신고〉 인물편에,

"人物同受三眞曰性命精人全之物偏之眞性無善惡……眞命無淸濁……
眞精無厚薄……중략"
「사람과 만물이 똑같이 참함을 받나니 이는 성품과 목숨과 정기다. 사
람은 온전하게 받지만 만물은 치우치게 받는다……중략」

　곧잘 사람은 「만물의 영장」으로 비유된다. 영장(靈長)이란 영적으
로 가장 윗자리에 있다는 뜻인데 과연 그러한지 우리 자신을 돌이켜
보자. 동·식물과 인간 중에 가장 영적인 존재는 만고풍상 속에서 수백
년 수천 년을 한자리에 뿌리박고 있는 나무가 가장 영적이요 그 다음이
꾸밈과 거짓 없이 본능대로 살아가는 동물이요 맨 꼴찌가 허약하고
지능만 발달된 인간이 아니겠는가.
　참정신에는 선악이 없고 참목숨에는 맑음과 탁함이 없으며 참정기
에는 두텁고 엷음이 없다 하였으니 나무에 무슨 선악이 있으며 동물에
무슨 선악이 있겠는가. 선악과 청탁, 후박의 굴레에서 놓여나지 못하
는 존재가 바로 인간이라 하겠다.
　이와 같은 인간의 부족함을 깨닫고 지감, 조식, 금촉 등의 선공을
통해 성통공완을 이룰 때에 비로소 〈人全之物偏之〉에 부합되는 만물
의 영장 자리에 오를 수 있다는 해석이다.
　반대로 평생 천부의 선법을 깨닫지 못한다면 〈人偏之物全之〉라는
뒤바뀐 영적 위계하에서 차원 얕은 인간임을 스스로 자인해야 할 것이
다. 이나 저나 인간이 나무와 동물 등 자연계에 배울 점이 어찌 한둘이
겠는가. 〈만물의 영장〉이라는 말이 부끄러울 뿐이다.

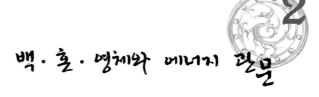

백·혼·영체와 에너지 관문

열 겹의 에너지 통로인 기회로(氣回路)는 각기 상이한 기능과 차원의 고저를 달리 하는 고유에너지 영역을 형성하면서 서로 다른 차원의 기질(氣質)과 정보를 교환하여 신체와 정신을 최상의 상태로 유지하고자 유기적인 체계를 이루고 있다.

만약 외부에서 병균이 침투하거나 내부의 에너지 조화와 균형에 이상이 생길 경우, 신체 전 기관에 경보가 발동된다. 질병의 발병 초동단계부터 병균 퇴치를 위한 보안 장치가 가동되고 특정 세포의 기분자들은 전투행위에 돌입하게 되며 손상된 기분자 회복을 위한 에너지 역량이 고양되고 집중되면서 본인이 의식하지 못하더라도 자가 치유작용이 진행된다.

생명활동에 필요한 에너지 장(場)과 기회로를 관장하고 통제하는 각급 에너지 센터는 각기 내외 통로를 연결하고 고유의 관문을 보유하고 있다. 이는 규(竅) 또는 관(關), 문(門)으로 구별된다. 규는 혈(穴)을 내포하거나 혈(穴)과 무관한 자리에 위치하기도 한다. 맨맥(萬脈)상에 천 개의 규가 분포하여 1개의 규(竅)는 10개의 맥을 관장하고 통제한다.

열 개의 몸마다 만맥, 천규가 있으니 몸 전체의 맥은 총 10만 개이고 규는 총 1만 개가 된다. 그러나 만맥, 천규라는 숫자는 정확한 숫자의 총액이 아니라 이루 헤아릴 수 없는 기회로인 만맥과 기를 생성하는 요해처인 천규를 뜻하는 것으로, 열 개의 몸을 모두 관통하여 주류하는 에너지 루트와 에너지를 순도 높은 고차원의 에너지로 전환시켜주는 변전소와 같은 곳이 인체 내에 무수히 많음을 강조한 표현이다.

한의학 이론의 중점인 경락 체계와 혈 자리 등과 비교할 경우 선기학의 〈만맥천규〉설이 더욱 과학적이며 객관적인 방법으로 규명이 가능해진다.

기(氣) 에너지는 14경락이나 360여 개의 특정한 혈(穴) 자리에만 주류하거나 국한된 것이 아니다. 결론적으로 기 에너지는 세포와 세포, 원자와 원자, 분자와 분자 그 이하 단위에도 관통하고 주류하고 있기 때문이다.

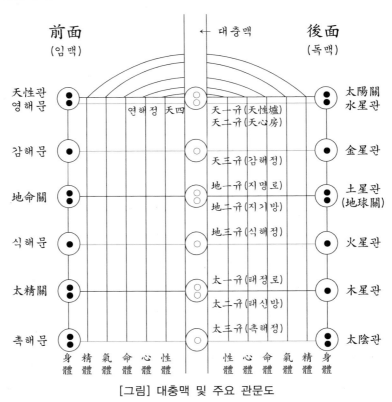

[그림] 대충맥 및 주요 관문도

전후 관문에 상응한 혈 자리

大衷脈	前面		背面	
	관, 문 명칭	혈 자리	관 명칭	혈 자리
天一규 天二규	金烏門 天性關 (태양문)	百會+前頂 印堂(인당)	太陽關	腦戶(뇌호)
天四규	靈海門	瞳孔(동공)	水星관	風府(풍부)
天三규	感海門	紫宮(자궁)	金星관	身柱(신주)
地一규 地二규	地命關 (黃熊門)	中庭(중정) 鳩尾(구미)	土星관 (지구)	中椎(중추) 脊中(척중)
地三규	息海門	神關(신궐)	火星관	命門(명문)
太一규 太二규	太精關	氣海(기해) 關元(관원)	木星관	要陽關(요양관)
太三규	觸海門	曲骨(곡골) 會陰(회음)	太陰관	腰俞(요수) 長强(장강)

규(竅)는 진기(眞氣)가 발생하는 곳이며 관(關)과 문(門)은 기(氣)가 내외부로 통하는 출입구다. 쉽게 말하자면 관은 빗장을 열어야 출입이 가능한 곳이며 문은 빗장을 열지 않고도 운기의 필요성에 의해 자동적으로 개폐되는 회전문과 같은 출입문이다.

규는 내규와 외규로 나뉘며 내규를 현관(玄關)이라 부르고 외규를 관 또는 문이라 칭하는데 현관은 만맥의 기 에너지 회로가 최상의 상태로 작동될 때 1천 개의 규 중에서 1개의 규가 열리면서 드러난다. 현관이 열릴 때 마치 천둥벼락을 맞는 것 같은 충격이 만맥 천규를 노도와 같이 치닫는다. 현관이 열리는 규 자리는 주먹보다 더 큰 구멍이 열리고 우주의 진기가 질풍처럼 몸속으로 들어온다.

현관은 영·혼·백체 속에서 항상 잠행하고 있어 고정적인 위치가 정해진 바 없다. 수련자가 상당한 경지에 이르러 대충맥이 열리면 관문도 저절로 열리고 현관도 삼로, 삼방, 사정에서 부상하여 특정 부위의 관문에 현관을 설치한다. 현관 부상 현상은 영·혼·백체의 기질(氣質)을 향상시키고 신체의 체질(体質)도 새로운 변화가 거듭 일어난다.

별규(別竅)에 해당하는 관문은 태양문(太陽門), 황웅문(黃熊門), 금오문(金烏門), 현무문(玄武門), 백호문(白虎門), 청룡문(靑龍門) 등 6대 신문(神門)과 백시(百始), 백종(百終) 4대 족문(足門)으로 구성되어 있다.

6대 신문

금오문은 일시(一始)규라고 불리는 머리꼭지의 전정(前頂)과 백회(百會)혈을 합친 부위다. 금오문은 천기를 받아들이는 곳이자 맨 처음의 기운이 시작되는 시발점이다. 몸 안의 진기를 천원(天元)으로 되돌리는 회광수성 선공시 금오문을 통하여 대혼천(大渾天)을 이루게 된다. 연신환허(錬神還虛)의 성취를 금오회천(金烏回天)이라고 표현한다. 남방의 화기(火氣)가 출입하는 문이다.

현무문은 일종(一終)규라고 불린다. 회음혈과 미려(장강)혈 자리다. 현무인 신사(神巳)는 화음혈에 육지의 수기를 불어넣어 주고 신구(神龜)는 미려혈에 바다의 해기(海氣)를 불어넣는다. 현무문은 맨 마지막 기운이 끝나는 종착지로서 하나의 기운이 끝나고 만 가지 기운으로 전환되는 반환점이다. 북방의 수기(水氣)가 출입하는 문이다.

백호문은 우측손 장심 부위에 위치하여 서방의 쇠(金) 에너지를 수용하고 내부의 양에너지를 집중시켜 외부로 발출할 수 있는 자리다.

청룡문은 왼손 장심부위에 위치하며 동방의 목(木) 에너지와 내부의 음에너지를 교환하고 외부로 발출할 수 있는 자리다.

황웅문은 누런 곰자리다. 지명로와 지(地)기방의 관문으로 지명관

(地命關)의 별칭이다. 황웅문이 열려야 연정화기(鍊精化氣)와 연기화신(鍊氣化神)의 선공을 이루어 대충맥의 상하가 상통케 되는 갑문(甲門)이다. 중방의 토(土) 에너지를 수용한다.

태양문은 천성관(天性關)과 동일한 위치를 공유하는 인당혈 부위의 관문이다. 천일·천이 규를 감싸고 있는 영해정(靈海井)과 연결되는 황금태양의 기운이 출입하는 곳이다. 태양문이 열리면 불빛이 없는 캄캄한 방에 들어가도 태양문에서 플레시 라이트(Flash light) 같은 빛이 저절로 비쳐준다. 이같이 영광(靈光)이 비추는 곳에 한해서 방 안의 사물을 육안으로 식별할 수 있다. 또한 환자 치료시 영기(靈氣)가 발공되는 자리다. 황금태양의 기운이 몸 내외부를 비추는 단계는 내공의 경지가 절정에 달했음이다.

4대족문

백시문(百始門)

좌우 발바닥의 용천(湧泉) 부위에 위치하며 백 가지 기운이 이곳을 거쳐 대충맥으로 주류된다. 땅의 백 가지 좋은 기운이 이곳을 통해 몸 안으로 들어온다. 백시문이 열려 백 가지 기운이 왕성해지면 태정(太精)이 강화되고 안정된다.

백종문(百終門)

좌우 발바닥의 뒤꿈치인 실민(失眠) 부위에 위치하며 몸속의 노폐물인 탁기, 병기 등과 같은 나쁜 기운을 배출하는 출구다. 발 뒤축에 통증이 생기면 몸의 신진대사에 이상이 생겨 백종문이 막힌 것이다. 백종문을 여는 것 또한 장수의 비결이다.

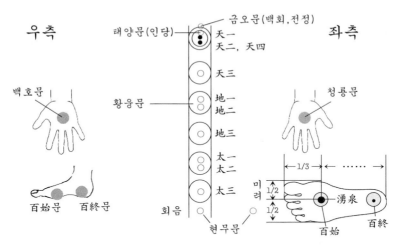

[그림] 6대 신문(神門)과 4대 족문(足門)도

좀더 부연하자면 문(門)은 만맥천규의 내부 기운과 외부 기운이 접촉시 변화하는 신체의 반응에 따라 자동적으로 열리거나 닫히는 기운의 역류를 방지하는 판막과도 같은 역할을 하는 체크 밸브(Check valve)와 같은 기능을 수행한다.

관(關)은 신체의 주요 부위에 위치하여 내외부의 출입구 역할을 담당하지만 선공수련의 성취도에 비례하여 관의 빗장을 여닫을 수 있는 능력이 주어진다. 선인은 내공력의 경지에 따라 자유자재로 관을 여닫을 수 있으나 일반인에게는 해당되지 않는다.

대충맥에 10개의 규와 통하는 전면의 3개의 관(關)과 4개의 문(門)으로 구성되어 있으며, 배면에는 7개의 관(關)이 진용을 갖추고 있다.

태양관(太陽關)은 뇌호(腦戶) 부위에 해당하며 6대 신문의 금오문 및 태양문과 동일한 天一, 天二규를 공유하고 있다. 태양관은 태양계의 모체인 태양의 기운을 뇌로 보내는 출입구다.

수성관(水星關)은 머리를 비치고 있는 제 1경추에 위치한 풍부(風府)혈 부위다. 수성의 물기운을 머리골 속의 영해정(靈海井)에 공급하는 관이다. 태양관을 제외한 독맥 6개관의 기운이 수성관에서 만나 태양관으로 주류한다.

금성관(金星關)은 척추의 제4흉추 부위에 위치한 신주(身柱)혈 부위다. 금성의 쇠기운을 대충맥의 감해정(感海井)에 공급하는 관이다.

토성관(土星關)은 척추의 제10흉추와 제11흉추 사이에 위치한 중추(中椎)와 제11흉추와 제12흉추 사이에 위치한 척(脊中)혈을 합친 부위이며, 地一, 地二 규에 땅의 기운을 충만케 한다. 여기서 토성은 태양계의 토성이 아니라 지구별을 의미한다.

화성관(火星關)은 제2요추와 제3요추 사이에 위치한 명문(命門)혈 부위이며 식해정(息海井)인 地三 규에 화성의 불기운을 공급하는 관문이다.

목성관(木星關)은 제4요추와 제5요추 사이에 위치한 요양관(要陽關) 혈자리 부위이며 太一, 太二규에 목성의 나무 기운을 공급하는 요해처다.

태음관(太陰關)은 척추의 선골(仙骨)에 위치한 요수(腰俞)혈과 미골에 위치한 장강(長强)혈 부위에 위치하며 太三의 촉해정(觸海井)에 달의 태음 기운을 공급하는 곳이다. 현무문인 신구의 장강(長强)혈을 공유한다.

인체는 위로는 태양으로부터 태양의 기운을 받아들이고 아래는 달의 기운과 중간에는 땅의 기운 등 일곱 별의 기운을 받아들이고 되돌리는 칠성관을 갖고 있다. 음양오행의 기운도 하나에서 비롯된다.

우주의 본체는 하나이며,
인간은 우주와 하나다.

선공의 공완을 이룬다는 것은 결론적으로 만맥천규의 기 에너지 회로를 최대한 가동시킬 수 있는 지고지순한 기 에너지의 황금태양을 정련하는 것이다. 이것이야말로 성통공완을 이루는 홍익인간의 완성을 의미하며 자기 구원의 피안, 영원한 화평에 도달하는 것이다.

전규개관展竅開關

삼로(三爐), 삼방(三房), 사정(四井)에서 생성된 진기(眞氣)를 공급하고 분배하는 요해처를 규(竅)라 한다.

이 규(竅)의 기능을 원활히 하기 위하여 수급량의 적정치와 완급을 자율적으로 조정하는 에너지망 터미널을 가동하는 것을 전규(展竅)라 한다.

기 에너지의 출입처를 관(關)이라 하며 이 관(關)을 열어 관(關)과 규(竅)가 서로 상통하여 다원적인 에너지 통로를 구축하고 운영하는 것을 개관이라 한다.

전규개관이란 선공을 통해 규가 열리고 관이 열려 백·혼·영체의 에너지 몸체가 모두 한 개의 몸으로 혼연일체가 되어 범골(凡骨)에서 선골(仙骨)로 환골이신(換骨移神)되는 주요 과정이다.

제9장
사랑을 연다

민족의 시원과 더불어 전해져 내려온 「열림사상」은 만고불변의 홍범이 되어 한민족 고유의 사상적 기틀이 되었다. 하늘을 열고, 땅을 열며, 사람을 여는 천업은 이미 6천여 년 전 환웅천제께서 이룬 바 있다.

　하늘을 연다함은 환님의 우주 정신을 인간세상에게 가르치는 것을 의미하며 땅을 연다함은 낳고, 생육하며 베푸는 모성애의 화신인 곰님의 정신을 이어받게 하는 것이다.

　끝으로 사람을 연다함은 몸을 열고 의식을 넓혀 선님의 길인 홍익인간으로 거듭나는 것이다. 우주의 삼원(三元)인 하늘과 땅과 사람을 열어 만물의 시원인 천원(天元)으로 복귀하려는 복본의지(復本意志)의 실행은 고대 선인의 자기 구원을 향한 치열한 자기 수업이었다.

　끊임없는 자기와의 싸움. 내면의 세계에서 펼쳐지는 생사를 가늠하는 仙과 魔의 싸움은 정기(正氣)와 사기(邪氣)의 싸움이요, 어둠과 밝음의 싸움이자, 진실과 거짓의 투쟁이다. 조금만 빈틈이 보이면 魔의 세력이 仙의 영역을 침범하여 仙의 씨알마저 파괴하려든다. 어둠이 밝음을 밀어내고 거짓이 당당하게 진실을 덮어 버린다.

　인류는 보편타당이라는 가치 아래서, 또는 신들의 이름으로 인간에 대한 압제와 전쟁과 살육을 되풀이하였다. 이러한 준엄한 역사의 소용돌이 속에서 자기성찰을 통한 혁명적 인간개벽이 얼마나 실현하기 지난한 명제인가를 깨닫게 한다.

모든 사단(事端)은 자기 안에서 비롯된다. 복잡다단한 현대인의 삶 속에서 불꽃 튀기는 생존경쟁은 행복지수를 하락시키고 마침내는 자아상실이라는 괴물의 노예로 전락하고 만다. 이와 같은 현상은 그리스의 시지프스 신화를 연상케 한다.

고대 선인들은 산 넘어 파랑새를 잡는 대신 내 안에 존재하는 天性, 地命, 太精의 기운을 수련하여 「인간개벽」이라는 참된 행복을 추구하였다.

이맥 著 「신시본기」에 이르기를 "인간세상을 구하는 것을 개인(開人)이라 하며 開人은 능히 인간의 일을 순환시킨다. 이는 혼의 구연(俱衍)을 뜻한다"라고 간략하게 기술하였다.

사람을 연다는 것은 궁극적으로 자기 개벽을 통한 인간세상을 구하는 것이다. 그렇다면 인간세상을 구하기에 앞서 자기 개벽을 이루는 성통공완 수업을 여하히 할 것인가에 대한 해답은 여전히 고구려 벽화 속의 선인, 선녀의 고졸한 미소처럼 장구한 세월 속의 신비한 베일에 가려져 있다.

역사 이전의 「환의 나라」 「신의 도시」 그리고 역사 이후의 「고조선」과 「부여」 「고구려」 「백제」 「가야」 「신라」 「발해」 「고려」 등의 국가 이념과 민족정신은 무엇인가.

고대의 인간세상을 구한다는 열림사상이 오늘의 분단된 「남과 북」의 장벽을 깨트리는 우렁찬 굉음이 되어 하나로 복원될 때 그 열림의 위대한 빛이 동방의 횃불이 되어 전 세계를 비치게 될 것이다.

선인도 수련

1) 선공(仙功)

선인도를 수련하고 공부하는 것을 포괄적으로 선공이라 칭한다. 선공은 우주의 비밀과 열림사상이 81자로 집약된 천부경을 마음과 기운과 몸으로 풀어내어 궁극적으로 홍익인간으로 선화되기 위하여 환웅시대부터 선인도 선맥을 통하여 비전되어온 수련법이다.

B.C 37년부터 7세기까지 동북아의 패자였던 고구려 시대에는 지배계층 무사들인 조의선인(皁衣仙人)들의 하늘을 지킨다는 수천(守天) 의식이 선공수련에 대한 명분과 명예를 제공했다. 수천(守天)이란 환웅천제의 가르침을 온전히 계승하여, 제국의 중심인 고구려를 수호한다는 뜻이다.

2) 수련범위

선공은 본선공(本仙功), 선의공(仙醫功), 별선공(別仙功)으로 나뉜다.

가. 본선공은 내선공(內仙功)과 외선공(外仙功)으로 분류된다.
ㄱ. 내선공은 선인명상법인 구연심법(俱衍心法)의 연심공(鍊心功),

선인호흡법인 운기조식법(運氣調息法)의 연기공(鍊氣功)

선인운신(運身)법인 활인신법(活人身法)의 연신공(鍊身功) 등으로 나뉜다.

ㄴ. 외선공은 단군선공이라 불리워지는 선무공(仙武功)이다.

나. 의선공(醫仙功)은 자가치유법과 포기시술 등으로 나뉜다.

다. 별선공(別仙功)은 본선공에서 파생됐거나 전규개관의 보조적 역할을 하는 각종 선공이다.

3) 수련입문단계

가. 기본연공(基本鍊功)

(1) 묘연만 자세

묘연만 자세는 기립 자세다. 연공의 특징은 발바닥의 족사문(足四門)인 용천혈(湧泉) 부위의 백시문(百始門)과 발뒤꿈치의 실민혈(失眠) 부위의 백종문(百終門) 등의 4개 부위에만 체중을 고르게 실어 기립하는 자세다.

직립형인 인간의 신체는 두 발로 서거나 걷도록 신체의 구조가 짜여졌으나 선인시대의 폐막으로 수천 년 동안 사람들은 제대로 땅을 딛고 서는 방법을 잊어버렸다.

양손을 배권하여 하로(下爐)의 태정관에 얹고 지긋히 「족사문」에 체중을 집중해 보면 특별한 호흡과 동작을 취하지 않고 단지 두 발로 서 있을 뿐인데 몸 안의 기운은 전신에 골고루 퍼져 운행되고 물에 파문이 일 듯이 만맥천규에 파동쳐 오는 엄청난 기운을 강하게 느낄 수 있다.

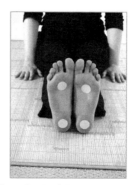

좌: 묘연만 자세,   우: 족사문

「백시문」은 땅의 백 가지 기운이 이곳으로 주입되는 입구이며 「백종문」은 몸 안의 백 가지 기운이 외부로 배출되는 출구이기에 「족사문」을 통해 사람과 땅의 에너지가 상호교환되어 가만히 서 있기만 해도 전신에 기가 원활히 주류(周流)하여 몸 안의 에너지를 고양시키고 정화한다.

중국의 기공류나 인도의 요가에도 「묘연만」 비법은 존재하지 않는다. 진리는 간단하고 쉽다. 연공자는 왜 진리를 지나치게 되며 복잡하고 어려운 일에 매달려 평생을 허송세월하게 되는지 진지하게 자신을 되돌아 볼 필요가 있다.

(2) 선인호흡법

이 세상에는 만 가지도 넘는 나름대로 특징이 있는 호흡법이 많은 수련자들을 혼란스럽게 만든다.

선인호흡법은 지금으로부터 약 6,000여년 전 신시시대 때 5대 태우의 환웅께서 가르침을 주신 운기조식법이다. 이 당시에는 한민족이나 지나(중국)족이니 하는 구별도 없었으니 태우의 환웅의 가르침은 가히 기학(氣學)의 조종(祖宗)이자 선학(仙學)의 모태가 된다고 할 수 있다. 「태우의」의 환웅께서 이르시기를 "必使默念淸心調息保精(필사묵념 청심조식보정)"하라 하셨으니 "반드시 묵념하여 마음을 맑게 하고 호흡을 고르게 하여 정기를 보존라하"는 뜻이다.

선인호흡법은 「대충맥 호흡법(Central Channel Breathing)'이다. 선인호흡법을 연공하는 것을 연기공(鍊氣功)이라 한다.

연기공을 시작하기 전 「무진본」 자세로 단정히 앉아서 선인호흡법인 「묵식혼구(默息魂俱)를 연공한다.

들숨(入息)과 날숨(出息) 모두 코를 통해 숨쉰다.

들숨은 마치 한 송이의 장미꽃 향기를 맡듯이 가늘고 길게 코로 대기를 들이마셔 호흡기관을 거쳐 진기는 곧바로 「대충맥」을 통하여 「상로」를 돌아 하행해서 하로(下爐)의 「태정로」에 머물게 된다.

「하로」에서 잠시 숨을 연성하는 연식(鍊息)을 행한다.

이어서 날숨(出息)을 행한다.

「하로」에서 상행한 기운은 「중로」를 거쳐 「상로」를 돌아 코로 배출된다. 날숨 연공시 코 앞에 새의 깃털을 쥐고 있다면 날숨이 깃털을 움직이게 하지 않을 정도로 가늘고 길게, 처음과 끝이 균일한 양으로 토기(吐氣)한다.

날숨에 이어서 「하로」에 남은 진기를 갈무리하면서 날숨을 머무르게 하여 연식(鍊息)을 행한다.

들숨 후 연식은 정기를 충만하게 하고 날숨 후 연식은 기운을 순수하게 한다.

연기공 연공시 유의사항 첫 번째는 들숨을 쉴 때 복부를 불룩하게 한다든지, 날숨시 복부를 홀쭉하게 만드는 인위적인 호흡법을 하지 않는다. 복부의 팽만과 위축 운동 없이 그대로「대충맥」을 하행하고 상행하는 기운의 상하 주류만 운행한다. 이와 같은 호흡법이 초심자에게는 오히려 어려울 수도 있다. 대부분「중로」의「지명관」이 막혀 진기의 상하행을 차단하기 때문이다.

초심자에게는 횡경막을 이용하여 들숨시에는 횡경막을 지긋이 밑으로 밀어주고 날숨시에는 횡경막을 서서히 들어올리면 기운도 횡경막의 상하운동에 의해 상하행이 순조롭게 된다.

초급단계가 지나면 횡경막을 이용하지 않아도 자유자재로 선인호흡을 연마할 수 있게 된다.

두 번째 유의사항은 선인호흡 연공시 어디까지나 자신의 호흡지수에 맞추라는 것이다. 들숨시 지나치게 많은 양의 공기를 흡입하면 토할 때 숨이 거칠어져 고르고 깊은 호흡을 할 수 없게 된다.

결론적으로 선인호흡은 머리정수리 백회, 전정 부위의「금오문」으로부터 회음부위의「현무문」을 관통하는 대충맥을 여는 호흡법으로「삼로」「삼방」「사정」을 관통하여 임맥과 독맥을 열고 만맥천규에 에너지와 정보를 전달하고 걷어 들인다.

(3) 무진본 자세

무진본 자세란 앉는 자세다.

좌우다리를 교차하여 단정히 앉는다.

양손 손목을 무릎 위에 가벼이 얹고 손끝이 바닥을 향하도록 무릎 아래로 늘어트린다.

턱은 약간 뒤로 당겨 경추에서 미골에 이르기까지 척추가 일직선이 되게 한다.

시선은 코끝 높이의 약 석 자(3Feet) 전방에 머물도록 하되 눈을 반개(半開)하여 어렴풋이 사물의 윤곽만 식별할 정도로 실눈을 뜨고 외부의 빛을 완전 차단하지 않도록 눈을 감지 않는다.

무진본 자세의 가장 요체가 되는 점은 체중의 하중이 어느 부위에 실리느냐에 따라서 앉는 자세의 성패가 좌우된다. 장시간 앉아 선공을 하여도 다리가 저리거나 허리 통증을 유발하는 자세의 결함을 시정하는 가장 이상적인 선공 자세가 무진본 자세다.

그 비결은 좌우 다리가 교차된 교차점에 체중의 2/3 가량을 실어주어야 머리무게와 척추가 받는 하중을 두 다리로 분산시키고 교차점에 집중시켜 하중을 해소시킨다.

무진본 자세는 무중력 상태와 같이 체중의 중압감에서 벗어나 마치 폭신한 구름 위에 앉아있는 듯한 편안함을 느끼게 한다.

신체구조상 척추의 경사 각도에 따라 체중이 분산되기 때문이다.

연공 : 척추를 중심축으로 한 상체를 앞으로 2°~3° 내지 3°~4° 기울이면 체중의 하중은 맞바로 다리의 교차점에 걸리게 된다.

상체를 뒤로 물렸다가 다시 한번 상체를 2°~3° 내지 3°~4° 정도 앞으로 기울여서 확실하게 체중의 상당량이 다리의 교차점에 실리게 한다.

사람마다 신장과 체중이 다르므로 몇 도의 각도로 상체를 기울일 것인가는 연공자가 시험을 통해 자신에게 적합한 경사각을 찾아내야 한다.

무진본 자세가 어느 정도 확립되면 무진본 자세로 그냥 앉아 있기만 해도 기운이 저절로 갈 길 따라 주류한다.

혹자들은 곧잘 "기를 돌린다"는 표현을 많이 쓴다. 「내가 기를 돌리는 것이 아니라, 기가 나의 생명력을 돌리고 있다」 구태여 무념무상을 추구할 것도 없이 무진본 자세로 명청하게 앉아 있으면 그것이 곧 명상이다. 선인호흡도 시작하기 전에 기운은 인체의 방방곡곡 세포 하나 하나를 두드려 깨우기 시작한다.

(4) 복호세(伏虎勢)

복호세는 호랑이가 웅크리고 있는 자세를 이름이다. 「묘연만」 기립 자세에서 「무진본」의 앉는 자세로 전환하기 위해 양손을 풀고 왼발을 뒤로 한발 물려 왼발을 굽혀 무릎을 꿇고 왼발 위에 앉으면서 오른발을 세운다.

왼손은 왼발 무릎 위에 올려놓고 오른팔은 지표를 향하여 오른발 무릎 위에 올려놓는다.

「복호세」를 「무진본」 자세로 전환하기 위해 왼손으로 바닥을 짚고 왼발을 오른쪽으로 대각선 방향으로 옮겨놓은 후 오른발을 풀어 왼발 밑으로 넣어 양 다리가 교차하여 ×字가 되도록 한다. 이 자세가 무진본 자세다.

「무진본」 자세에서 「묘연만」 자세로 바꿀

경우, 왼손을 풀어 바닥을 짚고 오른발을 풀어 세운 다음 왼발로 무릎을 꿇고 왼발 위에 앉아 「복호세」를 취한다. 상체를 약간 앞으로 숙여 오른발의 「백시문」에 체중을 이동하면서 서서히 일어나 「묘연만」 자세를 취한다.

(5) 만공세(滿空勢)

온누리에 양기(良氣)가 가득하다는 뜻이다. 들숨과 더불어 양손을 우러러 하늘로 치켜올리고 연식한 다음 날숨과 더불어 양손을 호흡에 맞춰 서서히 내려트리고 연식한다. 선공자세에 따라 양손의 마무리는 배권을 할 것인가 교차할 것인가 달라진다.

(6) 천지화(天地花)

우주 공간에 핀 지고지순한 에너지의 정화(精華)를 이름이며 수인(手印)으로 이를 표현한다. 양손 합장한 후, 들숨과 더불어 양 손목을 붙인 상태에서 양손 손가락을 서서히 펴서 열 개의 꽃잎 모양의 「천지화」를 만들고 연식한다.

이때 시선은 「천지화」의 중심을 응시하여 꽃 속에서 변화하는 기운을 본다.

날숨과 더불어 양손 손가락을 안으로 오므려 주먹을 쥐고 연식한다.

이 양 주먹은 꽃봉오리를 형성한 것으로 몸 안의 기운이 응축되어 고강해진다.

(7) 합지인(合指印)

선공절정의 수인(手印)이다. 이는 열십(十)을 나타내는 홍익인간의 성통공완을 의미하기 때문이다.

만공세 자세   천지화 자세   합지인 자세

양손 합장한 상태는 음양의 두 개의 기운이 하나로 합일됨을 의미한다.

들숨과 더불어 서서히 합장의 양 손바닥을 분리하여 열 손가락만 합쳐지게 한 다음 연식한다. 내 안의 열 개의 몸이 열린다, 내 안의 기운이 광명의 시원으로 내달린다. 음양의 두 개의 기운이 합쳐「일적 십거」의 열십(十)을 이르는 수인(手印)이다.

(8) 해기법(解氣法)

주로 앉은 자세로 장시간 선공을 하다보면 근육과 골격에 무리한 부담을 주어 통증을 유발할 수 있다. 해기법을 통하여 압박으로 인한 하체의 근육과 골격의 긴장도를 이완시켜 근골격의 스트레스를 해소시켜 주는 연공이다.

「무진본」 자세에서 오른발을 곧추세우고 왼발은 그대로 접지한 상태에서 날숨과 더불어 상체를 왼쪽으로 서서히 기울인다. 왼쪽으로 상체를 최대한 기울인 다음 연식하면서 머리와 경추를 왼쪽으로 더욱 틀어 준다.

들숨과 더불어 상체를 오른쪽으로 원위치 시키고 왼발만 무릎 꿇고 왼발 위에 앉은 다음 연식한다.

해기법은 「복호세」로 자연스럽게 자세 전환된다. 스트레스 받았던 근육과 골격이 압박감과 피로감에서 회복된다. 해기법은 다리에 쥐가 나는 현상이나 척주의 통증도 즉시 해소시킨다.

해기법 자세   배권 자세   배권 손모양

(9) 배권

왼손 손등 위에 오른손바닥을 겹쳐놓고 왼손 검지와 오른손 검지를 교차하면 배권의 자세가 된다.

왼손 엄지와 오른손 엄지가 교차되면 오른손 엄지는 왼손 엄지 밑으로 들어가게 되고 왼손 엄지와 오른손 검지의 모양이 태극 형상을 이루게 된다.

일반적인 인사법은 배권을 가슴부위에 올리고 머리를 약간 숙여 인사한다.

배권을 취하여 신체의 주요 관문에 올려놓고 연공하면 내공력이 배가 된다.

정식 배공 경례시 배권을 취한다.

(10) 배공(拜功)

배공은 스승과 제자 상호간에 경의를 표하는 인사법이다.

또한 배공 자체가 선공을 시작하기 위해 몸 안의 기운을 가다듬고 마음을 고요히 다스리기 위한 심오한 내공 수련법이다.

ㄱ. 양발 벌리고 선「묘연만」자세에서 양발 모아 자세를 가다듬고 배권하여「하로」의 태정관 위에 얹고 몸 안의 기운행을 깊이 느껴본다.

ㄴ. 스승의「배공」구령에 따라 연공자는 들숨과 함께 배권을 서서히 눈높이로 들어올리면서 들숨의 진행속도에 맞추어 체중을 양발의「백시문」으로 이동한다.

ㄷ. 연공자의 시선은 눈높이로 들어올린 배권의 태극을 응시하면서 날숨과 함께 배권을「하로(下爐)」의 태정관에 원위치 시키며 머리와 상체를 깊숙이 숙여 절한다. 날숨의 진행 속도에 따라 체중을 발뒤꿈치의「백종문」으로 이동하며, 연공자 시선은 계속 배권의 태극을 따라 상하로 이동한다.

ㄹ. 선공이 끝난 후 종료 배공은 일배 후 반배(半拜)를 더한다.

이로써 선공수련을 위한 배공을 통하여 몸의 긴장을 풀고 마음의 평온을 유지함으로 전신의 기운이 막힘없이 운행된다.

스승과 제자는 상호경의와 신뢰를 표하여 선공을 심원한 차원으로 견인시키는 동기를 부여한다.

(11) 개천법(開天法)

소혼천의(小渾天) 일원관통(一圓貫通) 법이다.

「묘연만」자세로 서서 들숨과 더불어 체중을 서서히「백시문」에 옮기면서 「만공세」를 취한다.

　양손 머리꼭지 위에서 「합지인」을 취하고 출식한다. 「합지인」의 모양이 마치 머리 위에 고깔모자를 얹어놓은 것과 같은 형상이 된다. 이때 체중은 「백종문」으로 옮긴다.

　입식과 더불어 체중을 「백시문」으로 서서히 이동하면서 「합지인」을 뒤로 180° 회전시켜 손끝이 머리꼭지를 향하게 한 후 연식한다.

　출식과 더불어 체중을 다시 「백종문」으로 옮기고 「합지인」을 서서히 원위치 시켜 손끝이 하늘을 향하게 하고 연식한다.

　3-5회 반복해서 연공한다.

　금오문이 열려 나의 기운(吾氣)이 하늘과 상통하게 된다.

　천기(天氣)가 「금오문」에서 「현무문」에 이르는 「대충맥」을 관통하여 지원(地元)에 다달아 지기(地氣)와 합일한다.

　소혼천(小渾天)을 이루는 태양, 수성, 금성, 지구, 화성, 목성, 달 등의 칠성(七星)의 기운이 상응하여 독맥의 칠성관(七星關)을 작동시킨다.

　자신이 숨쉬고 있다는 사실을 망각하고 있기에 우리는 하늘과 땅의 축복과 은혜도 잊고 산다.

　아니면 나 혼자서 숨쉬고 있다는 착각이 모든 욕망을 불러일으킨다.

※ 위 사진과 같이 「묘연만」 자세가 아닌 「무진본」의 앉은자세로도 「개천법」을 연공할 수 있다.

나. 여는 연공(錬功)

(1) 배공(拜功)

스승과 제자가 마주 보고 선 「묘연만」 자세에서 스승의 「배공」 영송(泳

誦)에 따라 마음 가득한 경의와 열성을 다해 서로 배공의 예를 표한다.

(2) 묵식혼구(默息魂俱)

묵식혼구는 천부연심법(天符鍊心法)의 깊고 고요한 선식(仙息)으로 혼을 갖추고 넓히는 연심공이다.

5대 태우의 환웅께서 가르침을 주신 마음과 정신을 밝히는 수련이다.

옷깃을 여미고 「무진본」 자세로 단정히 앉아 전신의 긴장을 풀고 마음을 차분히 가라앉힌다.

숨쉼을 의식치 말고 마음이 가는 곳을 쫓아 「천심방」 속에서 영광(靈光)의 자람을 그윽이 보고 느낀다.

첫째 : 미음(ㅁ)이니 방(方)이다. 땅을 의미한다.

「무진본」 자세로 단정히 앉아 눈은 반개(半開)하여 전방에 지기(地氣)를 3차원의 네모꼴로 형상화한다. 네모난 기의 덩어리를 응시한다.

네모난 지기의 정화(精華)를 의념으로 앞으로 밀었다가 당겨본다.

전후좌우로 공간이동 시켜본다.

미음(ㅁ)을 서서히 왼쪽에서 오른쪽으로 회전시켜본다.

미음의 기운이 스스로 돌아간다.

미음(ㅁ)이 작아진다.

더욱 빨리 돌린다.

더욱 작아진다.

회전속가 빨라질수록 미음(ㅁ)은 점점 작아져서 마침내 까만 한 개의 작은 공이 된다. 강렬한 지기의 에너지를 응축한 아주 작은 기의 알갱이로 변한 지기환을 급속히 끌어당겨 태정관(太精關)으로 취기한다.

지기환은 하로(下爐)의 내기(內氣)와 함께 융합하고 전신으로 주류한다.

지기구가 내부에서 주먹 만하게 커져서 사방팔방의 천맥을 뻥뻥 치고 다닌다.

막힘이 뚫리고 공력이 증강된다.

둘째 : 시옷(△)이니 각(角)이다. 사람을 의미한다.

자기 자신의 기운을 발공하여 전방에 3차원의 삼각형을 형상화한다.

태정(太精)의 정화 삼각형 시옷(△)을 의념으로 공간이동시켜본다.

시옷(△)을 왼쪽에서 오른쪽으로 서서히 돌린다.

빨린 돌린다. 작아진다.

더욱 빨리 돌린다. 더욱 작아진다.

마침내 아주 작은 기의 알갱이로 변했다.

공력의 출력을 높여 태정구를 천원(天元)으로 쏘아 올린다.

태정환이 천원(天元)에 부딪친다.

천원으로부터 찬란한 금빛에 폭죽처럼 쏟아져 내린다.

천원의 금빛이 온 몸에 파고들어 내부가 금물로 목욕한다.

태정(太精)이 금정(金精)으로 바뀌어 삿된 것을 깨트리는 파사금정(破邪金精)을 이룬다.

셋째 : 이응(ㅇ)이니 원(圓)이다.

하늘을 의미한다.

전방에 천기(天氣)의 정화인 에너지볼(氣球)을 형상화한다.

의념으로 에너지볼(Energy Ball)을 전후좌우로 공간이동 시켜본다.

천천히 기구(氣球)를 왼쪽에서 오른쪽으로 돌린다.

「에너지볼」이 돌아가면서 점점 커진다.

내 몸보다 더 커진 이응(ㅇ)이 내게로 다가온다.

이응(ㅇ)에 몸이 닿는 순간 내 몸이 이응(ㅇ)의 회전력에 빨려 들어가 이응(ㅇ)과 내가 하나가 된다.

이응(ㅇ)의 회전속도가 점점 빨라지고 작아지기 시작한다.

내 의식은 선명하여 사물을 볼 수 있고 소리를 들을 수 있다.

그러나 내 몸은 점점 작아진다.

너무 빨리 회전하여 작아지는지조차 구별이 안 될 즈음

내 몸은 한 줄기 연기처럼 사라졌다.

내 몸은 어디로 갔는지 보이지 않는다.

눈도, 코도, 귀도 없고 몸뚱이 자체가 없는데

나는 주위의 모든 사물을 다 볼 수 있고, 아주 미세한 소리도 증폭되어 크게 들린다.

향긋한 냄새도 맡을 수 있다.

숨을 쉬고 있는지 마는지 느낄 수 없고,

그저 기쁨만이 전신에 충만하구나.

이제야 현방(玄房)에 들어가는 빗장을 열었으니 혼구(魂俱)의 단계를 넘어섰구나.

한낱 고깃덩어리나 푸대자루에 불과했던 미망(迷妄)의 상태에서 마음을 닦고 영혼을 밝게 하는 외가닥 길이 열렸음이다.

※ 묵식혼구는 연공자가 일정 단계에 이르기까지 스승이 발공하여 ㅁ, △, ㅇ 등의 기형체(氣形休)를 연공자들에게 보내주고 회전시켜 주어서 연공자의 수련을 도와주어야 한다.

(3) 무극도리신공(無極道理神功)

무극이란 극이 없음이니 하느님을 뜻하며, 하느님의 뜻을 깨닫는 도리를 익히는 구극의 목표가 홍익인간 되는 연공이다.

신시시대 선인 발귀리(發貴里)께서 지으신 시구를 다시 한번 음미해
보자.

　　　그윽이 강림하신
　　　환님의 지극한 영기—

　　　선님의 영혼,
　　　광명으로 통하게 하시어

　　　선님을
　　　이 세상의 숭고한 이상(理想)인

　　　거룩한 구원자—
　　　홍익인간으로
　　　거듭나게 하셨나이다.

ㄱ. 곤지 곤지
● 점 하나—모든 만물의 에너지 근원
환님의 영기 선님 속에 깊숙이 내려오신다.
영원토록 환님의 은혜 잊지 말아라.

연공 : 「무진본」 자세로 단정히 앉아서 입
식(入息)과 더불어 「만공세」를 취하고 머리
위에서 합장하면서 연식한다.
　출식(出息)과 더불어 합장을 가슴 앞으로 내리고 연식한 후 입식과
더불어 양팔과 양손을 어깨넓이보다 약간 크게 벌린 다음 오른손 검지
를 왼손 장심을 향하여 좌측으로 뻗고 연식한다.
　스승의 「곤지」라고 외치는 기합에 맞춰 오른손 검지로 전광석화처

럼 빠르고 강하게 「청룡문」인 왼손 장심을 가격한다.

오른손 검지가 「청룡문」을 가격한 상태에서 출식하면서 오른팔을 서서히 밑으로 내려트린다.

연식하면서 서서히 오른팔을 평행되게 들어올리고 입식과 더불어 오른손 검지를 「청룡문」에서 분리하여 오른쪽으로 이동한 후 연식한다.

출식하면서 합장하고 연식한다.

입식과 더불어 「천지화」를 만들고 연이어 손가락 꽃잎을 말아 쥐어 「꽃봉오리」를 만든 다음 연식한다.

총 3회 연공한다.

오른손 「백호문」의 금기(金氣)와 왼손 「청룡문」의 목기(木氣)를 융합시켜 전신에 잠자고 있는 기(氣) 분자의 활동과 운행을 왕성하게 하여 혈행을 촉진시킨다. 신체적으로 심폐기능을 강화하여 세포호흡으로 병원체를 퇴치하고 격파한다.

일적십거(一積十鉅)의 공력이 증강되어 「대충맥」을 열게 된다.

「곤지 곤지」 일법만 연공해도 평생 건강을 유지할 수 있다.

ㄴ. 젬젬

환님의 영기로 가득 채우니
선님의 영혼 태양처럼 밝아진다.

연공 : 곤지곤지 연공이 끝난 후 양손 주먹을 쥔 상태에서 스승의 「젬젬」의 영송(詠誦)과 더불어 출식하면서 양팔과 양손 앞으로 내밀어 내 기운을 앞으로 뻗어낸다. 계속 출식

하면서 양손 손가락을 엄지(母指), 검지(劍指), 중지(中指), 약지(藥指),

소지(小指) 순으로 펼치면서 양팔을 좌우로 크게 벌린 후 연식한다.

「젬」이라는 빠른 기합이 떨어지면 입식하면서 역순으로 양손의 소지, 약지, 중지, 검지, 모지 등을 차례로 말아 쥐고 양 주먹을 가슴 부위에서 합쳐 삼라만상의 기운과 천기기운을 취기한다. 계속 입식하면서 「지명관(地命關)」 앞으로 양 주먹을 끌어당긴다. 연식하면서 양팔로 좌우 늑골(갈비뼈)을 힘껏 조여 준다.

해설 : 양팔과 양손 주먹을 합쳐 전방으로 내뻗치는 것은 내 기운을 발공하여 우주로 사기(射氣)하는 연공법으로 내 기운이 무한대로 연장되고 팽창된다.

양팔을 좌우로 벌리는 것은 내 기운을 음·양으로 분리시켜 하늘과 땅의 기운과 융합하기 위함이다.

열 손가락을 하나씩 펼치는 것은 내 기운을 삼라만상의 기운과 합치시키는 것이다.

역순으로 손가락을 말아 쥐는 것은 역으로 삼라만상의 기운을 내게로 끌어들임이요,

양 주먹을 한 데 모으는 것은 천지기운을 합쳐 내게로 끌어당겨 「지명관(地命關)」으로 취기하기 위함이다.

양팔로 좌우 늑골을 힘껏 조이는 연공은 체내에 취기된 천지기운과 삼라만상의 기운 그리고 내 기운을 잘 융합시키고 체내에 물의 흐름을 원활하게 하기 위함이다.

ㄷ. 도리도리

환님의 깊은 뜻은 지상에 인간의 이상을 이루어지게 하심이라……

연공 : 「도──리」라는 영송(詠誦)에 따라 출식하면서 머리를 좌측으로 서서히 돌려 얼굴이 좌측 어깨선과 일치되도록 한다.

연식하면서 목을 좌측으로 최대한 비틀고 척추의 기울림(氣鳴) 반향을 듣고 느낀다.

입식과 더불어 머리를 우측으로 서서히 돌려 얼굴이 우측 어깨선과 일치되도록 한다.

연식한 후 목을 우측으로 최대한 비틀고 척추의 기울림(氣鳴) 반향을 듣고 느낀다.

3회 연공한다.

해설 : 머리를 좌우로 회전시켜 두뇌 속에 있는 안테나를 통하여 우주의 영기를 탐기(探氣)하는 연공으로 영기를 영접하여 환님의 뜻을 깨닫는 신명(神明)법이다. 두뇌가 있는 「영해정」 내의 「천심방」 「천성로」 등의 에너지를 승화시켜 예지력 및 염력 등 정신력을 제고하고 신경체계 및 Hormone system(호르몬체계) 활성화로 신체의 균형과 조화를 유지시키게 한다.

ㄹ. 짝짜궁, 짝짜궁, 짝짜궁

선님이 거룩한 구원주 「홍익인간」으로 거듭나시니

기쁘고, 기쁘고, 기쁘도다.

연공 : 입식하면서 「만공세」를 취하여 양손 머리 위에서 「합지인」을 취하고 연식한다.

출식하면서 「합지인」 가슴으로 내리고 연식한다.

「짝짜—」라는 영송에 맞춰 입식하면서 회음부를 안으로 끌어당기면서 양팔과 양손 좌우로 벌리고 연식한다.

「쿵!」이라는 기합에 맞춰 양손 손바닥의 「청룡문」과 「백호문」을 힘껏 마주친다.

출식하면서 회음부를 서서히 풀어 주고 연식한다.

「천지화」 연공으로 마무리 한다.

3회 연공한다.

해설 : 손뼉을 치는 것은 무극인 환님의 도리를 깨달아서 기쁘다는 표현이다.

또한 선님인 환웅천제께서 구원주인 홍익인간으로 거듭나셨음을 기리고 기뻐함이다.

연공자 자신도 성통공완을 이루어 홍익인간으로 거듭나기를 간절히 염원하는 연공이다.

왼손의 「청룡문」과 오른손의 「백호문」을 마주침으로 음·양의 기운이 힘껏 충돌하여 분해되고 융합되어 폭발한다.

정(正), 반(反), 합(合)을 이룬 상승내공의 절정이 전신에 용솟음친다.

만맥 천규가 열리고 희열의 폭발이 파동쳐 영·혼·백체를 넘나든다.

다. 마무리 연공

(1) 배공

선공을 마친 후 스승과 제자 간에 배례하는 연공으로 여는 연공의

배공보다 반배(半拜)를 더하여 한배 반의 배공을 스승과 제자가 주고
받는다.

(2) 삼극합일력공(三極合一力功)

삼극의 원·방·각 / 천·지·인의 기운인 내공력을 기르며 선공 후 정
(精) 기(氣) 신(神) 에너지가 넘치거나 처지지 않도록 균형과 화합을
취하는 연공이다.

ㄱ. 원, 천명(天明)

원(圓)은 하늘(天)이다. 내 몸의 기운을 외
부로 펼쳐내어 우주의 기운과 접속한다. 상로
의 기운을 연공하여 정신을 밝게 한다.

연공 : 「묘연만」 자세로 서서 입식과 더불
어 「만공세」를 취하고 양손 머리 위에서 「합
지인」을 만들고 연식한다.

출식과 더불어 「합지인」 가슴으로 내려트리고 연식한다.

입식과 더불어 「천지화」를 만들고 계속 입식하면서 「천지화」를 서
서히 하늘 높이 치켜들고 연식한다.

출식하면서 「합지인」을 만들어 가슴 부위로 내려트리고 연식한다.

해설 : 하늘에 바친 「천지화」로 천기(天氣)가 몰려든다. 인간의 의지
가 어찌 천기(天氣)를 바꿀 수 있는가. 바람 불고, 폭풍우가 몰려오고
별들이 수천억 번 생성, 소멸하여도 하늘의 기운 여전히 의연하게 부
동본의 자리를 지킨다.

그러기에 정성 다하여 환님께 「천지화」를 바쳐 내 자신을 수백 번 수천 번 탈바꿈하여 진아(眞我)로 거듭나기를 염원하는 것이다.

ㄴ. 방 ; 지장(地壯)

방(方)은 땅(地)이다. 원에서 방으로 이어지는 초식은 음양의 조화를 이루어 내공력을 상승시키는 연공이다.

연공 : 입식하면서 「천지화」를 만들고 연이어 「천지화 봉오리」를 만들어 연식한다.

출식하면서 상체를 ㄱ字되게 지표를 향해 구부리고 양 주먹을 지중(地中)을 향해 곧게 뻗은 다음 연식한다.

입식하면서 상체를 서서히 들어올리고 양 주먹으로 지기(地氣)를 끌어당겨 취기한 다음 양팔을 가슴 부위에서 ×字로 교차하고 연식한다.

해설 : 땅은 낳고 기르고 포용하는 어머니다. 곰님은 인간의 잘하고 잘못하는 것을 구별하거나 차별하지 않고 대상이 누구든 인간을 보호하고 구호하며 치유하는 은혜를 베풀고 생명력의 터전을 제공한다.

인간의 욕망이 하늘을 찌른다한들 바닷물을 모두 퍼낼 수 없다.

땅은 인간에게 삶의 터전을 주되 인간의 생로병사, 희로애락에 관여하지 않고 냉정히 지켜본다. 인간의 몫은 인간이 하기에 달려있기 때문이다. 곰님의 역할과 인간의 욕망은 서로 상반되는 궤도를 달리기 때문이다.

인간이 곰님의 품안으로 안길 때 인간은 비로소 지혜와 덕과 내공력에 대한 품성을 갖추고 높은 안목을 열게 된다.

ㄷ. 각 ; 태충(太充)

각(角)은 인간(人)이다. 원·방·각 삼극의
기운을 합일시켜 엄지와 검지로 펼쳐내므로
사기(射氣)의 가공할 위력을 발휘한다.

연공 : 방주먹 연공에서 ×字로 교차된 양팔
을 스승의 「각태충」이라는 기합에 따라 빠르
고 힘차게 전방을 향해 내뻗고 엄지와 검지로
몸 안의 기운을 연달아 쏘면서 연식한다.

입식하면서 양팔 끌어당겨 다시 ×자로 교차한 후 「각태충」이라는
기합에 양손 앞으로 내질러 사기(射氣)한 후 연식한다.

연속 3회 연공한 후 입식하면서 양손 주먹 쥐어 가슴으로 걷어 들이
고 연식하면서 하로(下爐)의 태정관 위에 배권하여 얹는다.

해설 : 사람이 고통과 슬픔, 죽음 등 온갖 불행을 겪거나 아주 행복한
경우라도 하늘과 땅은 그냥 무심한 하늘과 땅일 뿐이다.

눈 뜬 소경이요, 소리 듣는 귀머거리인 사람에게는 하늘과 땅은 전
혀 사람과 무관한 자연일 뿐이다.

인간이 내면의 소리를 듣고 내면의 빛을 볼 수 있을 때 인간은 자신
을 바로 보게 되고,

하늘의 사람이 된다.

땅의 사람이 된다.

우주의 「대순환」에 맞물려 돌아가는 참인생의 참나를 발견하게 된다.

나의 불행을 철저히 외면했던 환님과 나의 아픔을 전혀 돌보지 않았

던 곰님의 축복과 은혜가 항상 내 안에 있음을 깨닫게 된다.

지금의 그 어떤 어려움도 능히 극복할 수 있는 진정한 내공력을 기를 수 있게 된다.

환으로 가는 길은 인간의 행·불행을 뛰어 넘는 자기 구원의 길이다.

4) 천부연심법(天符鍊心法)

5대 태우의 환웅께서 가르침을 주신 마음을 맑게 하는 수련법이다.

가. 묵식혼구(黙息魂俱)

"여는 연공" 편에서 기히 설명하였음.

나. 본도혼연(本途魂衍)

참됨과 망령됨이 서로 맞서 느낌과 숨쉼, 닿음 등 세 가닥 길을 넘나드는 것을 깊이 깨닫고, 숨쉼을 고르게 하고, 닿음의 경계를 뛰어 넘는 본도로 돌이키는 마음공부다.

혼연송(魂衍頌)
내 마음 착한 마음,
내 마음 나쁜 마음
나쁜 마음 떼어내어
과녁을 만들어서,
혼백은 큰 활 되고,
착한 마음 활줄 되어
참된 기운 곧은 화살

과녁마다 뚫고 지고
과녁마다 뚫고 지고
나쁜 마음 진멸되어
착한 마음 가득하니
삼도(三途)를 넘나드는
삼망(三妄)아 물러가라.
나쁜 마음 뿌리 뽑혀
나쁜 기운 사라지면
본도(本途)로 돌이켜서
혼이 넓어진다네,
영이 밝아진다네.
본래 마음 빗장 풀려
혼백묘문(魂魄妙門) 열리나니,
환님의 크신 은덕
마음판에 아로 삭여
진아(眞我)를 발현(發顯)하여
홍익인간 되어보세.

연공 : 첫째, 혼연송을 1-3회 암송한 다음 전방 10자 거리에 마음속의 과녁을 만든다. 이 과녁을 자신의 나쁜 마음을 상정하고 진기의 화살을 과녁을 향해 한 대, 두 대, 세 대…… 수평으로 쏜다.*

둘째, 화살을 많이 쏘아 보낼수록 화살의 비행 속도가 빨라진다. 빗살보다 빠르게 쏜다. 화살이— 눈에 보이지 않는다.

셋째, 화살 백 대를 모조리 명중시키고 얼마만한 시간이 소요됐는지

* 본 연공시 화살이 빗나가 과녁에 맞지 않거나 화살이 과녁에 도달하지 않을 경우, 연공을 중단하고 다시 혼연송을 1-3호 암송한 다음 연공을 계속한다. 그래도 연공이 잘 안 될 경우 연공을 중단한다. 마음이 산란하여 평정을 잃었음이니 묵념으로 연공을 대신한다.

마음속으로 측정한다.

넷째, 100대의 화살 쏘기가 제대로 연공되면 50보 거리로 멀리 세우고 다시 연공한다. 연공의 진척에 따라 과녁을 100보, 150보 200보, 300보 거리로 점점 멀리 세운다.

다섯째, 본 연공의 진척에 따라 화살 쏘는 속도를 더욱 빨리 한다. 빨리 쏘기 위해 명중률을 떨어트리면 효과가 감소된다.

여섯째, 달이 과녁이 된다.

진기의 화살을 쏜다.

화살이 달을 뚫고 우주로 날아간다.

표적을 꿰뚫는 진동을 감지한다.

달로부터 반향이 되돌아오는 소리를 듣는다.

달의 기운이 폭사되어 오듯이 달빛이 금오문으로 쏟아져 들어온다.

전신의 기운이 순수해진다. 맑아진다.

뜻을 하나로 세워 백일 동안 천부영기심공을 지성을 다해 연공하면 마침내 마음속에 큰 고동을 열어, 환의 광명이 내려 비춘다. 망망대해를 지나 북해 속에 숨겨진 수정궁(水晶宮)의 현방(玄房)이 열린다. 현방의 비급을 열람하고 제2의 현방에 들어가면 붉은 보자기에 싸인 베개만한 황금덩어리가 찬란히 빛나고 있다. 금괴 덩어리 위에 자신의 이름이 음각(陰刻)되어 있다. 선계에 입적됐음이다. 흥분되어 가슴이 두방망이질을 한다. 세 개의 해저 동굴—제일 작은 동굴 앞에 해선녀(海仙女)가 하늘하늘한 선녀의 옷을 바닷물에 나부끼면서 신비한 미소를 띠우고 서 있다. 그녀의 머리 위 암벽에는 커다란 금맥이 노출되어 황금빛이 바닷물에 일렁인다. 해선녀가 해인(海印)을 간직하고 있다.

나머지 두 개의 해저 동굴 비밀을 밝힐 수 없다.

영적인 주검은 영적인 소생을 뜻한다. 영적으로 죽어야 비로소 혼을 넓힐 수 있다. 해인동자(海印童子)는 언제 태어날 것인가. 기다려 보노라.

다. 천부검심법(天符劍心法)

최고의 연심법이다.

천부검 주조가 완성된 후에야 연공을 할 수 있다.

검혼송(劍魂頌)

칼의 날을 본다.

칼의 끝을 본다.

칼의 마음을 본다.

마음이 흔들린다.

마음의 그림자가 흔들린다.

칼로 그림자를 벤다.

칼로 마음을 찌른다.

선홍의 피가 안개처럼 피어오른다.

헛것은 사라지고,

백골이 드러난다.

칼의 날을 본다.

칼의 끝을 본다.

검기(劍氣)를 본다.

검기가 움직인다.

검심(劍心)이 움직인다.
검혼(劍魂)이 움직인다.

검이 운다.
검이 날아간다.
검이 방향을 튼다.

검기(劍氣)가
매화꽃잎을 스치고
캄캄한 밤하늘의
북극성을 향해
빛살같이 날아간다.

내가 번뜩이는
장검이 되어
밤하늘을 날아간다.

운기조식법運氣調息法

기본 연공의 선인호흡법에서 깊이 다룬 바 있으나 그 중요성에 비추어 종합적인 해설과 함께 잘못된 호흡으로 여러 가지 부작용을 낳을 수 있음을 지적하고자 한다.

1) 입식(入息)

들숨은 끊어지지 않고 계속 이어지게 코로 숨을 들이마셔서 호흡기관을 통과한 기운을 하로(下爐)로 지긋이 밀어 보낸다.

이때 소위 단전호흡 방법과 같이 복부를 불룩하게 내밀지 아니하고 몸 안의 중앙 부위인 충맥의 원통 속으로 자연스럽게 기운이 내려가 쌓이듯이 흡기(吸氣)한다.

적절량을 면면부절(綿綿不絶)하게 흡기한 후 기운이 하로에 잠시 머물면서 연성(鍊成)되는 연식(鍊息)을 한다. 기운을 발양(發揚)시키고 연단(鍊鍛)하기 위함이다.

2) 출식(出息)

날숨 역시 들숨과 동일하게 숨이 끊어지지 않고 계속 이어지게 코로 내쉬되 숨의 고르기가 미미하여 느끼지 못할 정도로 호기(呼氣)한다.

이때 소위 단전호흡 방법과 같이 복부를 홀쭉하게 안으로 들여 밀지 아니하고 하로에서 몸 안의 중앙 부위인 대충맥을 통하여 기운이 상승되도록 미미부지(微微不知)하게 코로 숨을 토한다.

출식이 끝난 후 기운을 순수하게 정련하기 위해 잠시 연식(鍊息)한다.

3) 연식(鍊息)

들숨(入息)과 날숨(出息)이 끝날 무렵 숨쉬는 것을 완전히 멈추지 않고 하로인 태정로의 기운을 지긋이 압박한다. 태정구(太精球)를 회전시켜, 들숨 후 연식은 정기를 충만케 하고, 날숨 후 연식은 정기를 순수하게 정화한다.

4) 종합

입·출식은 누에고치가 명주실을 뽑듯이 호흡을 고르게 하며 고요한 명상 속에서 가늘고 길게 하여야 한다. 무엇보다도 자신만의 조식보조(調息步調)를 지키는 것이 중요한 관건이 된다.

거듭 강조하는 "반드시 묵념하여 마음을 맑게 하고 숨을 고르게 쉬어 정기를 보전하라"는 5대 태우의 환웅의 말씀을 마음속 깊이 새겨 실행함이 영혼의 양식이 된다.

5) 참고사항

ㄱ. 하로(下爐)인 태정로(太精爐)의 위치는 배꼽(제하, 신궐혈)으로부터 약 4.5Cm에 상거한 기해(氣海)혈과 배꼽으로부터 약 9Cm 지점에 위치한 관원(關元)혈에 미치는 몸통의 중앙 대충맥 내의 입체적 구형(球形)의 정(精) 에너지 센터를 일컫는다. 세분하면 태신방(太身房) 내 태정로(太精爐)로 나뉜다.

ㄴ. 중로(中爐)인 지명로(地命爐)는 명치 부위의 구미(鳩尾)혈과 구미혈 상단에 위치한 중정(中庭)혈을 포함한 대충맥상의 입체적 구형인 명(命) 에너지 센터다. 세분하면 지기방(地氣房) 내 지명로(地命爐)로 나뉜다.

ㄷ. 상로(上爐)인 천성로(天性爐)는 머리꼭지 부분인 백회(百會)혈과 전정(前頂)혈 하단부의 두뇌 속에 위치한 입체적 구형인 성(性) 에너지 센터다. 세분하면 영해정(靈海井) 속의 천심방(天心房)과 천성로(天性爐)로 나뉜다.

항간에서 소위 하단전, 중단전, 상단전으로 불리는 세 개의 에너지 센터로 여기면 이해가 쉽게 된다.

6) 유의사항

(1) 호흡시 무리한 힘을 가하지 말 것

(2) 욕심을 내어 자신의 호흡량보다 과다하게 호흡할 경우 진도가 나아가지 않을뿐더러 신체적 장애나 부작용을 낳는다.

(3) 특히 특정한 상념에 정신을 집중시키는 의념(意念)이나 신체의

특정 부위에 의식을 집중시키는 의수(意守) 행위에 몰입하다보면 자기 최면에 빠져 매연공시 선공이 답보 상태에 빠지거나 부작용을 유발하므로 의념의수에서 벗어나야 선공의 지평을 넓힐 수 있다.

7) 난조현상(亂調現像)

운기조식시 그릇된 연공을 계속 하게 되면 다음과 같은 부작용을 겪게 된다.

가. 주화현상(走火現像)

불길이 강렬하게 치닫듯이 신경체계가 불길에 휩싸여 오작동을 하게 된다. 주로 신체의 특정 부위에 신경을 집중하는 의수(意守) 행위로 유발된다.

ㄱ. 연공시 신체의 진동이 난폭해진다. 앉은자리에서 둔부가 들썩들썩하고 전신을 부들부들 떨거나 팔과 다리를 마구 돌리고 머리도 전후좌우로 격렬히 움직인다. 대부분 수련단체에서 이와 같은 현상을 자동연공이니 부양이니 하면서 권장하고 있다.

ㄴ. 조식을 멈춰도 마치 간질환자의 발작현상같이 진동이 멈추지 않고 전신이 떨림이 계속된다.

문제는 이와 같은 주화현상을 문제시하지 않고 연공의 발전양상으로 오인하여 이를 계속 추구하다가 신경계통에 이상이 생겨 근육이 마비되거나 과도한 에너지 소모로 전신무력증을 유발한다.

즉시 연공을 중단하고 정신적 안정을 취하게 하여 포기시술(布氣施

術)로 고쳐야 한다.

나. 입마현상(入魔現像)

입마란 귀신들린다는 뜻이다. 소위 도통하기 위해 어떤 상념에 정신을 집중하는 의념(意念)을 과도하게 행할 경우 정신이상증후를 유발한다.

ㄱ. 강박관념 속에서 자아를 제어치 못하고 초조·불안 따위의 증세와 함께 조울증과 대인기피증 및 만성전신무력증 등을 초래한다.
ㄴ. 자신의 신체나 영혼 속에 "외부의 존재"가 침입하여 항상 자신을 조종하고 괴롭히고 있다고 생각한다.
ㄷ. 환상(幻想) 환청(幻聽) 환각(幻覺) 환시(幻視) 등의 현상이 수시로 일어나서 정신적 공황상태와 신체적 무력증세를 수반한다. 의학적으로 이상 없다고 진단되나 실제로 항상 기력이 쇠진하여 사회생활의 낙오자로 전락된다.

입마에 걸린 대부분 사람들은 자신이 환자임을 자각하고 있으나 연공중에 발생된 이와 같은 증상을 자신의 도력이 높아져 다음과 같은 육통(六通)이 열려서 도통하였다거나 신통력이 있다고 착각하는 현상이다.*

이와 같이 허깨비 현상이나 실제로 사마(邪魔)가 들어 피해자의 신

---

* 누진통(漏盡通) : 신(神)의 지혜를 얻어 어떤 이치에도 통달하여 막힘이 없는 능력
  천안통(天眼通) : 벽 넘어 투시뿐만 아니라 아무리 먼 곳에 있는 사물이라도 볼 수 있는 능력
  천이통(天耳通) : 십방(十方)의 모든 소리는 물론, 과거와 미래의 소리조차 들을 수 있는 능력
  숙명통(宿命通) : 과거와 미래의 숙명을 예지하는 능력
  타심통(他心通) : 타인의 마음속을 읽을 수 있는 능력
  신경통(神境通/神足通) : 신체의 축소와 확대가 가능하며 아무리 먼 곳이나 장벽으로 둘러싸인 곳이라도 자유자재로 왕래하고 출입할 수 있는 능력

체를 거소(居所)로 삼고 있는 경우다.

책만 보고 독력으로 연공하거나 무슨 단체에 소속되어 철저하게 세뇌당한 자들 중에서 발생하는 경우가 허다하다.

아무 연공도 하지 않고 그런데 관심도 없는 사람이 빙의에 걸려 고통당하는 자들 또한 상당하다.

포기시술로 치유가 가능하며 본인이 길을 잘못 들었다고 인식하고 그 자체를 수긍하는 자세가 치유에 앞서 선행되어야 한다.

제10장

몸으로 푸는 천부경

전장에서 천부경을 얼로 풀어냈다. 이제 천부경은 한민족만을 위한 구원의 메시지가 아니다. 오늘을 사는 이 지상의 모든 인류를 위한 구원의 길을 제시하고 있음을 통찰해야 한다.

그 길은 자아완성을 통한 자기구원이다. 하늘과 땅, 바람과 비, 부모 형제, 부부지간 자식일지라도 자신과는 엄연히 다른 인격체인 제삼자일 뿐이다. 부부지간이 일심동체라 하나 자기와는 성품과 목숨과 정기를 달리하는 개체일 뿐이다.

홍익인간의 뜻이 인간을 구원하고 세상을 바꾸는 역세주(易世主)라 할지라도 고대의 환웅천제가 6,000여 년이 지난 현세의 나타나서 한민족을 어여삐 여겨 남북을 통일시켜주고, 아픈 자를 낮게 하고, 배고픈 자에게 양식을 주며 악인들을 벌주는 등 고대 천신의 역할을 재현할 수 없다.

구세주, 구원자가 어지러운 이 세상에 재림하여 인간을 구원할 터이니 무조건 믿고 따르라는 언약이나 계약도 아니요, 신(神)과의 계약을 위반할 경우 무서운 응징을 가하겠다는 다분히 위협적이고 공포 분위기를 조성하는 것도 아니다.

홍익인간인 환웅천제가 그대를 구원하는 것이 아니다. 그런 홍익인간은 없다. 절대로 존재하지 않는다. 그러나 자아완성의 선공을 통해 그대 자신이 그대를 구원하는 홍익인간으로 거듭날 수 있다는 메시지가 천부경이다.

그 길이 선인 을지문덕 장군의 정수경도(靜修境途)요 선인 최치원 선생의 접화군생(接化群生)하는 만물의 생명을 다시 이어가게 하는 생명 중시 사상이다.

천신이나 하늘과 땅이 아닌 오직 그대 자신만이 그대를 구하고 해방시킬 수 있다. 비로소 하늘과 땅과 만물이 그대와 함께 우주의 참기운을 함께 나눌 수 있게 된다.

옛 선인들은 모두 환웅천제를 본받아 홍익인간이 되는 길을 걸었다. 그러기 위해서는 천부경의 뜻을 얼로 풀어낸 지도를 따라 몸과 맘 그리고 기운을 연공할 차례다. 이제 성·명·정/심·기·신/영·감·식·촉 등 열의 에너지를 담는 거소(居所)가 되며 생명의 주체가 되는 몸으로 푸는 천부경 속으로 들어가 보자.

천부영기법 天符靈氣法

1) 일시법(一始法)

혼돈에서 하나의 에너지가 태동하여 우주 만물 에너지의 시원이 된다.

1단계 : 일시무시일(一始無始一)

하나의 시작은 없음에서 시작했으니 이것이 맨 처음의 하나다.

ㄱ. 연신공(鍊身功)

무진본 자세로 단정히 앉아서 전신의 긴장을 풀고 마음을 차분히 가라앉힌다.

출식하면서 머리와 상체를 숨결에 따라 서서히 무릎까지 숙인 다음 연식한다.

입식하면서 머리와 상체를 숨결에 따라 서서히 치켜들어 무진본 자세로 되돌아간 다음 연식한다.

상하굴신동작을 임의로 하지 않고 숨결에 따라 움직인다.

머리와 상체를 땅을 향해 수그림은 하늘의 기운과 땅의 기운을 화합하기 위함이다.

머리와 상체를 제자리인 무진본으로 돌이킴은 땅의 기운이 하늘기운과 하나되어 우주 만물을 생성시키고 만물의 영장인 사람을 열기 위함이다.

출식과 더불어 상체를 점점 각도를 넓혀 앞으로 수그릴 때 체중이 좌우 다리의 교차점에 걸리게 되어 무게중심축이 교차점으로 이동하게 된다. 이때 근육과 골격 및 신경이 이완되고 기혈(氣血)과 수액(水液)의 흐름이 원활해지면서 세포활동이 왕성해지기 위한 준비단계에 들어간다.

입식하면서 상체를 거의 반자동적으로 들어올려 원위치 시킬 때 인체 내부의 에너지회로에 기혈의 순환이 활성화되고 세포활동이 왕성해진다.

무게의 중심축이 되었던 다리의 교차점은 서서히 무게의 압력으로부터 벗어나 태정로(太精爐)의 정기 Energy 활력이 증강된다.

입안에 영해정(靈海井)에서 솟아나오는 달콤한 영수(靈水)가 고이기 시작하고 감(感) 식(息) 촉(觸) 해정(海井)으로 흘러 삼로(三爐) 삼방(三房)이 관장하는 에너지 곡창지대에 생명수를 공급한다.

금오문에서 현무문에 이르는 대충맥의 원통이 열리며 만맥천규의 에너지 회로망이 가동되기 시작한다.

ㄴ. 연기공(鍊氣功)

입식과 연식, 출식과 연식은 몸속의 영, 혼, 백체에 에너지를 공급한다.

입식한 후 연식함은 에너지를 고강하게 증강시키고 출식한 후 연식함은 에너지를 순수하게 정화한다.

내가 숨쉰다는 것은 내 몸속의 세포가 숨쉬는 것이요, 원자가 숨쉬는 것이다. 잠자는 세포를 깨우고 원자의 활동이 촉진되면 저절로 활력이 넘쳐 건강해진다.

혼돈 속에서 미립의 알갱이 하나가 암흑 덩어리의 혼돈을 깨트리고 빛의 우주를 열었듯이 내 몸속, 만맥천규의 모든 에너지 회로에 불밝힌다.

ㄷ. 연심공(鍊心功)

"일시무시일"을 마음속으로 묵송(默誦)하거나 길게 소리 내어 영송(永誦)한다.

천기(天氣)도 지기(地氣)도 내 기운(吾氣)도 모두 하나로부터 비롯됐음을 내 영혼과 육신에 불밝히는 작은 영광(靈光)의 불빛이 일깨워준다.

천성로를 낮은 곳으로 내려트려 천성로 지명로, 태정로를 수평되게 하여 삼로의 불길이 균형을 이루고 사정(四井)의 물길이 순조로워져 불길과 물길이 조화를 이룬다.

머릿속의 두뇌가 얼음처럼 차가워지고 수정처럼 맑아진다. 지고지순(至高至純)한 얼음의 불꽃이 타오른다.

"일시무시일" "일시무시일"
신성하고 무구한 태허의 하나여—
영원함이여,

나아갑니다. 환의 나라를 향해 나아갑니다.
대순환의 기운 속에
저의 작은 기운이 티끌같이 휩쓸려 들어갑니다.
모든 불순물을 태워버리고,
순수한 기운이,
순정한 마음이,
지고한 정신이,
추악하고 더러운 저를 깨끗하게 씻어주십시오.

샘솟듯 넘치는 기쁨은
생명의 기운이
내 속의 암흑을 깨트리고,
빛을 향해 솟구치고 있기 때문입니다.

"일시무시일"
새 생명의 탄생을 의미하는,
우주의 첫 호흡입니다.

"일시무시일"
우주 창조의 장엄한 교향곡의 서곡입니다.
울림입니다.
빛입니다.
생명입니다.

2단계 : 석삼극, 무진본(析三極, 無盡本)

시일(始一)을 「삼극으로 나누어도 그 근본에는 다함이 없다」

가. 석삼극(析三極)

시일(始一)을 「삼극으로 나누어도」

ㄱ. 연신공(鍊身功)

무진본 자세로 단정히 앉아 양손 배권하여 하로(下爐)에 얹고 운기조식한다.

입식으로 머리꼭지의 금오문을 통하여 폭포수처럼 쏟아지는 하늘 기운을 받아들인다.

천기(天氣)는 대충맥(大衷脈)상의 삼로(三爐) 삼방(三房), 사해정(四海井)을 통과한 후 현무문에 이르러 연식한다.

출식은 현무문인 회음혈과 장강혈로 취기한 땅의 기운을 대충맥을 통하여 금오문까지 끌어올린 다음 연식(鍊息)한다.

연공이 계속되면 천기와 지기와 나의기(吾氣)와 융합되어 천성로(天性爐), 지명로(地命爐), 태정로(太精爐)로 나뉘어져 성(性) 명(命) 정(精) 기운으로 전환되고 정신과 목숨과 정기의 특성을 가진 Energy체(体)로 바뀌어 몸과 영혼의 생명력을 온전케 한다.

몸의 자세는 처음과 끝이 동일하다.

ㄴ. 연기공(鍊氣功)

마음속으로 "석삼극"을 묵송하거나 길고 느리게 영송한다.

일단 몸속으로 들어온 천기나 지기는 몸의 기와 융합되어 성(性) 명(命) 정(精) 기운으로 나뉘어져도 그 본래 바탕은 「하나」로부터 기원했으니 내 몸은 다름 아닌 환님의 기운이 원동력 되어 생명력을 갖게 된 것이다.

입식은 하늘의 기운을, 출식은 땅의 기운을 모으고 합친다.

무한한 우주의 양기운이 풍요로운 땅의 음기운과 몸 안에서 만나 서로 충전하고 생명에너지를 키운다. 맨 처음의 하나(始一)는 셋으로 분화된다. 몸속에 삼극의 씨앗을 심는다.

태극자리인 태정로(太精爐)는 여름같이 뜨겁게 달궈지고 무극자리 인 천성로(天性爐)는 겨울처럼 차갑다. 반극자리인 지명로(地命爐)는 화후(火候)*의 조절에 따라 봄과 가을이 찾아든다.

이와 같이 몸속에도 춘하추동 4계절이 있어 운기조식의 강약에 따라 체내의 기온과 기후가 변화하고 반전되기도 한다.

ㄷ. 연심공(鍊心功)

11대 도해단군 재위시 선인 유위자(有爲子)께서 이르시기를 "하늘과 땅과 사람의 형상에서 마음과 몸과 기운을 유추할 수 있는데 하늘의 형상인 이응(ㅇ)에서 내 마음의 기틀을 보고, 땅의 형상인 미음(ㅁ)에 서 내 몸의 모양을 보고, 사람의 형상인 시옷(△)에서 내기(吾氣)의 주 관함을 알 수 있다"고 설파하셨다.

내 마음과 내 몸과 내 기운이 모두 우주의 마음, 우주의 몸, 우주의 기운과 연관되어 있음을 깨달아 우주의 작은 복사품임을 고대 선인은 극명하게 보여주고 있다.

맨 처음의 하나(始一)를 삼극으로 나눈다는 것은 시일(始一)의 에너

{ * 화후(火候) : 몸 안의 음·양 기운의 강약을 조절하는 호흡방법.

지가 분화되고 발전됨을 의미한다.

　인간은 영·혼·백체를 담을 수 있는 그릇인 육신이 있기에 사고하고 행동할 수 있는 삶을 소유하게 된다. 그러나 부질없는 여러 상념에 사로잡히게 되면 끊임없는 의식의 부침이 선공수련의 장애요인이 되어 선공은 진도를 나아가지 못하고 제자리를 맴돌게 될 것이다.

　선공시 눈을 감는다는 것은 깊은 상념의 바다로 뛰어드는 것이다. 눈을 반만 뜬다거나 완전히 눈을 뜬 상태로 연공한다. 빛이 내 안을 비춰 갖은 상념과 망상을 일거에 부숴버릴 것이다.

　선공은 두뇌를 발달시켜 지능을 키우는 머리 좋아지는 공부가 아니다. 덕과 지혜와 내공력을 닦아 홍익인간의 길을 지향함에 있다.

나. 무진본(無盡本)

「…… 그 근본은 다함이 없다.」

선차 ①　　　　　　　선차 ②

ㄱ. 연신공(錬身功)

무진본 자세로 단정히 앉아 양 손목 무릎 위에 올려놓고 운기조식한다. 선공의 바로 앉는 기본자세는 무진본이다.

체중이 두 다리 교차점에서 실리도록 상체를 전면으로 1°~2° 정도 기울인다. 양 다리 교차점에 체중이 적당히 실려 있어 경추에서 미골에 이르기까지 척추와 하반신이 긴장상태에서 벗어난다. 어깨와 팔도 가벼워진다. 척추가 골반에서 90° 직각을 이룬 상태는 전 체중이 미골과 골반에 몰리게 되어 시간이 경과할수록 머리와 상체의 체중에 의해 전신이 피로해진다.

무진본 자세를 취하고 마음을 차분히 가라앉히면 몸 안의 기운은 저절로 주류(周流)하게 된다. 특별한 호흡이나 운신을 하지 않아도 기(氣)는 제 갈 길을 알고 있어 스스로 돌아간다.

신통한 것은 다름이 아니라, 우리가 숨쉬고 있는 살아있는 생명체라는 점이다.

몸은 평소에도 누가 시키지 않아도 기운이 스스로 돌아가고 있는데 단지 자신이 그것을 느끼지 못했을 뿐이다. 무진본과 같은 아주 간단한 자세만 취해도 오묘한 인체는 하늘과 땅과 사람의 기운이 어떻게 화합하는지를 정확히 인지한다. 한 치의 오차도 없이 평소보다 기운행을 활성화했기 때문이다.

선차의 무진본 연신공은 무진본 자세를 흐트러트리지 아니하고 운기조식하는 것이며

후차는 입식하면서 무릎 위에 올려놓은 양손의 손목을 무릎 위에 붙인 채 양손을 부챗살같이 활짝 펼쳐서 위로 치켜 올린 다음 연식한다.

출식하면서 양손을 서서히 무릎 아래서 내려트리고 연식한다.

후차

ㄴ. 연기공(鍊氣功)

마음속으로 "무진본"을 묵송하거나 길고 느리게 영송한다.

선차 : 무진본 자세로 입식한다. 기동이 일어나 외부의 기운과 내부의 기운이 팽팽히 맞서는 듯 대립적 기의 파장이 피부 전체에 찌릿찌릿하게 느껴진다. 기의 전류적 파장이 빚는 현상이다. 연식하는 동안 외기(外氣)와 맞서고 있는 내기(內氣)의 기운이 고강해진다.

출식시 외부의 기파는 대립세에서 내기(內氣)와 화합을 이루고 균형을 유지한다. 서서히 대충맥상의 관과 문이 작동을 개시하여 개폐작용을 시작한다. 연식시 영해정(靈海井)의 영해수가 파동을 시작한다.

연공을 계속하면 몸 안의 기장은 천성로, 지명로, 태정로의 삼로를 중심으로 재편되고 정비된다.

후차 : 입식하면서 양손을 부채살같이 펼쳐서 치켜올리면, 외부의 기운 중 오행의 기운만 독맥의 수성관, 금성관, 토성관, 화성관, 목성관으로 들어와 태신방(太身房)으로 밀려든다.

연식시 오행의 기운은 태신방을 거쳐 태정로(太精爐)에서 연정된다.

출식하면서 양손을 무릎 아래로 서서히 내려트리면 좌측손의 청룡문과 우측손의 백호문이 열려 청룡문과 백호문으로 몸 안의 탁기와 사기가 배출된다.

출식 후 연식시 청룡문과 백호문에서 응취된 목기와 금기가 금오문의 화기, 현무문의 수기, 황웅문의 토기와 융합되어 음·양의 기운이 균형과 조화를 이룬다.

입식시 취입된 물기운, 금기운, 토기운, 불기운, 목기운 등은 각각 해당 관을 열고 들어와 태정로에서 융합된다.
출식시 태정로에서 융합된 오행의 기운은 촉해정(觸海井)을 거쳐 연정화기(鍊精化氣)된다.

ㄷ. 연심공(鍊心功)
무진본은 영겁의 Energy
영겁의 소리와 빛이 와 닿는다.
머리골 속에 내려와 움트는
「근본의 씨앗」─
깊은 진동의 파장이
빛살처럼 빠르게
영·혼·백체에 퍼져나간다.
무구한 영겁의 빛─,
내 두 눈을 멀게 한다.

환은 무진본,
셋으로 나누던 억만으로 나누어도
다함이 없는 영원한 환,
나
환을 숨쉬고 있다
영원한 선계와
찰나의 속계에서
환의 내가
눈을 뜬다.

칠흑 같은 암흑 속
빛의 작은 점이 암흑의 덩어리를 뚫고
천 갈래 만 갈래 쏟아져 나온다.
희열의 극치
다함이 없는 은혜와 사랑이
무진본이다.

3단계 : 천일일(天一一) 지일이(地一二) 인일삼(人一三)

「하늘의 정신을 받은 성품이 첫째요, 땅의 생명을 받은 목숨이 둘째요, 사람의 정기가 셋째다」

가. 천일일(天一一)

양(陽)의 바탕인 천일(天一)은 정신(性)에너지의 본원으로 만물의 으뜸이다(一). 우주 만물의 정신이 천성(天性)에서 비롯됐다.

ㄱ. 연신공(鍊身功)

무진본 자세로 단정히 앉아 입식의 숨결에 따라 양손을 서서히 하늘로 추켜올리는 「만공세」를 취한다. 연식하면서 양손 손바닥을 땅을 향해 뒤집는다.

출식의 숨결에 따라 양손을 서서히 밑으로 내려트린다. 연식시 양손 손끝이 지표(地表)를 향하게 한다.

의식적으로 팔을 들어올리거나 내리지 않고 숨을 들이마시면 저절로 팔이 올라가고 숨을 토하면 팔이 내려간다. 마치 기지개를 켜는 원리와 같다.

양팔로 하늘을 가리킴은 인간이 천일(天一)인 환의 기운에 닿고자 열망하는 몸짓이다. 만물의 기운이 가득한 외기(外氣)의 장벽을 깨트리고 환성(桓性)에 닿는다.

「무진본」 선공시 외기(外氣)와 내기(內氣)가 팽팽히 맞서는 견제와 균형을 이루었다면 「천일일」은 고강해진 내기(內氣)가 외기(外氣)를 제압하고 외기를 꿰뚫어 「환의 터널」로 치달린다. 이는 내공력이 외기(外氣)를 조종할 수 있는 제3단계에 와 있음이다.

ㄴ. 연기공(鍊氣功)
마음속으로 "천일일" 묵송하거나 길고 느리게 영송한다.

입식하면서 양팔을 서서히 들어올려 수평이 되었을 때 양손을 뒤집어 손바닥이 하늘을 향하게 하고 계속 입식하면서 양손을 하늘을 향해 추켜올린다. 양손이 수평이 되기 전까지는 「청룡문」과 「백호문」에서 강하게 몸 안의 음·양 기운이 응취되고 있음을 느낀다.

손목을 틀어 양손을 하늘을 향해 추켜올릴 적에 비로소 강렬한 천기(天氣)가 「청룡문」과 「백호문」을 통해 취기된다.

연식하면서 손바닥을 땅을 향해 뒤집었을 때 마치 머리의 상단 부위가 열리듯이 「금오문」이 열리기 시작한다.

출식하면서 양손을 내려트리면 「금오문」을 통해 천기가 쏟아져 들어와 대충맥을 통해 「현무문」까지 내려간다.

선공을 계속하면 신체 외부를 둘러싸고 있는 외기를 밀어내고 밀어낸 그 자리를 나의 성체(性体) 에너지가 점령한다. 외부의 성체(性体) 에너지 형성은 인체 내의 최심층부의 성(性) 에너지가 외부로 발현된 것으로 오라(Aura)의 여러 가지 색조를 나타낸다.

천성로(天性爐)의 불꽃이 밝게 빛나기 시작한다. 천성로에서 발사된 금가락지(金指環)같이 생긴 발광체가 쏜살같이 대충맥을 날아다니면서 대충맥 속의 불순생물체를 공격하기 시작한다. 애벌레와 같이 생긴 불순생물체들이 집단으로 「금지환」을 공격하지만 「금지환」이 닥치는 대로 불순생물체를 도륙한다. 「금지환」이 불순생물체에 닿기만 해도 불순생물체는 절단되고 격파된다. 이때 연공자는 신체 내부에 뜨끔뜨끔 하는 통증을 수반한다. 「금지환」의 에너지가 소진되면 다시 천성로 돌아가 에너지를 충전한 후 불순생물체 제거작업을 계속한다.

불순생물체는 몸 안에 많은 「알」을 배고 있다. 「금지환」 원반이 불순생물체를 죽일 때 그 알마저 죽여 버리므로 몸 안에 독성이 퍼져나간다.

「금지환」의 불순생물체 제거 작업이 완료되면 영해정(靈海井)에서 영해수(靈海水)로 대충맥을 씻어내기 시작한다. 몸 안이 시원해지면서 물이 씻겨져 내리는 물 흐르는 소리를 듣게 된다. 「금지환」은 천성로로 복귀한다. 내면의 시야(視野)가 넓어지고 내적(內的) 청력(聽力)의 범위가 확대된다. 대충맥의 불순생물체 소탕작업으로 연성(鍊性)의 공력이 높아진다.

「천일일」 진성법(眞性法)은 정충(精充) 기장(氣壯) 신명(神明)의 원칙을 뒤집어 곧바로 정신을 밝혀 기운을 장하게 하고 이 기운이 정(精)을 충만케 한다.

ㄷ. 연심공(鍊心功)
환은 청진대(淸眞大)의 몸
만물을 천성(天性)으로 통하게 한다.

형태도 없이
다가와
거룩한
청진대의 위력으로
불순함을
토멸한다.

창조하며
파괴하는
절대지고의
권능이,
우주의 질서를
확립하고
내 몸의 영혼 속에
무구한
성광(性光)의 불꽃
타오르게 한다.

그윽하고
무구한
청진의 향기여—
하늘 높이 두팔 벌려
맞이하나이다. 천일일! 천일일!

나. 지일이(地一二)

음(陰) 에너지의 바탕인 지일(地一)은 만물로 하여금 각기 생명을 갖게 함으로 두 번째(二) 서열에 오른다. 지선(至善)을 유일한 법력으로 삼아 이를 선성대(善聖大)의 몸이라 칭한다.

ㄱ. 연신공(鍊身功)

무진본 자세로 단정히 앉아 출식의 숨결에 따라 머리와 상체를 깊숙이 숙이고 연식한다.

상체를 밑으로 숙인 상태에서 입식하고 연식한다.

계속 상체를 땅을 향해 숙인 상태에서 출식하고 연식한다.

입식의 숨결에 따라 상체를 서서히 일으켜 무진본 자세로 돌아간 다음 연식한다.

무진본 자세에서 출식하면서 상체를 땅을 향해 수그림은 연공자가 곰님에게 다가가기 위한 자신의 에너지를 바치는 자기공양의식이다. 비록 무릎을 꿇지 않고 무진본 자세를 취했으나 이마가 땅에 닿을 정도로 다가가 지근거리에서 곰님의 에너지를 깊이 느낄 수 있다.

「지일(地一)」은 만물을 낳고 화육하는 생명의 어머니, 곰님이다. 나의 기(吾氣)가 외기(外氣)를 제치고 지중(地中)에 닿기도 전에 곰님의 자애로운 기운이 내 몸을 감싸고 지명관(地命關)과 현무문(玄武門)을 통하여 취기된다.

「지일(地一)의 기운이 몸 안에 쌓이기 시작한다. 지명로에서 연성(鍊成)된 지일(地一)의 기운이 만맥천규로 송출된다.

ㄴ. 연기공(鍊氣功)

마음속으로 "지일이" 묵송하거나 길고 느리게 영송한다.

지기(地氣)가 밑에서 괴어주고 천기(天氣)가 강하게 위에서 눌러주어 서로 견제하며 팽팽히 맞서다가 홀연히 지기(地氣)가 지명관(地命關)과 현무문(玄武門)을 통하여 취입된다.

식해정(息海井)의 해수(海水)가 화후(火候)를 조절하여 지명로(地命爐)에서 연성된 지기(地氣)가 진명(眞命) 단계에 이르면 대충맥을 통하여 만맥천규로 주류하다가 신체 외부로 발산되어 외기(外氣)를 밀어내고 명체(命体) 에너지가 그 자리를 차지한다.

천일(天一)의 성체(性体) 에너지와 마찬가지로 인체 내 심층부의 명체(命体) 에너지가 외부로 발현된 것으로 오라(Aura)의 색조현상을 나타낸다.

지명로(地命爐)는 오행의 중심이 된다. 좌측에 나무(木氣) 에너지, 우측에 쇠(金氣) 에너지가 지명로를 중심으로 수평으로 회전하고 화기는 상단에서 수기는 하단에서 「지명로」의 토기를 중심으로, 수직으로 회전한다.

진명(眞命)으로 연성된 지기(地氣)는 오행의 기운인 금기(金氣) 등의 기운을 융합하고 수급량을 조절하여 천성로(天性爐)와 태정로(太精爐) 및 삼방(三房) 사해정(四海井)에 명기(命氣)를 적절히 공급한다.

지기(地氣)와 내기(吾氣)가 융합된다. 무엇이 지기(地氣)이고 무엇이 명기(命氣)인지 구분할 수 없다. 모두가 일기(一氣)인 것을 내기(吾氣)의 주관함에서 깨닫게 된다.

하늘의 기틀(機)도 없어지고 땅

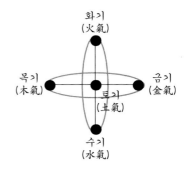

의 모양(像)도 없어진다. 하늘도 땅도 사라지고 나도 간 곳 없는데, 나는 천지가 없다는 것을 어떻게 의식하고 있는 것일까—.

ㄷ. 연심공(鍊心功)
곰은 선성대(善聖大)의 몸
만물로 하여금
생명을 갖게 한다

하는 바 없이
포용하고
선성대(善聖大)의 법력으로
모든 생명
낳고 기른다

지고지선(至高至善)으로
무한한 은혜 베풀며,
극진한 정성으로
혼의 구연(俱衍)
가르치시니,

거룩한 어머니
넓고 넓은 대지여
보답할 길 아득합니다.

마지막 육신이
돌아갈 곳도

아늑한
곰님의 품안입니다.

다. 인일삼(人一三)

반음(半陰) 반양(半陽)의 태극 에너지인 인일(人一)은 만물로 하여금
각기 정(精)을 보존케 하여 세 번째(三) 서열에 오른다. 덕량(德量)을
최고무상(最高無上)으로 삼아 이를 미능대(美能大)의 몸이라 칭한다.

ㄱ. 연신공(鍊身功)

무진본 자세로 단정히 앉아 두 손목을 양 무릎 위에 얹은 상태에서
출식의 숨결에 따라 머리와 상체 그리고 두 팔과 두 손을 서서히 좌측
으로 이동한 후 연식하면서 경추(목) 부위와 요추(허리) 부위를 좌측으
로 약간 힘주어 틀어준다. 이때 시선은 왼쪽 손끝의 이동 방향을 따라
간다.

입식의 숨결에 따라 머리와 상체, 양팔을 서서히 우측으로 이동한 후
연식하면서 경추부위와 요추부위를 우측으로 약간 힘주어 틀어준다.

동일한 방법으로 출식의 숨결에 따라 머리와 상체 팔 등을 좌측으로 이동한 다음, 연식하면서 경추부위와 요추부위를 좌측으로 더욱 틀어준다.

입식하면서 머리와 상체, 팔 등을 우측으로 서서히 이동하다가 정중앙 선상에 이르러 무진본 자세로 돌아온다.

신체이동은 인위적이 되어서는 안 되며 호흡에 의한 기에너지의 연동력에 따라 자발적으로 움직여져야 한다. 마치 꿈속에서 움직이듯 스스로 연공이 이루어진다.

인일(人一)은 만물로 하여금 정(精)을 보존케 하는 음과 양이 화합한 태극(太極)이며 태극의 화신인 선(仙)님이다.

지일(地一)의 기운이 현무문(玄武門)으로 쇄도하여 촉해정(觸海井)과 식해정(息海井)을 거쳐 지명로(地命爐)에서 연성된다.

천일(天一)의 기운은 금오문(金烏門)을 통하여 영해정(靈海井)을 거쳐 천성로에서 연성된다.

천일(天一) 에너지는 하위 에너지인 기 에너지로 전환되고 지일(地一) 에너지도 하위 에너지인 정(精) 에너지로 전환되어 다시 태정로(太精爐)에서 융합되어 순수한 진정(眞精)으로 차원 높게 발양된다. 태신방(太身房)이 열리고 촉해문(觸海門)이 열린다. 연공을 거듭할수록 탁정(濁精)이 진정(眞精)으로 순수해진다.

ㄴ. 연기공(鍊氣功)

마음속으로 "인일삼"묵송하거나 길고 느리게 영송한다.

금오문(金烏門)을 통과한 천일(天一) 에너지와 현무문(玄武門)으로 쇄도한 지일(地一) 에너지가 천성로와 지명로에서 각기 연성된 후 대충맥 내에서 음과 양의 감응현상을 빚는다.

몸 안에서 두 줄기 에너지가 서로 뒤엉켜 요동치다가 한 줄기 빛으로 합쳐지는 듯한 쾌감이 만맥천규로 퍼져나간다.

출식하면서 양팔 양손을 뻗쳐 좌측으로 머리와 몸통이 서서히 이동할 때 음양의 기운이 교감하면서 몸 안의 독소와 탁기가 양손 끝으로 배출된다.

입식하면서 양손을 뻗쳐 서서히 우측으로 머리와 상체가 이동할 때 오행(五行)의 에너지가 양손 끝으로 취기된다. 엄지로 수기(水氣), 검지로 금기(金氣), 중지로 토기(土氣), 약지로 화기(火氣) 소지로 목기(木氣)가 들어와 몸 안의 수, 금, 토, 화, 목 에너지와 합성된 후 태극상태로 돌입하기 직전의 지일(地一) 에너지와 천일(天一) 에너지를 둘러싸고 탁기와 사기(邪氣) 등이 범접하지 못하도록 수호한다.

인일(人一) 에너지가 진정(眞精)으로 연성된 후 대충맥과 만맥을 주류하다가 신채 외부로 발산되어 외기(外氣)를 밀어내고 정체(精体) 에너지가 그 자리를 차지한다.

인체 내의 명체(命体) 에너지 외곽부의 정체(精体) 에너지가 외부로 발현된 것으로 연성도의 높고 낮음에 따라 오라(Aura)의 여러 가지 색조현상을 나타낸다.

진정(眞精)의 연성은 제철의 단조 과정과 동일하다. 금속을 가열하여 두드리고 냉각수에 냉각시켰다가 다시 가열하기를 백 번 거듭하여 완전히 불순물을 제거해야 진정(眞精)을 연성할 수 있다.

순도 100%의 정금(正金)을 만드는 선공이 인일삼(人一三)이다.

이제 연공자는 하늘과 땅과 자신의 기운을 알고 무극, 반극, 태극의 기운을 융합하고 운용할 수 있음을 터득하게 되었다.

어렴풋이나마 인체는 단지 하나뿐인 신체만이 전부가 아니요 영·혼·백체의 정신적인 영역과 신체적인 몸으로 구성된 복잡다단한 에너지로 짜여진 영적 존재임을 깨닫게 되었다.

고대 선인의 지혜와 영성을 통해 인간 내부에 감춰져 있는 차원 높은 영적 Power를 개발하는 선공이 자기 구원을 위한 영적인 양식이 되고 잃어버린 자아(自我)를 찾는 길잡이가 된다는 점을 몸소 체득하게 된다.

ㄷ. 연심공(鍊心功)

선(仙)은 미능대(美能大)의 몸.
만물로 하여금
정기(精氣), 보존케 한다.

병든 이 세상 치유하기 위해,
지극한 은덕, 베푸시어
말씀 없이 이루신다.

백련철로
항마신검 주조하듯이
백 번 담금질에 수천 번 때려
자신을 개벽하는
아름다움이여—.

하늘도 감동하고
땅도 화답하여
구원으로 가는

뱃길 열어줍니다.

최고무상(最高無上)의
아름다움은
잃어버린 나를 찾는 것입니다.
그리고
나를 구원하는 것입니다.

2) 일적법(一積法)

혼돈에서 우주가 생성된 후 하나의 음기운이 기동하여 에너지를 쌓고 모으는 법이다.

4단계 : 일적십거(一積十鉅) 무궤화삼(無匱化三)

「하나가 모여 열로 커진다. 틀이 없는 것을 셋으로 만들면······」

가. 일적십거(一積十鉅)

지일(地一)의 음기운이 진명(眞命) 에너지로 연성되어 발양되면 천일(天一)의 양기운인 진성(眞性) 에너지가 이에 호응하고 교합하여 열(十)을 이룬다.

ㄱ. 연신공(鍊身功)

선차 : 묘연만 자세로 서서 양 무릎을 약간 구부린 상태에서 입식의 숨결에 따라 양팔을 옆으로 서서히 들어올리고 연식한다.(몸통에서 양

| 선차 | 후차① | 후차② |

팔을 약 45° 정도 들어올림)

출식하면서 양팔을 숨결에 따라 몸통 쪽으로 서서히 내려트리고, 연식한다.

후차 : 묘연만 자세로 무릎을 구부리지 않고 곧바로 서서 입식의 숨결에 따라 양팔을 옆으로 서서히 들어올리면서 체중을 양 발바닥의 안쪽 가장자리로 옮기고 연식한다.

출식의 숨결에 따라 양팔을 몸통 쪽으로 서서히 내려트리면서 체중을 발 바깥쪽 가장자리로 옮기고 연식한다.

⇨ 2차 연공시에는 무릎을 곧바로 펴고 다리와 척추를 약간 Strech up(쭉 편 상태)한 상태에서 연공한다.

입식과 출식에 따라 체중이 발 내측선과 외측선으로 이동할 때의 기운의 향방을 감지한다.

「묘연만」 자세는 항상 「족4대문」인 「백시」「백종」문으로 지표를 딛고 서서 지기(地氣)가 응취됨과 내기(吞氣)가 들고 나감을 잘 감지해야 한다.

ㄴ. 연기공(鍊氣功)
마음속으로 "일적십거무"라고 묵송하거나 길고 느리게 영송한다.

선차 : 입식하면서 서서히 양팔을 옆으로 들어올릴 때 왼손의 「청룡문」과 오른손의 「백호문」이 열려 손바닥에 큰 구멍이 뚫린 듯 외기의 기운을 취기하고 출식시 몸 안의 음·양 기운이 장풍처럼 쏟아져 나온다. 「족사문」으로부터 지기(地氣)가 취기되어 나의 기(吾氣)와 함께 돌아간다.

후차 : 입식의 숨결에 의해 양팔이 옆으로 저절로 들어올려지고 체중이 발 내측 가장자리로 옮겨지면 몸 안의 지일(地一) 기운이 기동하여 「현무문」인 회음혈과 장강혈이 열리고 골반 전체가 확장되어 「촉해문」과 「태신방」「태정로」에 빠르게 지일(地一) 기운이 퍼져나가 「식해정」을 거쳐 「지기방」과 「지명로」로 확산되어 간다.
연식하면서 지일(地一)의 음기운이 더욱 연성되어 진명(眞命) 기운으로 승화된다.
출식의 숨결에 의해 양팔 저절로 내려오고 체중이 발 외측 가장자리로 옮겨지면 「금오문」으로 쇄도한 천일(天一)의 양기운이 「천성로」에서 진성(眞性) 에너지로 연성된 후 「천심방」에서 「영해정」과 「감해정」을 거쳐 「지명로」를 향해 내려가 진명(眞命) 에너지와 합일된다.
드디어 열(十) 에너지가 새롭게 등극(登極)한다.

⇨ 연공을 계속할수록 열(十) 에너지가 자라나 주먹만한 큰 광명구

슬이 된다. 이 광명구슬을 「천심방」과 「영해정」을 밝히고 하강하면서
더욱 커지고 밝아진다. 「감해정」을 통과하면서 광명구슬로부터 쏟아
지는 빛이 「지명로」「지기방」「식해정」을 비추고 「태신방」「태정로」
를 통과하여 「촉해정」을 밝힌다. 삼로, 삼방, 사해정의 에너지가 빛으
로 화하여 광명구슬로 모아들고 광명구슬이 되비춰 준다.

만맥천규를 다 비춘 빛줄기는 마침내 몸 밖을 통과하여 몸 전체가
천 갈래 만 갈래 휘황찬란한 빛을 발하는 발광체로 변한다.

오직 빛이 있을 뿐이다. 그 빛은 우주를 향하여 쏘아지고 그 빛의
몸체는 별이 되어 천원의 빛을 되받는다.

광명으로 통하는 홍익인간의 에너지로 환원되었다.

선과 악도 없다.

맑고 흐림도 없으며

두텁고 엷음도 없는데

마음과 기운과 몸이 있을 수 있을까.

오직 빛이 있을 뿐이다.

기쁘고, 두렵고, 슬프고, 노엽고, 욕망하며 싫어하는 것조차 투명한 빛.

오직 빛이 있을 뿐이다.

아름답고 추함도 빛의 분자

오직 빛이 있을 뿐이다.

ㄷ. 연심공(鍊心功)

반듯이 서서 입식에 의해 양팔을 들어 올리고 출식에 의해 양팔을
내려트리면서, 체중을 발 안쪽 가장자리로 옮겼다가 바깥쪽 가장자리
로 옮기는 동작은 무엇을 뜻하는가.

한 마리의 대붕이 땅을 박차고 하늘로 비상하기 위한 날갯짓이 아닌가.

불사조인 삼족오 금까마귀가 자신이 태어난 태양을 향해 날아오르기 위한 날갯짓이다.

광명으로 통하는 금오문(金烏門)이 열려 홍익인간의 영체인 삼족오 금까마귀가 힘차게 비상하여 천원(天元)을 향해 날아오른다.

「일적십거무」의 자세는 금까마귀가 태양을 향해 비상하는 날갯짓이다.

청료문과 백호문이 열려 엄청난 기운을 분사하고 백시문 백종문이 열려 땅의 기운과 나의 기운이 상통하며 현무문과 금오문이 열려 대충맥을 관통하니 극상(極上)의 기운이 응취되고 발공된다.

드디어 영체가 금오(金烏)로 발현하여 푸른 하늘을 빛살보다 빠르게 날아간다.

연공자여 그대의 영체는 금까마귀.

태양을 향해 날아간다.

인간개벽을 위한 열린 사람 홍익인간이 구원의 황금빛 되비추어 준다.

나. 무궤화삼(無匱化三)

우주 에너지의 자궁인 유궤에서 일적일거십(一積｜鉅十)을 이루어 탄생한 홍익인간은 무궤 속의 황금알을 부화시켜 새로운 세(三) 에너지를 창출한다.

ㄱ. 연신공(鍊身功)

선차 :「묘연만」자세로 서서 양 무릎을 약간 구부린 상태에서 입식의 숨결에 따라 양팔을 앞으로 서서히 들어올리고 연식한다. (몸통에서 양팔을 앞으로 45˚ 정도 들어올림)

출식하면서 양팔을 숨결에 따라 몸통 뒤까지 서서히 내려트리고 연식한다.(몸통에서 양팔을 뒤로 약 45˚ 정도 들어올림)

선차①   선차②

후차①   후차②

후차 : 묘연만 제세로 양 무릎을 구부리지 않고 곧바로 서서 입식의 숨결에 따라 양팔을 앞으로 서서히 들어올리면서 체중을 「백시문」으로 이동한 후 연식한다.

출식의 숨결에 따라 양팔을 몸통 뒤쪽으로 서서히 내려트리면서 체중을 「백종문」으로 이동한 뒤 연식한다.

⇨ 1, 2차 연공시 몸 안에 주류하는 기운의 향방이 어떻게 변화하는가를 감지한다.

「일적십거」 연공시 신체 변화의 다른 점이 무엇인지 포착한다.

「금오문」에서 「현무문」에 이르는 「대충맥」 내의 「삼로」 「삼방」 「사해정」의 반응과 변화를 감지한다.

ㄴ. 연기공(鍊氣功)

마음속으로 「무궤화삼」이라고 묵송하거나 길고 느리게 영송한다.

1차 입식하면서 서서히 양팔을 앞으로 들어올릴 때 왼손의 「청룡문」과 오른손의 「백호문」이 열려 손바닥에 큰 구멍이 뚫린 듯 외기의 기운이 쇄도해 들어오고 출식시 몸안의 음·양 기운이 「청룡문」과 「백호문」을 통하여 회오리바람처럼 사출된다.

「족사문」으로부터 지기(地氣)가 취기 되어 「현무문」을 통해 나의기(吾氣)와 함께 「대충맥」으로 상승한다.

2차 입식의 숨결에 의해 양팔이 앞으로 저절로 들어 올려지고 체중이 「백시문」으로 이동된다. 지기의 일부는 「현무문」의 회음혈을 통과하여 대충맥으로 상승하고 일부는 장강혈을 통해 독맥으로 상승한다.

또한 「금오문」으로 쇄도한 천기(天氣)가 대충맥으로 하강한다.

연식하면 「태일(太一)」의 기운이 기동하여 하로(下爐)외부의 「태신방(太身房)」을 열고 신체의 전 에너지화로에 「태일」의 기운을 확산시켜 파급한다.

출식의 숨결에 따라 양팔이 저절로 내려오면서 몸 뒤로 이동하고 체중이 「백종문」으로 옮겨지면 「태일(太一)」의 기운이 상승하여 중로(中爐) 외부의 「지기방(地氣房)」을 열고 상승하여 상로(上爐) 외부의

「천심방(天心房)」을 연다.

　연식하면 「천일」의 기운이 하강하면서 사해정(四海井)인 영해정(靈海井), 감해정(感海井), 식해정(息海井), 촉해정(觸海井)을 차례로 연다.

　⇨ 연공을 계속할수록 「금오문」에서 「현무문」에 이르는 「대충맥」이 확연히 형성된다.

　「일적일거」에서 형성된 태일(太一)의 홍익인간 에너지는 새로운 에너지로 진화하기 위해 진성(眞性), 진명(眞命), 진정(眞精) 에너지를 융합한 진일(眞一) 에너지의 "황금알"을 부화시켜 새로운 세(三) 에너지를 탄생시킨다.

　ㄷ. 연심공(鍊心功)

　세발 달린 황금까마귀

　홍익인간의 영체

　환으로 가는 길

　열기 위해서

　진일(眞一)의 황금알

　잉태하였네

　천원의 기운으로

　숨쉬는 황금알

　강철보다 단단한

　형체도 없는

　무궤를 깨트린다

새 생명
태어나는 진통이
황금알
캄캄한 산도(産道) 속을
상승하고
하강시킨다

드디어 중심이 열려
영광(靈光)의 빛
대충맥을 관통한다

스스로 개벽하기 위하여
태양새의 황금알
껍질을 깨는
아픔을 이겨내고
새로운 생명을
탄생시킨다

천원으로
돌아가기 위해
세발 달린
황금 까마귀
힘차게 날아오른다

5단계 : 천이삼(天二三) 지이삼(地二三) 인이삼(人二三)

진일(眞一)의 황금알이 부화하여 「제2의 하늘」 「제2의 땅」 「제2의 사람」을 낳고 다시 「제3의 하늘」 「제3의 땅」 「제3의 사람」으로 진화된다.

가. 천이삼(天二三)

황금알에서 부화된 「제2의 하늘」은 "마음(心)"이요 「제3의 하늘」은 "깨달음(感)"이다.

ㄱ. 연신공(鍊身功)

묘연만 자세로 곧바로 서서 입식의 숨결에 따라 만공세를 취하고 연식 하면서 양손 머리 위에서 합장한다.

출식의 숨결에 따라 합장한 손 「감해정(感海井)」으로 내려트리고 연식한다.

「천 ― 이 ― …」라는 구호에 맞춰 입식하면서 양팔과 양손 좌우로 활짝 펼치고 연달아 「삼!」의 구호에 따라 좌우의 「청룡문」과 「백호문」을 힘껏 부딪쳐 손뼉을 치고 연식한다.

⇨ 입식시에는 체중을 숨결에 따라 「백시문」으로 옮기고 출식시에는 체중을 숨결에 따라 「백종문」으로 옮기는 것을 잊지 말아야 한다.

ㄴ. 연기공(鍊氣功)

입식할 때 「금오문(金烏門)」으로 쇄도한 천기와 「백시문(百始門)」으로 취기된 지기가 「감해정」에서 상응하고 「청룡문」과 「백호문」을 마주쳐 발생된 강렬한 에너지 파동이 「감해정」을 열고 「영해정(靈海井)」과 천심방(天心房)」의 에너지를 높은 차원으로 승화시킨다.

「영해정」의 「영해파(靈海波)」와 「감해정」의 「감해파(感海波)」가 체외로 방출되어 머리둘레와 가슴둘레의 "가로파장"을 형성한다.

「천심방」의 에너지도 체외로 시출되어 영체(靈體)에 소속된 심체(心體)를 체외에 형성한다.

연공이 깊어질수록 머릿속이 맑아져 머릿속에 고드름이 박히듯 시원해지고 고드름의 얼음이 녹아내리듯 「영해정」의 영수(靈水)가 하강하여 입안을 향기가 감미로운 수액으로 가득 채운다. 「삼로(三爐)」 「삼방(三房)」 「사해정(四海井)」을 주류하여 탁기와 탁정 사기(邪氣)를 정화하고 구축한다.

차가운 영수가 「촉해정(觸海井)」까지 하강하여 대충맥(大衝脈)에 한파가 몰아치면서 「금오문」에서 「현무문」에 이르는 대충맥에 일직선의 빙맥(氷脈)이 형성된다.

「삼로」의 불꽃 에너지와 빙맥의 수정(水晶) 에너지가 조화를 이루면서 무한한 기쁨이 샘솟고 화평한 마음과 무념무상의 깨달음이 피안을 향해 고요히 배 저어 간다. 여명이 밝아오듯 만맥 천규에 에너지가 파동쳐온다.

ㄷ. 연심공(鍊心功)

태초에 인류의 역사는 하늘의 "접화군생(接化群生)"의 도리에 의해 만물과 함께 진화와 발전을 거듭했다.

천이삼(天二三)의 「제2의 하늘」은 "마음(心)"이요, 「제3의 하늘」은 "깨달음(感)"이라는 비의를 담고 있으니 이 "마음과 깨달음"을 담고 있는 황금알이란 도대체 무엇인가. 그것은 환성(桓性)을 이어받은 "하늘의 정신" 곧 "인간의 정신"이 아니던가.

이와 같은 「천이삼」의 비의를 깨달았으니 기쁨에 넘쳐 손뼉을 마주치는 것이다.

바람과 나무, 물과 불, 쇠붙이와 바위, 달빛과 백목련, 새소리와 새벽 모든 삼라만상이 자연과 어우러져 숨쉬고, 고뇌하며 영적인 각성을 통해 높은 단계로 성장하고 결국은 자연의 품안으로 회귀한다.

모든 만물의 숭고한 이상은 영적인 진화를 지향하고 있으며 이러한 삶이 궁극의 목표에 도달하지 못한다 하더라도 무명(無明)의 소아(小我)에서 자아를 발견하는 삶 자체가 소중한 가치로서 치부될 것이다.

참을 추구하고 선을 지향하며 아름다움을 구현하는 길이란 자아의 발견에서 비롯된다. 비록 아주 작은 사랑의 씨앗이 마음 속에서 싹트고 진정한 느낌으로 전해올 때 식물이든 동물이든 사람이든 자신의 협소한 영적인 지평을 뛰어넘어 대평원을 가로질러 하늘의 실크로드로 달려갈 수 있다.

앞서 간 선인들은 그 비밀통로를 무수히 오고 가면서 뒤에 오는 사람들을 향해 빛을 비쳐주고 있다.

범골(凡骨)에서 선골(仙骨)로 환골이신 된다 하였으니 연공이란 신라의 귀족제도인 골품제도가 아니다. 우리 모두가 범인(凡人)이다. 그리고 선인(仙人)이 될 수 있다.

그냥 가면 되는 것이다. 바람을 만나면 바람과 함께—, 구름을 만나면 구름과 함께— 그렇게 가면 된다.

"마음과 깨달음" 그것은 하늘의 것이라기보다 우리 인간의 것이다.

"무형의 틀"을 깨고
황금알을 부화시킨다는 것은
깊은 내면의 의식 속에서
환성(桓性)의 비밀통로를 개척하는 것
모든 거짓과 위선을
불사르고
진일(眞一)로 되돌아간다.
마음을 새롭게 열고
새로운 각성을 통하여
무형의 천궤를 향하여
나아간다
하늘의 마음과
하늘의 깨달음이
담겨져 있는 천궤는
내 안의 장벽 속에 포위되어
봉인된 뚜껑을 열 수 없다
독선과 아집 교만과 이기심 등이
위선의 가면을 쓰고
정의와 사랑을 부르짖는다
항상 견제와 시기, 질투, 멸시

불신과 증오의 독기를 뿜어대면서
"마음을 비웠노라" 성자의 표정을 짓는다
마성(魔性)에 기울어져 있는
내부의 장벽을 깨트리는 작업이
활화산처럼 시뻘건 쇳물을 토해내듯
더럽고 부정한 것을 모두 불태워라
형체가 없는 천궤를 열기 위하여
「천이삼」은 인간 내부의 마성(魔性)의 기운을
진성(眞性)으로 돌이키는
마음과 각성의
에너지 혁신을 의미한다

나. 지이삼(地二三)

황금알에서 부화된 「제2의 땅」은 "기운(氣運)"이요 「제3의 땅」은 "숨쉼(息)"이다.

선차

후차

ㄱ. 연신공(鍊身功)

선차 : 몸의 전면부위를 땅바닥에 밀착시키고 엎드려서 운기조식한다.

얼굴은 모로 눕히고 양손은 바닥에 접지한다.

전면부위의 천성관(태양문 : 인당)을 제외한 감해문(感海門), 지명
관(地命關/황웅문), 식해문(息海門), 태정관(太精關), 촉해문(觸海門)
이 모두 지표에 닿아 내기(吾氣)가 지기(地氣)와 함께 어우러져 운기
된다.

후차 : 선차와 동일한 자세에서 입식의 숨결에 따라 먼저 머리와 상
체를 들어올린 다음 다리를 들어 올린 후 연식한다.

출식의 숨결에 따라 상체와 다리를 서서히 원위치 시켜 땅에 접지시
킨 후 연식한다.

이때에 좌측으로 돌렸던 머리를 우측으로 눕히고 매번 교대로 머리
위치를 좌우로 바꿔준다.

ㄴ. 연기공(鍊氣功)

마음속으로 「지이삼」이라고 묵송하거나 길고 느리게 영송한다.

식해문(息海門)으로 취기되는 지기(地氣)와 황웅문(지명관)으로 쇄
도하는 지기(地氣)는 지일규(地一)와 지이(地二)규 지삼(地三)규를 열
어 대충맥상의 하로(下爐)의 태정기운과 상로(上爐)의 천성기운의 소
통을 원활케 한다.

대부분 수련자들이 지명관이 막혀 지기방(地氣房)의 기능이 부실한
결과 연공에 차질을 빚는 경우가 허다하다. 지명관이 열려야 비로소
선인호흡의 조식을 제대로 할 수 있다.

입식할 때 입식의 기운이 하로(下爐)까지 막힘없이 내려가고 출식할
때 출식의 기운이 상로(上爐)까지 직행할 수 있게 된다.

모든 관문의 개폐가 다 중요하지만 지명관의 열림은 연공시 넘어야
할 제일 큰 관문이다.

땅바닥에 엎드려 누워있으면 전신의 기운이 차분히 가라앉고 서서
히 지기(地氣)가 온몸에 주류하게 되어 인체의 모든 세포가 깨어나 곰
님과 함께 숨쉬게 된다.

위대한 어머니 곰님의 기운이 포근히 감싸주면서 끝없이 화평한 마
음이 깊은 안도감으로 이어진다.

식해정(息海井)의 식해파(息海波)가 체외로 방출되어 복부 둘레의
"가로파장"을 형성한다.

지기방(地氣房)의 기운이 방출되어 체외에 기체의 오라(Aura)가 형
성된다. 2차연공시 독맥의 화성관(火星關, 후명문)으로 화성의 불기
운이 쇄도하여 식해정(息海井)의 화후(火候)를 조정한다.

2차연공은 "기운과 숨쉼"의 질량과 강도를 더욱 단련하여 한 단계
높은 연기화신(鍊氣化神)의 차원으로 승화시킨다.

ㄷ. 연심공(鍊心功)

대지는 평직(平直)하고 방정(方正)하며 광대하다.

「제1의 땅」은 목숨을 의미하는 생명이며 곰님이다.

「제2의 땅」은 생명의 원동력인 "기 에너지"이다.

「제3의 땅」은 기 에너지를 생성하는 "숨쉼"이다.

곰님은

생명의 요람

보이지 않는 사랑

베풂의 원천

영원한 어머니

지고지순(至高至純)한 선(善)의 화신 곰님은 무형의 지궤 속에 감춰진 신성한 기운, ―.

생명의 비밀을 푸는 "기운과 숨쉼"은 티끌만 한 불순물도 용납하지 않는다.

낙타가 바늘 구멍을 빠져나오기 위하여 낙타가 바늘구멍보다 작아져도 안 되고, 바늘구멍이 낙타보다 더 커져도 안 되는 법칙 ―.

오직 순수해져야 가능하다.

낙타가 바늘구멍을 통과할 수 있다.

자아(自我)에서 성장한 대아(大我)가 진아(眞我)로 선화된다.

다. 인이삼(人二三)

황금알에서 부화된 「제2의 사람」은 "몸(身)"을 의미하고 「제3의 사람」은 몸과 정신의 "닿음(觸)"을 의미하는 화학작용이다.

선차

후차

ㄱ. 연신공(鍊身功)

선차 : 무진본 자세로 단정히 앉아서 양손 배권하여 하로(下爐)에 얹었다가 입식의 숨결에 따라 만공세를 취하여 양팔 하늘로 치켜들고 양손을 배권하여 정수리 금오문(金烏門) 위에 띄우고 연식한다.

출식도 동일한 자세를 취한다.

후차 : 동일한 무진본 자세에서 양손 합지인(合指印)을 취하여 금오문(金烏門) 위에 띄우고 입식 및 연식, 출식 및 연식 등 운기조식한다.

독맥의 수성관(水星關), 금성관(金星關), 토성관(土星關), 화성관(火星關), 목성관(木星關)이 차례로 열려 오성(五星)의 기운이 각 관문을 통해 취기된다.

신체에 큰 변화가 일어난다.

계속 에너지가 고양되어 피곤함과 피로감을 느끼지 않으며 항상 기분이 상쾌하고 머리가 맑아진다.

갑자기 오성의 기운이 몸 안으로 취기되면 에너지 조율에 많은 혼란이 야기됨으로 수성관이 열리면 금성관, 토성관, 화성관, 목성관 등 나머지 4개관은 닫혀 있어야 한다.

ㄴ. 연기공(鍊氣功)

선차 연공시 배권하여 금오문(金烏門) 위에 띄우고 수련함은 정수리로 쏟아지는 강렬한 천기(天氣)를 다소 누그러트려 고요히 받아들이기 위함이다.

입식(入息)시 지표에 접한 현무문(玄武門)으로 쇄도한 지기(地氣)와 천심(天心)으로부터 금오문으로 내리꽂히는 천기가 대충맥을 관통하여 태정로(太精爐)에서 만나 온몸의 세포에서 "신체에너지"를 생성하고 에너지의 합성을 통한 "닮음에너지"로 진화된다. 마치 벼락이 대나무 마디를 관통하는 것과 같다.

연식과 더불어 에너지가 고양된다.

출식(出息)시 신체에너지는 만맥 속에 퇴적된 탁기와 병기(病氣)를 씻어내고 체외로 배출시킨다. 연식과 더불어 에너지가 순수해진다.*

후차 연공시 양손을 합지인(合指印)으로 바꾸어 금오문 위에 띄우고 수련함은 오행(五行)의 기운과 음양의 기운을 합일시켜 태정(太精)의 기운을 연정화기(錬精化氣)의 한 단계 높은 차원으로 연성하기 위함이다.

입식의 숨결에 따라 천기(天氣)는 금오문을 통해 천성로(天性爐)에서 오행의 기운과 융합되어 천심방(天心房), 영해정(靈海井), 감해정(感海井)을 거쳐 지명로(地命爐), 지기방(地氣房), 식해정(息海井)에서 연성된 후 태정로(太精爐)에서 농축된다.

연식 시 에너지가 고양된다.

출식의 숨결에 따라 현무문(玄武門)을 통과한 지기(地氣)가 태정로에서 천기(天氣)와 연성되다가 상승하여 영해정(靈海井)에서 수성관(水星關)을 통해 취기된 수성의 기운과 융합되어 고농도로 농축된다.

연식시 정(精) 에너지가 기(氣) 에너지로 전환된다.

체내의 탁기와 독기(毒氣)가 백종문(百終門)과 오성관(五星關)을

---

* 몸 안의 기운이 순수해진다는 것은 몸 안의 탁기와 독기 및 병기(病氣) 등이 중화되거나 체외로 배출되어 신진대사가 원활히 이루어짐을 의미한다. 대부분 병의 주원인이 되는 바이러스(Virus), 박테리아(Baccteria), 훵가스(Fungus) 등이 체외로 배출되면서 세균 고유의 냄새가 공기 중에 퍼져 나온다. 또한 몸 안에 체적되어 있는 여러 독소들이 밀려나오면서 각 독소의 독특한 악취가 배출된다. 내공력이 높아지면 면역기능의 능력이 월등해지면서 상식을 뛰어넘는 초과학적 현상이 발생된다. 냄새에 관한 진단 및 치유법은 다음 책에서 구체적으로 설명하겠다.

통해 배출되면서 여러 가지 화공약품 및 독극물에서 발생하는 듯한 냄새가 점차 전신의 숨구멍을 통하여 쏟아져 나온다.

이 냄새는 몸에서 나는 땀 냄새 등 각 개인의 고유한 체취와는 완전히 다른 매우 견디기 어려운 독특한 냄새다. 본인 이외의 제3자도 맡을 수 있다. 이 냄새에 의해 해당자의 몸 상태를 진단할 수 있다.

연공자의 탁기배출이 원활해지면서 체외의 기광(氣光)이 짙은 회색에서 밝은 색조로 변한다.

촉해정(觸海井)의 촉해파(觸海波)가 체외로 방출되어 하복부 둘레의 "가로파장"을 형성한다.

매연공시마다 수성에너지를 위시하여 금성, 토성, 화성, 목성 등 오성(五星)의 에너지가 차례로 오성관으로 취기되어 음·양 에너지와 함께 신체의 태정(太精) 에너지로 연성시키고 충만케한다.

대충맥(大衝脈)에 이어 임맥과 독맥이 모두 열린다.

ㄷ. 연심공(鍊心功)

인간은 이 세상을 바꾸고 변화시킨다.

「제1의 사람」은 열린 사람, 홍익인간이다. 이 세상일을 순환시키려고 스스로 진화하는 선(仙)님이다.

「제2의 사람」은 영·혼·백체 에너지의 거소인 "몸"을 의미한다.

「제3의 사람」은 진화를 위한 접화군생의 "접촉에너지"를 의미한다.

선님은

크게 돕는 사람 홍익인간 ―

스스로 구원하고

광명으로 통한다.
세상을 바꾸어
광명이
인간에게 되비치게 한다
소리에 닿고
빛에 닿고
수천 가지 향기와 악취에 닿고
수천 가지 맛에 닿고
음란한 것에도,
사랑의 본질에도 닿는다
피할 수 없는 부딪힘과
모든 접촉을
깊은 원형질에 닿음으로
새 경지의 지평을 열어
아름다운 세계에 닿는다

진실한
마음의 눈이
예지와 직관으로
빛날 때,
자기 구원의
종소리가
내면으로 울려퍼진다
뉘우치고

또 뉘우치고
거듭나기를
간절히 기도한다

죽음의 장막이
걷히고
참나의
새 모습이 드러나
산 정상에
홀로 서 있다
삼면의 바다에서
산더미 같은
높은 파도가
발아래 까지
덮쳐온다

파도치는
산 정상에
홀로 서있는
참나를 본다

집어삼킬 듯한
파도 더미 앞에서도
초연히
서 있는

참나는

두려움도

잊었는 듯

발길을

적시는

일파

이파

삼파의

삼면의

파도 더미를 ―

아니

파도 너머의

깊은 심연을

물끄러미

바라보고 만

있다

3) 육법(六法)

　하늘과 땅과 사람이 바로 서고 삼라만상의 기운이 자연의 섭리에
의해 운행되게 하는 바탕, 일컬어 "우주 대순환"의 몸체라 한다.

6단계 : 대삼합 육 생칠팔(구) (大三合 六 生七八(九))

「큰 셋」이 합쳐 「몸」이 되고 몸은 「깨달음」과 「숨쉼」 그리고 「닿음」

을 통해 영화(靈化)된다.

가. 대삼합(大三合)

우주의 대순환 과정에서 「큰 셋」인 환님(天氣), 곰님(地氣), 선님(人氣)의 에너지가 합일되어 본연의 일기로 돌아간다.

ㄱ. 연신공(鍊身功)

무진본 자세로 단정히 앉아 배권하여 하로(下爐)의 태정관(太精關)에 얹고 입식하면서 양팔을 만공세를 취하여 서서히 하늘로 치켜들고 금오문(金烏門) 위에서 합장한 후 연식한다.

출식의 숨결에 따라 합장한 손 서서히 중로(中爐)의 지명관(地命關)까지 내려뜨리고 다시 배권하여 지명관에 얹고 연식한다.

계속하여 배권하여 지명관(地命關)에 얹은 채로 입식과 연식, 출식과 연식의 선인호흡을 반복한다.

체내에서 합일된 성(性), 명(命), 정(精) 기운의 운행을 고요히 느끼면서 영(靈), 혼(魂), 백(魄)체의 변화와 추이를 감지한다.

ㄴ. 연기공(鍊氣功)

마음 속으로 「대삼합」이라고 묵송하거나 길고 느리게 영송한다.

입식한다.

금오문이 열린다.

천기가 쇄도한다.

천성로에서 연성된다.

연식한다.

태정로(太精爐)로부터 태정의 기운이 대충맥 속으로 상승한다.

출식한다.

현무문(玄武門)이 열린다.

지기(地氣)가 쇄도하여 대충맥 속으로 상승한다.

지명로(地命爐)에서 연성된다.

연식한다.

천성(天性)지명(地命)태정(太精)의 기운이 지명로(地命爐)에서 만나 융합된다.

융합된 일기가 음양으로 나뉘어져 청룡문과 백호문을 통해 심장과 폐장으로 주류한다.

입식한다.

임맥의 지명관(地命關)과 독맥의 토성관(土星關)이 열린다.

임독맥의 양관을 통해 생명의 기운이 쇄도한다.

대충맥상의 지명로(地命爐)가 열려 태정기운이 상승하고 천성기운이 하강하여 지명기운과 하나가 된다.

대충맥이 열렸음이다.

연식한다.

삼합의 기운이 한 기운이 되어 본연의 일기로 환원한다.

출식한다.

천성로, 지명로, 태정로와 연결된 만맥천규에 「삼합의 기운」이 파급된다.

연식한다.

하나의 기운으로 환원된 삼합의 기운이 고강한 내공력을 치유의 능력으로 승화시킨다.

ㄷ. 연심공(鍊心功)

많은 요소들이 인간의 마음을 여러 각도로 변화시킨다.

물질과 정신의 영역에 속한 요소들이 인간 심리변화에 지대한 영향을 미친다.

선천적인 성·명·정의 바탕 위에 후천적인 선공수련을 통해 인간은 대순환의 핵심에 더욱 가까이 다가갈 수 있다.

기운과 정신이 정화되고 순수해질수록 인간의 영·혼·백체가 환님의 성품과 곰님의 생명력, 선님의 정기와 융합되어 보다 고차원적인 자아완성을 이루어 본연의 대순환에 복귀한다.

자신의 존재 의의를 깨우치는 것, 견고한 바윗덩어리에 비견할 만한 완고한 소아를 끌과 망치로 쪼아내는 작업, ㅡ. 바위덩어리 속에서 생명의 기운을 끌어내고 쇳덩어리 속에서 정기의 맥을 뚫는다.

관 뚜껑을 덮고 대못을 치기 전까지 진아(眞我)를 살려야 한다는 절대절명의 선공 ㅡ.

진아(眞我)는 반드시 눈을 떠야한다.

참 성품과 참 생명과 참 정기가 참나가 돼서 영혼을 흔들어 깨운다.

의혹과 미망의 바다를 헤쳐 나갈 범선에 돛을 올린다.

그리고 미지의 대륙을 향해 나아간다.

잃어버린 정체성을 찾기 위해 거친 풍랑을 헤치고 망망대해를 항해한다.

의식의 저편에 그림자처럼 떠오르는 자아를 향하여 수천 개의 화살이 날아온다. 「큰셋」의 합침은 위협적이고 위력적이다.

그러나 자아는 나아가야 한다.

자아(自我)에 박혀있는 수천 개의 화살을 자아를 관통하여 제자리로 되돌리기 위하여 아픔을 딛고 초연하게 일어나야 한다.

수천 개의 동통이 전신을 쑤시고 누빈 후 숨막히는 고통에서 해방된 진아(眞我)를 본다. 소낙비가 그치고 지나간 한여름 날의 오후처럼 청명해진 진아(眞我)를 본다.

「큰셋」의 힘은 만물을 치유하고 「진아」는 스스로 치유하는 능력을 부여받는다.

나. 육(六)

천부수 육(六)은 인간의 「몸」이다. 「큰셋」이 합쳐 육(六)을 이루니 「몸」은 원·방·각의 특성을 고루 갖춘 소우주다.

영·혼·백체의 거소로서 선공의 경지가 높아질수록 소아(小我)를 탈피하여 자아(自我)를 찾고, 대아(大我)로 성장한 후 진아(眞我)로 거듭난다.

| 선차 | 후차① | 후차② |

ㄱ. 연신공(鍊身功)

선차 : 복호세를 취한 다음 단정히 무릎을 꿇고 앉는 궤좌세(跪坐勢)를 취한다. 배권하여 하로(下爐)의 태정관에 얹고 입식하면서 만공세를 취하여 서서히 양팔을 하늘로 치켜들고 금오문(金烏門)위에서 합장한 후 연식(鍊息)한다.

출식의 숨결에 따라 합장을 서서히 중로(中爐)의 지명관까지 내려뜨리고 연식(鍊息)한다.

연이어 지명관(地命關) 전면에서 합장한 채 입식과 연식, 출식과 연식의 선인호흡을 반복한다.

후차 : 지명관(地命關) 전면에서 합장한 손 합지인(合指印)으로 바꾼 뒤 입식의 숨결에 따라 서서히 지명관을 향해 합지인을 돌려준다.

합지인의 손끝이 지명관을 향했을 때 합지인의 회전을 멈추고 연식한다.

출식하면서 합지인을 반대방향인 전방을 향해 회전시킨다. 합지인의 손끝이 지표(地表)를 향했을 때 회전을 멈추고 연식한다.

계속하여 합지인을 전후방으로 회전시키면서 선인호흡을 반복한다.

에너지로 구성된 성(性)심(心)감(感)체와 명(命)기(氣)식(息)체, 정(精)신(身)촉(觸)체와의 구분을 감지해 본다.

신체(身體) 외의 8체 에너지의 특성에 따른 상호 감응 및 반응도를 판별하고 반복하여 뇌리 속에 각 에너지에 관한 다양한 정보를 파악하여 저장한다.

ㄴ. 연기공(鍊氣功)

마음 속으로 「육 ─…」이라고 묵송하거나 길고 느리게 영송한다.

선차 : 입식한다.

촉해문, 식해문, 감해문, 영해문이 차례로 열린다.

4해정의 물기운이 뜨거워진 하로, 중로, 상로의 불기운을 냉각시킨다.

연식한다.

맑고 청량한 기운이 만맥천규로 파급된다.

출식한다.

태정관, 지명관, 천성관이 열리고 하로, 중로, 상로에서 연성된 성·명·정 기운이 고강해진다.

연식한다.

고강한 기운이 9체의 구석구석에 파급되어 이상이 생긴 부분을 치유한다.

후차 : 입식한다.

독맥의 태음관 , 목성관, 화성관, 토성관, 금성관, 수성관, 태양관이 차례로 열린다. 오성(五星)의 기운과 태양, 태음의 기운이 대충맥을 통하여 삼로(三爐) 삼방(三房)으로 쇄도한다.

연식한다.

내공력이 상승되어 몸 안의 탁기와 병기 독기(毒氣) 등을 파괴하거나 몸밖으로 배출시킨다.

출식한다.

만맥의 순환기운이 전신의 관문을 통해 체외로 방출되어 대우주의 대순환 기운과 맞닿아 함께 돌아간다.

연식한다.

태양문이 열려 영안이 밝아온다.

뇌속의 영해정에서 생산된 에너지 발공체가 체외로 조사(照射)되어 육안으로 보인다. 아주 미소한 축전지와 같이 생긴 금빛 발광체다. 좌측에 2개 우측에 2개 모두 4개의 미소한 에너지 발공체가 눈앞에 떠오른다. 동시에 미소한 금화같이 생긴 에너지 원판이 좌측 눈앞에 2개 우측 눈앞에 2개가 출현하여 계속 돌아간다. 치유를 위한 에너지가 영해문(靈海門)인 두 눈을 통해 공급된다.

ㄷ. 연심공(鍊心功)

횃불이다.

수백 수천의 횃불이

광야의 밤하늘을 수놓는다.

백의 장포를 입은 수백의 인영(人影)들이

느릿느릿 횃불을 들고 나간다.

푸른 청의를 입고 푸른 고깔모를 쓴 여인들이

푸른 깃발을 들고 그 뒤를 따르고

홍의 장포를 입은 건장한 수십 명이

흰 꽃으로 뒤덮인 가마를 메고

걸음을 옮긴다.

흑의 장포를 입은 일단의 인영들이

횃불을 들고 나가고

황포의 인영들…
백의의 인영들…
수십 개의 만장들이
바람에 나부끼고
나지막한 북소리가
고막을 울리고
흐느끼는 듯한 피리소리
가슴에 스며든다.
땅속으로 잦아드는
호곡소리—
진혼의 나팔소리—
눈물을 자아낸다.
달빛이 은광을 뿌리는
고원에 다다르자
행렬이 멈추고
기도소리—
탄식소리—
울음을 삼키는 오열하는 소리—
기나긴 행렬이 하나 둘… 차례로
횃불을 던진다.
만장의 깃발을 던진다.
불타는 탑처럼 쌓아 올라간
횃불더미가 활화산이 되어
타오른다.

꽃으로 장식된 상여를
횃불 탑 위에 올려놓는다.
진아는
꽃상여 위에 눕혀져서
수백 수천의 횃불이
헌몸을 밝혀오는 것을
보고 있었다.
그들은 무엇을 위해
애곡하는 것일까
횃불은 더러움을 태우고
두려움을 태우고
의식에 가려졌던 것을 태운다.
혓바닥이 뱀처럼 튀어 오른다.
아마도 거짓을 태우는 것이리라.
눈알이 불꽃 속에서
콩 볶듯이 탁탁 튀다가
고무풍선같이 부풀어 오른다.
겉만 보고 미추를 판단했을 테니까—
한꺼번에 모조리 태우지 않고
하나씩 조목조목 들쳐 내어
낱낱이 잘못 살았음을
밝히려는 것일까—
아프다.
눈알이 타버렸는데도

목구멍이 타들어 오고

심장이 새까맣게 타들어 온다.

통증도 멈췄는가.

장송곡을 탄주하는 자들—

이제 발길을 돌려야 할 늦은 시각이다.

백골도 타버려

모두 재가 되어버렸다.

저들은

헌 몸을 장례 지내면서

자유를 애도하고

해탈을 슬퍼한다.

그리고

자신의 헌몸지기를

축복으로 여기면서

행복한 삶을

노래할 것이다.

다. 생칠팔(구)(生七八九)

6이 7, 8, 9를 낳는다.

2차원의 천부수 6은 인이(人二)의 「몸」이다. 그 「몸」이 천부수 7, 8, 9 즉 천삼(天三)지삼(地三)인삼(人三)의 감(感)식(息)촉(觸)을 낳아 3차원으로 진화한다.

선차 　　　　　　후차① 　　　　　　후차②

ㄱ. 연신공(鍊身功)

　선차 : 복호세를 취한 다음 단정히 무릎을 꿇고 앉은 궤자세(跪坐勢)를 취한다. 배권하여 하로(下爐)의 태정관(太精關)에 얹고 입식하면서 만공세를 취하여 서서히 양팔을 하늘로 치켜들고 금오문(金烏門) 위에서 "합지인"을 취한 후 연식한다.

　출식의 숨결에 따라 합지인을 서서히 중로(中爐)의 지명관(地命關)까지 내려트리고 연식한다.

　연이어 입식의 숨결에 따라 둔부와 상체를 들어올리면서 동시에 "합지인"을 하늘높이 치켜들고 연식한다.

　출식의 숨결에 따라 궤자세로 돌아가면서 "합지인"을 지명관(地命關) 앞으로 내려트리고 연식한다.

　후차 : 궤자세(跪坐勢)로 "합지인"을 취한 채로 입식의 숨결에 따라 상체를 서서히 뒤로 젖혀준다. 상체를 최대한 뒤로 젖히면서 양 무릎을 지표에서 띄우고 발등만 지표에 닿게 한 다음 연식한다.

　출식하면서 상체를 서서히 일으켜 세웠다가 앞으로 깊숙이 수그린다. 발등과 다리를 지표에서 띄우고 무릎 부위만 지표에 닿게 한 다음 연식한다.

계속 생칠팔 2차 연공을 반복한다.

「헌몸」을 버리고 「새몸」을 짓는 "몸갈이"의 진통과 "기갈이"의 환희가 교차된다.

ㄴ. 연기공(鍊氣功)

마음속으로 「생─칠팔구」라고 묵송하거나 길고 느리게 영송한다.

선차 : 입식한다.

태양의 기운이 태양문(太陽門)과 태양관(太陽關)으로 쇄도하여 영해정(靈海井)천심방(天心房)을 거쳐 천성로(天性爐)에서 연성된다.

합지인(合指印)으로 쇄도하는 수(水)금(金)토(土)화(火)목(木) 오행의 기운이 중로(中爐)에 위치한 토구(土球)를 중심으로 좌측에 목구(木球), 우측에 금구(金球), 상단에 화구(火球), 하단에 수구(水球) 등의 에너지 구체에 들어가 오행의 기운을 연성하고 오행구체를 운행케 한다.*

태음(太陰)의 기운이 촉해문과 태신방(太身房)을 거쳐 태정로(太精爐)에서 연성된다.

연식한다.

음양오행의 기운이 지명로(地命爐)에서 융합되어 소혼천(小渾天)**

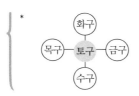

*

의 운행을 개시한다.

출식한다.

「새몸」을 이루는 일원기가 대충맥(大衷脈)을 관통하여 금오문(金烏門)을 열고 태양을 향해 날아간다.

일원기(一元氣)는 현무문(玄武門)을 뚫고 나가 지중(地中)을 관통하고 달을 관통하고 화성 목성 토성과 태양을 관통하여 수성, 금성을 통과한 후 다시 금오문(金烏門)으로 되돌아온다.

이를 소혼천(小渾天)이라 한다.

연식(鍊息)한다.

태양계를 일주한 기운이 새 몸을 만들기 위해 연정, 연기, 연신의 과정을 통해 단계별 기질을 변화, 향상시킨다.

후차 : 입식한다.

독맥의 태양관, 수성관, 금성관, 토성관(지구), 화성관, 목성관 등이 차례로 열려 태양, 태음의 기운과 오성(五星)의 기운이 쇄도한다.

태양의 기운은 천성로(天性爐)에서 태음의 기운은 태정로(太精爐)에서 각각 연성되고 오성의 기운은 토구(土球)를 중심으로 오구(五球) 속으로 들어가 오행의 기운과 함께 연성된다.

연식한다.

새몸을 위한 연정화기(鍊精化氣)연기화신(鍊氣化神)의 변화가 일어난다.

출식한다.

「헌몸」이 「새몸」으로 몸갈이 되는 과정이 진행된다.

{ ** 임맥과 독맥을 동시에 관통 주류시키는 연공.

태양의 기운과 오행의 기운이 감해정感海井에서 융합되어 「깨달음」
의 에너지로 기갈이 된다.

지구의 기운과 오행의 기운이 식해정息海井에서 융합되어 「숨쉼」의
에너지로 기갈이 된다.

달의 기운과 오행의 기운이 촉해정觸海井에서 융합되어 「접촉」에너
지로 기갈이 된다.

연식한다.

새 몸의 세 에너지가 체외로 방출되어 가슴둘레에 「감해파感海波」
가 형성되고, 배꼽둘레에 「식해파息海波」가 된다. 하초둘레에 「촉해
파觸海波」가 형성되어 체외에 가로 에너지 파가 세로 에너지 파와 함
께 균형과 조화를 이룬다.

헌 몸이 새 몸으로 탈바꿈한다.

소혼천(小渾天)의 하늘관문이 열려 해와 달 그리고 오성의 기운으로
연단한다.

「깨달음」과 「숨쉼」「닿음」의 열여덟 경계가 삼엄하게 진문을 지키
고 있다.

매 순간마다 헌몸이 죽어야한다.

지감(止感) 조식(調息) 금촉(禁觸)의 금제가 풀린다.

생문(生門)이 열린다.

ㄷ. 연심공(鍊心功)

이 잔을 받아라.

첫 번째 잔은 「깨달음」을 위한 해의 기운을 담은 잔이다.

이 잔을 받아라.

두 번째 잔은 「생명」을 위한 땅의 기운을 담은 잔이다.

이 잔을 받아라.

세 번째 잔은 「개벽」을 위한 달의 기운을 담은 잔이다.

이 석 잔의 기운을 다 마시면 헌 몸이 새 몸으로 환골이신 되는 신비한 선약이다.

그러나 이 석 잔에는 잔마다 맹독이 들어있는 독배이니라.

이 잔을 받지 않으면 헌 몸에 구속되어 소아(小我)의 경계를 벗어날 수 없고, 이 석 잔을 다 마시게 되면 독소가 전신으로 퍼져 헌 몸마저 죽음에 이르게 된다.

이 잔을 물리겠느냐?

마시겠느냐?

마시겠습니다.

왜 마시고자 하느냐?

아직도 헌 몸이 새 몸을 지배하고 있기 때문입니다.

깨달음의 여섯 가지 독을 마시지요.

기쁨의 독배, 두려움의 독배, 슬픔의 독배, 노여움의 독배, 탐욕의 독배를 마셔 영혼이 갈갈이 찢어지는 고통 속에서 이 잔을 내린 님을 원망하고 더 많은 독배를 갈구하면서 나의 망령을 유혹하는 마두를 위해 건배하렵니다.

또한 생명의 여섯 가지 독도 마시렵니다.

술, 담배, 마약, 도박의 독배, 오염된 공기와 물의 독배, 차가운 독기, 뜨거운 독기, 축축한 독기, 건조한 독기의 잔을 들어 생명이 손상되는 고통 속에서 비명을 질러대며 이 잔을 내리신 님을 원망하며 비난하면서 더 많은 독배로 오장육부를 채워 마두의 환심을 살 것입니다.

끝으로 열림의 여섯 가지 독도 마시겠습니다.

귀와 마음을 즐겁게 하는 소리의 독, 눈과 영혼을 눈멀게 하는 빛의 독, 코와 의식을 마비시키는 냄새의 독, 입과 미각을 혼란시키는 맛의 독, 육신을 희열의 함정에 빠트리는 음탕함의 독, 맞닥뜨려 제압해야 직성이 풀리는 승부의 독배를 마시지요.

나를 즐겁게 하는 것이 삶에 충실한 것이며 축복받은 인생이기 때문입니다.

이제 선택의 여지가 없습니다.

설령 독배일지라도 이 석 잔의 감(感), 식(息), 촉(觸) 잔을 제게 주십시오.

두렵지만 마시겠습니다.

네 마음이 정녕 그러하다면

이 석 잔의 기운을 마시거라.

그리고 감·식·촉의 독성이 네 전신을 파고들기 전에—.

고요한 마음으로 깊이 깨달아, 지혜를 쌓고, 숨쉬는 것을 우주의 대순환에 일치시켜 내공력을 길러라. 닿음을 초월하여 접화군생(接化群生)하라.

이와 같은 지감(止感)조식(調息)금촉(禁觸)으로 통하는 새 몸이 헌 몸을 지배하는 길이다.

매순간마다 헌 몸은 천사처럼 나타나 흡혈귀처럼 새몸의 기운과 피를 빼앗아 고갈시키고, 영혼마저 파멸로 인도할 것이다.

새 몸을 지키는 일이 9체를 연단하여 10체의 홍익인간을 이루는 길임을 잊지 말아라.

명심하고 또 명심하겠습니다.

4) 왕만법(往萬法)

찰나에서 영원으로, 무에서 유로, 유에서 무로, 무에서 무로 한 순간도 멈출 수 없이 "우주 대순환"을 돌아가게 하는 힘의 근원은 영원하다.

7단계 : 구운삼 사성환 오칠일(九運三 四成環 五七一)

아홉의 기운이 세 바퀴 돌아 우주 만물이 진화되기 시작한다. 환님의 마음과 곰님의 기운이 어우러져 하늘의 깨달음으로 홍익인간의 천성이 빛을 발한다.

홍익인간의 지혜와 힘과 접화군생의 경지를 높여준다.

가. 구운삼(九運三)

아홉의 기운이 세 바퀴 회전하면 … 대 개벽을 예고한다.

선차   후차

ㄱ. 연신공(鍊身功)

선차 : 복호세를 취한 다음 단정히 무릎을 꿇고 앉는 궤자세(跪坐勢)를 취한다.

배권하여 하로(下爐)의 태정관(太精關) 위에 얹고 입식하면서 만공세를 취하여 서서히 양팔을 하늘로 치켜들고 금오문(金烏門) 위에 합지인(合指印)을 취한 후 연식한다.

출식의 숨결에 따라 합지인을 중로(中爐)의 지명관(地命關)으로 내려트리고 연식한다.

재차 입식의 숨결에 따라 서서히 합지인(合指印)을 금오문 위에 들어올리고 연식한다.

재차 출식의 숨결에 따라 서서히 합지인(合指印)을 지명관 위에 내려트리고 연식한다.

후차 : 동일한 궤자세를 취하고 입식의 숨결에 따라 합지인을 뒤로 180° 돌려서 손끝이 금오문(金烏門)을 향하게 하는 개천세(開天勢)를 취하고 연식한다.

출식하면서 합지인을 서서히 원위치 시켜 손끝이 천중(天中)을 향하게 하고 연식한다.

성·명·정, 심·기·신, 감·식·촉 9체의 에너지가 세 바퀴 돌아가면 성·명·정을 참으로 돌리고 심기신을 바르게 하며 감·식·촉을 근본에 이르게 하여 삼라만상의 에너지의 시원인 대원일에 복귀한다.

장엄한 우주의 대 개벽이 인간개벽으로 이어지도록 지성을 다해 연공하여 하늘을 감동시킨다.

ㄴ. 연기공(鍊氣功)

마음 속으로 「구운삼」이라고 묵송하거나 길고 느리게 영송한다.

선차 : 입식한다.

금오문(金烏門)과 태양관(太陽關)으로 천기가 쇄도하여 천심방(天心房)과 천성로(天性爐)에서 연성된다.

지명관(地命關)과 토성관(土星關)으로 지기(地氣)가 쇄도하여 지기방(地氣房)과 지명로(地命爐)에서 연성된다.

태정관(太精關)으로 북극성(北極星)의 기운이 쇄도하고 현무문(玄武門)으로 달의 기운이 쇄도하여 태신방(太身房)과 태정로(太精爐)에서 연식한다.

삼로(三爐)삼방(三房)의 에너지가 융합되어 대충맥과 만맥 천규로 주류한다.

출식한다.

토구(土球)를 중심으로 한 목(木)금(金)화(火)수(水) 4구(四球)가 가로와 세로로 돌면서 오행의 기운이 하나로 농축되어 중로에서 상로와 하로로 나뉘어 일원기는 금오문(金烏門)을 통해 천중(天中)인 북극성을 향해 뻗쳐나가고 일원기는 현무문(玄武門)을 통해 지중(地中)으로 내려꽂힌다.

연식한다.

성명정의 삼진(三眞)의 기운과 심기신 삼망(三妄)의 기운이 융합하여 음양오행의 기운과 함께 태양계를 주류하는 소혼천(小渾天)의 운행이 진행된다.

후차 : 입식한다.

금오문, 현무문, 황웅문, 청룡문, 백호문이 일제히 열리면서 천기와 지기가 오대문으로 쇄도한다.

태양문(인당)으로 천중(북극성)의 기운이 쇄도하여 천성로(天性爐)

안의 영광(靈光)심지에 점화한다. 영광주(靈光珠)가 대충맥을 오르내리면서 불순물을 제거하고 氣力을 증강시킨다. 만맥 천규의 중심에 있는 대충맥이 스스로 자전하기 시작한다.

연식한다.

대충맥의 전면과 후면에 있는 임맥과 독맥이 상하로 회전한다.

출식한다.

대충맥을 둘러싸고 있던 만맥이 스스로 회전하기 시작한다.

연식한다.

임맥의 4해문(四海門)과 3관(三關)이 열리고 독맥의 7성관(七星關)이 모두 열려 천·지·인 기운이 하나로 어우러져 돌아간다.

입식한다.

감해정(感海井)에서 「깨달음」의 에너지. 식해정(息海井)에서 「숨쉼」의 에너지, 촉해정(觸海井)에서 「닿음」의 에너지가 생성되어 대충맥으로 주류하기 시작한다.

연식한다.

회전시마다 성·정·명, 심·기·신, 감·식·촉의 자리가 차례로 바뀐다.

출식한다.

9체의 에너지가 3회전하여 본래의 자리로 되돌아온다.

연식한다.

4회전시 3차원에서 4차원으로 선화(仙化)되어 일중(一中)으로 복귀하는 회삼귀일(會三歸一)이 이루어진다.

입식도 출식도 하지 않은데 저절로 진식(眞息)이 이루어져 대혼천의 주기와 일치한다.

대우주와 소우주가 함께 숨쉬는 합주가 연주된다.

대우주와 소우주의 구별도 사라지고 삼라만상의 구분과 경계도 사라진다.

삼라만상이 생명에너지의 근원인 대원일로 복귀하는 주기 선상에 있다.

이것이 대혼천(大渾天)의 선공이다.

ㄷ. 연심공(鍊心功))

천부검(天符劍) ―

암흑의 바람과 싸운다.

베고 찌른다.

바람은 거대한 흑룡

몸뚱이를 꿈틀댈 적마다

콧구멍과 아가리에서

시뻘건 불길을 마구 쏘아댄다.

천부검 ―.

바람을 가르는 소리 둔탁하고

탁하고 독한 기운에 가로막혀

예리한 칼날도 멈칫거린다.

암흑의 바람이

하늘 길을 막고

치열하게 공격해온다.

질풍노도처럼 휘몰아쳐

천부검 기세를 깨트린다.

암흑의 눈을 찌르고

암흑의 심장을 쑤신다.

암흑의 정령을 벤다.

바람의 피보라가 솟구쳐 오르고

암흑의 장막이 걷힌다.

천부검의 광망이

빛살처럼 빠르게 짓쳐나가고

바람을 가르는 파공성 소리

청량하고 아름답다.

천부검 —.

사마(邪魔)와 병마(病魔)와 싸운다.

생명을 지킨다.

힘이다.

「구운삼」의 장정에 올라,

빛의 시원으로 가는 배에 돛을 올린다.

빛속을 날아가는 돛단배 하나.

아득하고 머나먼 곳을 향해

고독하고 험난한

항해를 한다.

나. 사성환(四成環)

대개벽을 위해 "환님의 마음"이 접속고리를 만든다.

ㄱ. 연신공(鍊身功)

선차 : 무진본 자세로 단정히 앉아 양손을 무릎 위에 얹고 전신의

긴장을 풀고 마음을 차분히 가라앉힌다.

입식의 숨결에 따라 양다리를 서서히 위로 들어올린 다음 연식한다.

체중이 하체와 둔부에 집중되어 시간이 경과할수록 하체에 피로감이 싸이는 것을 해소한다.

출식의 숨결에 따라 양다리를 서서히 원위치 시켜 무진본 자세로 되돌아 온 후 연식한다.

하체에 적체됐던 기운의 주류가 증폭되어 현무문(玄武門)인 회음부와 장강혈에 집중됐던 압력과 긴장을 해소시킨다.

선차   후차

후차 : 동일한 무진본 자세에서 입식의 숨결에 따라 양다리를 서서히 들어올리면서 동시에 상체를 천천히 뒤로 제낀다.

얼굴은 천중을 향하고 양다리와 발뒤꿈치 등이 지상에서 뜬 채로 균형을 잡고 장강혈의 미골부위만 지상에 접촉시킨다.

연식한다.

출식의 숨결에 따라 상체와 하체를 원위치 시킨 후 무진본 자세로 돌아간다.

연식한다.

체중이 장강혈인 미골부위에 집중되고 몸의 균형점이 두부(頭部)와 장강, 발목 등 세 부분으로 나뉘어 에너지의 조화를 이룬다.

태양문(인당)과 현무문(회음/장강) 및 백시, 백종문에서 대순환 에너지와 연결되는 접속고리가 작동된다.

ㄴ. **연기공(鍊氣功)**

마음속으로 「사성환」이라고 묵송하거나 길고 느리게 영송한다.

선차 : 입식한다.

현무문(玄武門)과 백시문(百始門)으로 지기(地氣)가 쇄도하여 태신방(太身房)과 태정로(太精爐)에서 연성된다.

금오문(金烏門), 태양관(太陽關)과 태양문(太陽門)으로 쇄도한 천기(天氣)가 천심방(天心房)과 천성로(天性爐)에서 연성된다.

연식한다.

연성된 천기와 지기가 지기방(地氣房)과 지명로(地命爐)에서 융합, 농축된다.

천심방의 심체(心體) 에너지가 파동을 일으켜 영해정(靈海井)으로 파급되고 영해정 에너지가 출력을 고양시켜 머리 외부를 둘러쌓고 있는 영해파가 회전하면서 작동을 시작한다.

출식한다.

대나무 마디가 관통되듯 대충맥이 확연하게 열린다. 금오문과 현무문, 황웅문, 청룡문과 백호문, 백종문이 열리면서 백, 혼, 영체의 내부 에너지가 몸 외부의 에너지체와 연계되고 접속된다.

연식한다.

머리둘레를 회전하는 영해파의 에너지 출력이 고양되어 회전속도가 빨라지면서 내부의 사해정(四海井)에 영향을 미쳐 각 해정(海井) 에너지의 수급을 조절하고 균형과 조화를 이루게 한다.

후차 : 입식한다.

태양문으로 쇄도하는 북극성 에너지가 영해정을 거쳐 천심방, 천성로로 들어가 영광(靈光)을 점화시킨다.

현무문으로 쇄도한 지기(地氣)의 일원기가 강렬하게 독맥의 7관을 뚫고 올라가 천심방으로 치닫고 일원기는 임맥의 3관과 4해정을 치고 올라간다. 일원기는 대충맥을 치고 올라가 천심방에서 합세하고 융합된다.

연식한다.

영광(靈光)이 감해정(感海井) 에너지 출력을 고양시켜 가슴을 가로로 둘러싸고 있는 감해파의 회전속도를 빨라지게 한다.

출식한다.

대충맥이 스스로 회전한다. 대충맥을 둘러싸고 있는 만맥이 대충맥을 중심으로 회전한다.. 대충맥 안의 기운이 스스로 주류하고 대충맥 외부의 기운도 주류한다. 이에 따라 만맥 내부의 기운이 주류하고 만맥 외부의 기운도 함께 주류한다.

연식한다.

체내의 영·혼·백체와 4해파가 에너지 파장의 장세를 이루어 신체를 보호하고 체외의 영·혼·백체와, 4해파의 장세와 유기적인 에너지 교류가 진행된다.

몸외곽을 포위하고 있는 계란형의 6체 에너지의 형태가 약간 변형되면서 태양문(太陽門) 상단의 에너지 모양이 원추형으로 돋아나기 시작한다.

태양문으로부터 마치 누에고치가 명주실을 뽑듯이 금실과 같은 생명선이 점점 빠르게 천중(天中)으로 뻗어나간다. 눈 깜박할 사이에 천중에서 뻗혀 나온 생명선과 맞닿아 두 개의 금실이 접속되는 듯한 강렬한 느낌이 만맥천규에 파동친다.

에너지의 계란형 막 속의 진아는 보육되고 성장된다.

구운일(九運一), 구운이(九運二), 구운삼(九運三)으로 에너지의 장세가 바뀔 적마다 대충맥을 둘러싼 만맥도 자전하면서 천규의 관문 위치도 운행되고 바뀐다.

「사성환」은 천상부동(天常不動)의 북극성(北極星) 에너지가 태양문의 자리인 인당(印堂)혈을 통해 영해정(靈海井)을 거쳐 천심방(天心房)으로 영입되어 자아를 실현하고 숭고한 대아(大我)의 완성과 진아(眞我)를 구현함을 뜻한다.

그것이 환님의 마음이요 은혜요 뜻이다.

ㄷ. 연심공(鍊心功)

돛폭 가닥히
바람을 맞아,
순항하던
범선이,
광명의 바다를
지났다.

암흑 바다에
접어든다.
바람 한점

불지 않고
파도도 멎었다.
정적에 갇혀
시간도
정지했다.

빛이 없는 —
공포
소리 없는
전율

숨이 멈춘
죽음의 바다가
서서히
선박을
집어삼킨다.

자신의 죽음을
목격한다는 것은
비극인가
초극인가

소아(小我)의
눈이 감긴다.
숨이 끊어진다
소아는

수백 번
거듭 죽어야 한다.

또 다른 소아의
먹이를 끊는 것이
먼저 사망한 소아가
남긴 상흔을
지우는 길이다.
대혼천의 길을
여는 것이다.

천중으로부터
한줄기 빛이
해인(海印)의
태양문(太陽門)에
비친다.

불가사의한
엄청난 힘이
침몰하던 선박을
암흑의 바다 위로
끌어올린다.

눈부신 광망이
돛폭을 밀어내고
바람몰이가

선체를 수면 위로
부양시킨다.

머나먼 우주의
숨소리가
또 하나의
새 생명을
일깨워준다.

환님의 마음이
생명의
연결 고리를
던진다.
무구한 사랑과
무량한 은혜로
암흑의 바다를
숨쉬게 한다.

다. 오칠일(五七一)

(환님의 마음과 어우러진)
곰님의 기운과
하늘의 깨달음으로
홍익인간의 천성이
빛을 발한다.
덕과 지혜와 힘이 접화군생의 길을 연다.

선차①   선차②

후차①   후차②   후차③

ㄱ. 연신공(鍊身功)

선차 :

초식(1)

묘연만 자세로 서서 입식의 숨결에 따라 만공세를 취하여 양팔 서서
히 들어올려 금오문 위에서 함장하고 연식한다.

출식의 숨결에 따라 합장한 손 지명관(地命關) 앞으로 내려뜨린 후
연식한다.

초식(2)

입식의 숨결에 따라 합장한 손 좌우로 벌리고 연식과 더불어 양손 바닥을 전방을 향하게 앞으로 틀어준다.

출식의 숨결에 따라 양팔과 양손을 전방을 향하여 서서히 밀쳐낸다. 연식과 더불어 장심이 하늘을 향하게 위로 틀어준다.

입식의 숨결에 따라 양손 양팔을 몸통을 향해 서서히 걷어 들인 다음 연식과 더불어 배권하여 지명관(地命關) 위에 얹는다.

※「묘연만」 자세로 입식할 때는 항상 체중을 백시문(百始門)으로 옮기고 출식할 때는 체중을 백종문(百終門)으로 옮겨준다.

후차 :

초식(1)

동일한 「묘연만」 자세에서 지명관 앞에서 "합지인"을 취하여 입식의 숨결에 따라 "합지인"을 안면부위로 들어올리고 입식하면서 "합지인"을 "태양문(太陽門)을 향해 90°각도로 위로 돌려주고 손끝이 태양문을 향하게 한 다음 연식한다.

이때 체중은 입식과 더불어 "백시문(百始門)"으로 서서히 옮겨준다.

출식의 숨결에 따라 "합지인"을 180°앞으로 돌려 손끝이 전방을 향하게 한 다음 연식한다. 출식과 더불어 체중은 "백종문(百終門)"으로 옮겨준다.

초식(1)을 3-5회 가량 연공한다.

초식(2)

"합지인"을 지명관 앞으로 옮긴 후 입식의 숨결에 따라 합지인을 지명관을 향하여 90°각도로 후방으로 돌려주고 연식한다.

출식의 숨결에 따라 합지인을 전방을 향해 180°돌려준 다음 계속 출식하면서 90°를 더 회전시켜 손끝이 지표를 향하게 한 다음 연식한다.

이 초식의 선공을 개지법(開地法)이라고 칭한다.

초식(2)를 3-5회 연공한다.

초식(3)

입식과 함께 "합지인"을 감해문(感海門) 앞으로 들어올린 후 "천지화"를 피워낸 다음 연식한다.

출식과 더불어 "천지화"에서 "천지화봉우리"를 만들어 양손을 말아쥐어 주먹을 만들어 "천지꽃봉우리" 주먹을 지명관 앞으로 내려뜨린 후 연식한다.

배권하여 지명관 위에 얹고 1-2회 선인호흡으로 연공을 마무리한다.

ㄴ. **연기공(鍊氣功)**

마음 속으로 「오칠일」이라고 묵송하거나 길고 느리게 영송한다.

선차 :

초식(1)

입식한다.

"청룡문"과 "백호문"을 통해 음·양의 외기(外氣)를 가득히 식해정(息海井)으로 끌어들인다. 수·금·토·화·목 오행의 기운이 합장한 손끝으로 들어와 금오문(金烏門)을 통해 영해정(靈海井)으로 취입된다.

연식한다.

영해정(靈海井)과 식해정(息海井)에서 음·양 오행의 기운이 융합되고 연단된다.

출식한다.

음·양 오행의 기운이 응축된다.

연식한다.

불순물이 제거되어 순수해진다.

초식(2)

입식한다.

농축된 음·양 오행의 기운이 다시 강력한 음·양의 기운으로 나뉘어진다.

연식한다.

만맥을 주류하는 전체의 기운이 하나의 Energy로 통합된다.

출식한다.

연성되고 통합된 대충맥의 기운이 "청룡문"(靑龍門)과 "백호문"(白虎門)을 통해 외부로 사출(射出)되면서 체내의 독소가 중화되고 배출되어 더욱 강력하게 고양된다.

후차 :

초식(1)

입식한다.

"태양문(太陽門)"으로 취입되는 오행의 기운이 천심방(天心房)에서 연성된다.

연식한다.

영해정(靈海井)의 영해수가 냉각된다. 얼음같이 차가운 기운이 두뇌전체로 퍼져 나간다.

출식한다.

영해정의 냉각수가 천심방(天心房)과 천성로(天性爐)의 화후를 조절한다.

연식한다.

영해정(靈海井)의 영해수가 감해정(感海井)으로 넘쳐흐른다.

초식(2)

입식한다.

독맥의 태양·태음 및 오성의 기운이 7성관(七星關)으로 쇄도하여 천심방(天心房), 지기방(地氣房), 태신방(太身房)으로 집결된 후 연성된다.

천심방 에너지는 하강하고 태신방 에너지는 상승하여 지기방에서 융합연성된다.

연식한다.

대충맥이 스스로 회전한다.

출식한다.

감해정(感海井)의 기운이 식해정(息海井)으로 하강하여 융합되고 연성된다.

촉해정(觸海井)의 기운이 식해정(息海井)으로 상승하여 식해파(息海波)의 에너지가 고강해져 만맥으로 파급된다.

연식한다.

만맥이 스스로 회전한다.

초식(3)

감해정 에너지가 영해정으로 상승하여 융합연성된다.

천성로(天性爐)의 영광(靈光)이 밝아지면서 대충맥의 3로, 3방, 4해정을 고루 비쳐주기 시작한다.

영광이 수·금·토·화·목 오행의 명주(明珠))를 작동시켜 5명주가 운행하기 시작한다.

입식, 출식이 저절로 되는 진식(眞息)이 시작되어 자동으로 선인호흡이 이루어진다.

의식은 있으되 그저 황홀한 무욕관묘(無慾觀妙), 염담허무의 경지에 이르게 된다.

영·혼·백체가 모두 사라지고 보이지 않는다. 의식만 존재하는 현방(玄房)의 세계에 들어간 것이다.

이 세상에 존재하지 않는 영험한 비물질의 세계에서 ―.

무단무애한 경지에, 홀로 서 있다.

ㄷ. 연심공(鍊心功)

돛단배는
광명의 바다와
암흑의 바다를
지났다.
이제
미지의 바다를
항해하고 있다.

마음의 바다라고
일컬어졌는데
가장 크고
가장 깊은
바다였다.

변화무쌍한

마음의 바다를
무사히 항해
한다는 것은
방향 잃은 별똥별의
추락과 같이 그 궤적을
추적할 수 없다.
배가
바다 한가운데
이르렀다.

마음의 바다
중심부에는
상상을 초월한
엄청나게 큰
폭포수가
바다 아래로
장엄하게
흘러내리고 있었다.
그 폭포수 아래
아득히 먼 곳에는
아름다운
꿈님의 바다가
넘실대고 있었다.

하늘의 바다폭포는

땅의 바다에까지 뻗쳐
웅장하고
경외스러운 자태로
온 누리의 물을
땅의 바다로
내리쏟고 있었다.

장엄하고 아름답고
평화스러운
폭포수의 장관에
그저 멍청히
넋을 잃고 바라보고
있는데,
천지를 잇는
폭포수 한 가운데의
거대한 수문에서
또 하나의 폭포수가
유유히 흘러내리고
있다.
오! 영원한 생명의 기원-
아리라(Arila)여!

천상의 바다가
지상의 바다와
하나로 연결되는

장면은 —
금방 수천 명의 하늘 선녀가
한꺼번에 은하수를 타고
지상으로 하강하는 것 같기도 하고
신성한 대곤*이 폭포수를 타고
등천하는 듯,
엄청난 포말이
눈부시게 부셔지고 있다.

무량하고 무구한
환님의 마음을
누가 헤아릴 수 있으리오 마는
돛단배는
마음의 바다
한 가운데 낭떠러지기에서
폭포수 아래로
곤두박질하여
곰님의 바다로
내동댕이쳐질 것인가…

아무튼
하늘로부터 떨어지는
폭포수의 굉음이
모든 것을 날려 보낼 수 있을 터인데…

{ * 상상속의 큰 물고기.

마치 우주가 연주하듯
천상의 음악을 들을 수 있고
하늘의 바다와
땅의 바다를
다 볼 수 있는 눈의 열림은
곰님의 사랑이
귀와 눈을 뜨게 했음이다.

이제 돛단배는
이 거대한 폭포를 건너뛰어
마음의 바다를 지나가야 한다.
폭포를 건너뛴다고 해서
마음의 바다 항해가
끝난 것은 아니다.
그렇다면
이 폭포를 타고 올라가
깨달음의 바다로 올라가 보자

그곳에는
모든 생명의 근원인
천성(天性)의 등대가
모든 바다를 다 비추고
길 잃은 돛단배를
광명의 시원으로
인도할 것이다.

온 누리의 물을 폭포수로 쏟아낸다 한들
단 한 모금의 물이
깨달음에 대한
갈증을 풀어줄 텐데…
사랑은
빛의 고향보다 더
아득히 먼
바다 속 진주같이
이리저리
해조류에
쓸려 가고 있다.
무심한
환님의 마음은
곰님의 기운과 어우러져
생명을 통해
깨달음을 전해온다.
천성은 빛으로
홍익인간을 대지 위에 세운다.
오! 생명의 시원. 영원한 아리라여!

8단계 : 묘연만 왕만래용변 부동본(妙然萬 往萬來用變 不動本)

영력이 신묘하게 퍼져나가 무수한 접화군생으로 무량한 진화를 거듭하여도 환님의 근본은 영원히 변치 않는 부동의 근본이다.

가. 묘연만(妙然萬)

「지기(地氣)와 천감(天感) 천성(天性)의 에너지가」 신묘하게 퍼져 나가 우주와 삼라만상을 진화시킨다.

선차①

선차②

후차①

후차②

ㄱ. 연신공(鍊身功)

"묘연만"은 선자세의 기본이 된다.

선차 :

초식(1)

양팔 어깨넓이 만큼 벌리고 서서 묘연만 자세를 취한 후 배권하여 태정관(太精關)에 얹고 체중을 백시(百始)백종(百終)족사규(足四竅)에 고정시킨다. 선인호흡으로 운기조식한다.

초식(2)

초식(1)과 같은 묘연만자세에서 입식의 숨결에 따라 배권을 서서히 지명관(地命關)으로 끌올림과 동시에 체중을 백시문(百始門)으로 이동시킨 후 연식한다.

출식의 숨결에 따라 배권을 서서히 식해문(息海門)으로 내려트리면서 동시에 체중을 백종문(百終門)으로 이동시킨 후 연식한다.

후차 :

초식(1)

양손 등뒤로 돌려 배권한 후 손등을 목성관(木星關) 위에 얹고 체중을 백시(百始)백종(百種)의 족사규에 고정시키고 선인호흡으로 운기조식한다.

초식(2)

입식의 숨결에 따라 배권을 토성관(土星關)으로 서서히 들어올리면서 체중을 발바닥 내측으로 이동시킨 후 연식한다. 이때 발바닥 외측은 자연적으로 지상에서 약간 들리게 된다.

출식의 숨결에 따라 배권을 화성관(火星關)으로 서서히 내려트리면서 체중을 발바닥 외측으로 이동시킨 후 연식한다. 이때 발바닥 내측은 자연적으로 지상에서 약간 들리게 된다.

"묘연만"의 후차(1)～(2)초식은 독맥의 칠성관(七星關)을 여는 개관법(開關法)이다.

우주와 삼라만상이 천변만화를 거듭하고 진화하는데 내 기운과 내 깨달음, 내 천성은 요지부동으로 변하지 않는다.

또 한 번 죽어야 한다.

"묘연만"은 자아의 굴레를 깨트리고 사람을 개벽한다.

참나의 참기운이 무수히 퍼져나가 자신과 세상과 자연계를 변화시킨다.

ㄴ. 연기공(鍊氣功)

마음속으로 "묘연만"이라고 묵송하거나 길고 느리게 영송한다.

선차 :

초식(1)

입식한다.

족사규의 백시, 백종으로 곰님을 떠받치고 있다.

지중(地中)으로부터 곰님의 기운이 현무문(玄武門)으로 쇄도하여 대충맥으로 상승, 감해정(感海井)에 이르러 연성된다.

연식한다.

감해정의 천감(天感) 에너지가 영해정(靈海井)과 천심방(天心房)을 거쳐 천성로(天性爐)에 이르러 연성된다.

초식(2)

출식한다.

천성(天性) 에너지가 지명로(地命爐)로 하강하여 재연성된다.

연식한다.

열(十)로 커진 에너지가 오행명주(五行明珠)를 작동시킨다. 오행명주가 서서히 회전하면서 토(土)명주를 중심으로 목금(木金)명주와 화수(火水)명주의 연속적인 자리바꿈이 이루어져 만맥천규에 골고루 천성(天性) 에너지가 파급되어 충만해진다.

전신에 감미로운 향기가 감돌고 신체외부의 영·혼·백체의 발현 (Aura)도 안정되어 마음이 편안해지고 심신의 에너지가 균형과 조화를 이룬다.

후차 :
초식(1)
입식한다.

발바닥 내측을 밑변으로 하고 일종(一終)규를 꼭짓점으로 한 작은 삼각형체의 에너지가 대충맥을 통하여 천성로(天性爐)로 상승한다.
연식한다.

천성로의 영광(靈光)이 점화되어 회광수성(廻光修性)이 연공된다.
초식(2)
출식한다.

발바닥 외측을 밑변으로 하고 일시(一始)규를 꼭짓점으로 한 큰 삼각형체의 에너지가 만맥을 통하여 천성로(天性爐)로 상승한다.
연식한다.

천성로의 영광이 확연하게 밝아지면서 천규의 관문을 열어주고, 성(性)심(心)감(感), 명(命)기(氣)식(息), 정(精)신(身)촉(觸) 등 9체의 고유에너지를 하나로 통합하고 통합된 하나의 에너지를 만 가지 에너지로 무수히 분화시켜 온 누리의 에너지와 교통한다.

접화군생의 길을 연다.

광명세계로 무수히 퍼져나간다.

ㄷ. 연심공(鍊心功)

암흑이 걷힌
깨달음의 바다―
빛이 비쳐도
항상 운무에 쌓여
다가가도
다가가도
아련한 안개 속에
시간의 흐름을 차단하고
방향 감각을 상실케 한다.

줄곧 미망 속을 헤매다 보면
인식에 대한 분별마저
모호해진다.

정지된 꿈의 장면이
바뀌기 시작한다.
의식의 끝에 연결된
두 동공에
한줄기 광선이
신시(神市)의
비의를 전한다.

분해된 암호가
조립되는 과정은

고대선인의 맥박을
되살려,
신비한 미소로
화답한다.

인식의 성대한 의식(儀式)이
생략되고
돛단배는
깨달음의 바다를
가로질러
항해를 계속한다.

기억의 발착신호
저편에서
빗발치는
방해 전파들이
돛폭에 화살처럼 박힌다.

수많은 난파선의 잔해는
묘비명도 남기지 못한
구도자의 무덤이다.
침묵하는 것은
꿈을 꾸는 것.
의식의 맨 밑바닥에
꺾어진 돛대와

찢어진 돛폭의
헝겊쪼가리가
깃발처럼 나부낀다.

섬광의 빛줄기가
예리한 칼날이 되어
안개의 힘줄을
베어내고,
뱃전을 핥고
스쳐간다.

등댓불이다.
밤새도록
뱃고동을 울리며
안개 속을 헤매던
돛단배는
등대불빛을 쫓아
새벽녘의
고요한 포구에
닻을 내렸다.

결코 뒤돌아보지 않는
순례자는
해가 중천에 떠오를 때까지
포구를 벗어나

밝은 대낮의
초원을 걷고 있었다.
이름 모를 행성의
끝없이 펼쳐진
녹색의 대초원을
혼자
걷고 있었다.
하늘과 땅
그리고
이름 모를 들꽃을 보면서
그냥 걷고 있었다.
그때
홀연히
온천지가 광명으로
휩싸이면서
엄청난 에너지의
파동이
해일처럼 덮쳐왔다.
어아! 어아!
율려가 터지는 소리
태양 빛을 받아
찬란히 빛나는
순금의 웅장한 암벽

그 어떤 것에도 견줄 수 없는
황금으로 빚어진, 거대한 암벽.
그 어마어마한 위용이 눈앞을 가로막고 있었다.
미지의 대초원
한가운데
우뚝 솟은 황금바위의
웅대하고 휘황찬란함이
한순간에
모든 지식과 인식의
경계를 무너트렸다.

깨달음의 본체는
순금의 순수함과
신성한 지고함이다.
절대지고의 신이 세우신

황금의 기념비는
깨달음의 등댓불이 되어
온 누리에
현묘하게
퍼져
나간다.
무수 무량하게―.

나. 왕만래용변(往萬來用變)

만물이 무수히 생성 소멸을 거듭하여 접화군생(接化群生)의 쓰임이 바뀔지라도…

선차   후차

ㄱ. 연신공(鍊身功)

선차 : 묘연만 자세로 양발 어깨넓이 만큼 벌이고 서서 양손 배권하여 태정관(太精關)에 얹고 입식하면서 배권을 눈높이인 영해문(靈海門) 앞으로 들어올리고 배권의 중앙부인 태극형상을 응시하면서 체중을 백시문(百始門)으로 이동시킨 후 연식한다.

출식하면서 배권을 식해문(息海門)으로 내려뜨리고 동시에 체중을 백종문(百終門)으로 숨결에 따라 서서히 이동시킨 후 연식한다.

후차 : 입식의 숨결에 따라 배권을 영해문(靈海門) 앞으로 들어올리고 체중을 백시문으로 이동시킨 후 연식한다.

출식의 숨결에 따라 배권을 식해문(息海門) 앞으로 내려뜨리면서 양팔 양손을 교차시켜 상체를 직각이 되게 지상을 향해 수그린다. 출식

3 1 4

할 때 체중을 서서히 백종문(百終門)으로 이동시킨다.

이때 상체를 수그린 상태에서 오른손 손가락이 왼발 발가락과 일치되도록 하고 왼손 손가락이 오른발 발가락과 한 방향이 되도록 한다.

오행(五行)의 기운과 오성(五星)의 기운이 통합되는 쌍십공이 이루어져 내공력이 절정을 이룬다.

쌍십법

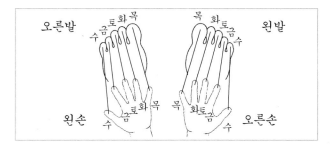

ㄴ. 연기공(鍊氣功)

마음속으로 "왕만래용변"이라고 묵송하거나 길고 느리게 영송한다.

선차 : 입식한다.

영해문(靈海門)인 두 눈으로부터 발출된 영성에너지가 배권의 태극중심을 통해 청룡문(靑龍門)과 백호문(白虎門)으로 취기되어 음·양에너지로 분화되고 다시 오행명주(五行明珠)로 주류하여 오행에너지로 분화된다.

연식한다.

영해정(靈海井)감해정(感海井)식해정(息海井)촉해정(觸海井) 등의 4해정의 에너지가 삼방(三房)삼로(三爐)에너지와 교류하여 고차원적인 에너지로 승화한다.

출식한다.

태정(太精)에너지가 지명(地命)에너지로 승화하고 지명(地命)에너지가 천성(天性)에너지로 승화한다.

연식한다.

천성(天性)에너지가 "대순환" 에너지로 귀일한다.

후차 :

10개의 양 손가락에서 발출되는 오행의 수금토화목 에너지와 10개의 양발 발가락으로 유입되는 오성(五星)의 목성, 화성, 토성, 금성, 수성의 에너지가 통합된다.

"쌍십법(双十法)을 통해 만물의 진화를 위한 접화군생의 새로운 장으로 나간다.

나의 에너지와 삼라만상 만물의 에너지와 융합되고 상생의 고리를 엮어나간다.

생명체와 생명체간의 영적인 교통이 이루어짐을 느낀다.

생명의 소리, 생명의 빛, 생명의 냄새, 생명의 맛, 생명의 에너지가 서로를 맞이하기 위해 독특한 에너지 파장을 보내 서로를 부르고 있음을 느낀다.

거대한 생명체 곰님과 광대한 우주는 "대순환"에너지 파장으로 연결되어있다.

"대순환"에너지에 사이클을 맞추면 "만왕만래"의 귀로에 오르게 된다.

수없이 오고, 가는 생성과 소멸을 거듭하고 무수히 쓰임이 변하여 접화군생을 이룬다.

진화한다.

낳고, 자라고, 병들고, 늙고, 죽는 생애를 반복하면 할수록 만물은 진화한다.

진화하는 것만이 능사가 아니다.

접화군생을 이룰 수 있는 영성회복이 우선돼야한다.

ㄷ. 연심공(鍊心功)

만물이 잠든 고요한 시각

밤이슬 내린다.

우리가 깊이 잠든 사이

하루도 빠짐없이

환님의

은혜로운 감로수

지상에 내린다.

신시(神市)의

사람들도, 나무들도

짐승들도, 새들도

물고기들도

삶을 바꾸고

의식을 바꾸어

왔던 곳으로

되돌아간다.

쓰임이 다르다.

쓰임이 바뀐다.

쓰임이 변한다.
진화한다.
그리고
생명의 접화군생이
이루어진다.

복본(復本)의
영성회복을 위해
죽는다.
정몽주 선인처럼
일백 번
고쳐죽는다.
넋이라도
있든 없든
죽어야 한다.
자유의
황금문이 열린다.

다. 부동본(不動本)

환님의 근본은 소멸되거나 변하지 않는 영원한 생명에너지의 시원
이자 정신에너지의
귀향처다.

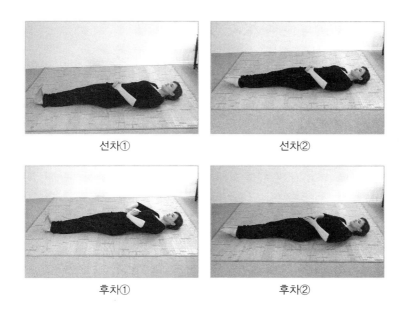

선차①   선차②

후차①   후차②

ㄱ. 연신공(鍊身功)

선차 : 반듯하게 누워서 양손 배권하여 태정관(太精關) 위에 얹고 입식의 숨결에 따라 두 발을 서서히 몸체 쪽으로 당겨주고 연식한다.

출식의 숨결에 따라 두 발을 서서히 앞쪽으로 밀어낸 후 연식한다.

지표(地表)에 접지한 독맥의 7성관(七星關)이 곰님을 떠받치고 있다.

후차 : 반듯하게 누운 자세에서 양손 합지인(合指印)을 지어 식해문(息海門)에 얹고 입식의 숨결에 따라 두 발을 서서히 몸체 쪽인 후방으로 당겨주면서 턱을 향하게 하고 연식한다.

출식의 숨결에 따라 두 발을 서서히 앞쪽으로 밀어내고 "합지인"을 180°회전시켜 손끝이 전방을 향하게 한 후 연식한다.

사해정(四海井)에너지의 터널 속으로 삼로(三爐)삼방(三房)의 에너지 파장이 세로막을 형성한다.

ㄴ. **연기공(錬氣功)**

마음 속으로 "부동본"이라고 묵송하거나 길고 느리게 영송한다.

선차 : 입식한다.

백시문(百始門)으로 쇄도하는 "대원일"의 기운이 대충맥을 통하여 "삼로" "삼방" "사해정"을 꿰뚫고 금오문(金烏門)을 관통하여 "대순환"의 에너지와 합류한다.

연식한다.

잠자는 맥락을 깨우고 닫힌 관문을 열어 "만맥천규"에 "대원일"의 에너지가 충만케 된다.

출식한다.

10개의 발가락으로 유입되는 오성(五星)의 기운이 촉해정(觸海井)에서 연성된 후 전신을 주류하다가 지상에 접지된 오성관(五星關)을 통해 지중(地中)으로 모든 독소를 배출한다.

후차 : 입식한다.

"합지인"으로 쇄도하는 오행의 기운이 식해정(息海井)으로 모이고 금오문(金烏門)으로 쇄도하는 태양의 기운과 현무문(玄武門)으로 밀어 탁치는 태음의 기운이 지명로(地命爐)에서 만나 오성의 기운과 함께 연단된다.

연식한다.

융합 합성된 음양오행의 기운이 폭발하여 "오행명주"의 회전을 작동시킨다.

출식한다.

전신으로 발공되는 에너지 파장이 사해파(四海波)와 6체 에너지대로 파급되어 에너지 형성막을 뚫고 외부로 발산된다.

선공을 거듭할수록 연신환허(鍊神還虛)의 에너지가 의념에 따라 하나로 집중되고 대순환 에너지와 접속된다.

대혼천(大渾天)의 선공이 이루어진다. 대원일의 빛이 내부로 비쳐져 천성로(天性爐)에서 슈퍼에너지(超極氣)가 생성된다.

진아의 향기가 전신에서 퍼져나온다.

육체의 탈을 벗고 의식과 에너지만 존재하는 진아의 경지에 이른다.

ㄷ. 연심공(鍊心功)

1천 300여 년 전

고구려 멸망 후

이역만리 남의 나라에 끌려간

고구려 유민들이

애곡했던 것은

그들의 땅에서

사냥을 할 수 없었고,

곡식도 심을 수 없게 된 것과

그들의 바다에서

고기잡이도 할 수 없게 된 것을

슬퍼했을 것이다.

그보다 더

가슴을 에는 것은

두고두고
환님의 은혜와
곰님의 사랑이
그들을 떠난 것을
애도했음이니
그들의 가슴에 가득한
전쟁패배에 따른
지배계층에 대한 원망과
나라를 빼앗긴 원통함이
하늘을 찌르고도 남았으리라.

어제의 그들은
바로
오늘의 내 자화상이려니,
자기 이익에만 급급한
얼굴을 가린
나의
참모습이다.

아! 역사를 통해서
영적 가치를 상실함이
인간의 가장 크나큰
고통임을,
나의 참모습에서
통절히 느낄지니,

무엇보다도
영성을 회복함이
가장 시급한 일일 것이다.

약 1만 여 년 전
역사이전의 "마고시대"에도
"포도의 힘"을 믿고
교만해진 인간들이
신성을 거역하다
영성을 상실하였음을
기억하노라.

이제 영적인 충일로
절대 지고한 환님에 대한
의혹을 풀어야 할 때다.

복본(復本)은 "부동본대원일"로
회귀하여
현묘한 영성을 회복하는 것이다.
그것이 인간개벽이요,
이 세상을
광명세계로 변화시키는
홍익인간
환웅천제를
본받는 길이다.

이것이

마지막 단계인

사람을 여는

개인(開人)이다.

5) 일종법(一終法)

하나가 끝난다.

종말을 뜻하는 것이 아니라

새로운 우주질서가 시작함이다.

천·지·인의 진정한 개벽을 의미한다.

9단계 : 본심본 태양앙 명인중 천지일
(本心本 太陽昻 明人中 天地一)

환님의 깊은 뜻을 깨달으면

참나의 황금태양이 높이 솟아올라,

사람과 천지를 밝게 비추는

영적으로 으뜸인 홍인인간으로

거듭난다.

가. 본심본(本心本)

"대원일의 깊은 뜻에 다달으면…"

선차①

선차②

후차

ㄱ. 연신공(鍊身功)

선차 : 양 발을 어깨넓이만큼 벌리고 누워서 양손 배권하여 지명관 (地命關)위에 얹고 입식의 숨결에 따라 양 발 전체를 서서히 내측으로 회전시켜 양 발의 엄지발가락이 지표에 닿도록 대퇴부와 발 전체를 안쪽으로 틀어준 후 연식한다.

출식의 숨결에 따라 두발 전체를 서서히 외측으로 회전시켜 소지발 가락이 지표에 닿도록 한 후 연식한다.

후차 : 1차와 동일한 자세로 양 발 벌리고 누운 자세에서 입식의 숨 결에 따라 양 발 전체를 서서히 안쪽으로 회전시켜 주는 동시에 양 손을 교차시켜 오른손 손가락을 왼발 발가락과 일치시키고 왼손 손가 락을 오른발 발가락과 일치시키는 "쌍십공"을 연공한 후 연식한다.

출식의 숨결에 따라 양 손 거둬들여 다시 배권하여 지명관(地命關)

위에 얹으면서 양 발을 서서히 바깥쪽으로 회전시켜 소지발가락이 지표에 닿도록 한 후, 연식한다.

양 손 배권하여 지명관(地命關) 위에 얹은 채로 발동작과 운기조식의 연공을 중단하고 소혼천(小渾天)의 에너지 주류에 자신의 에너지를 맡긴다.

ㄴ. 연기공(鍊氣功)

마음 속으로 "본심본(本心本)이라고 묵송하거나 길고 느리게 영송한다.

선차 : 태음의 기운이 태음관(太陰關)으로 쇄도하여 촉해정(觸海井)을 거쳐 태정로(太精爐)에서 연공된다. 고도의 연정화기(鍊精化氣) 공력이 발동되어 대충맥으로 상승한다.

연정의 기운이 골반과 척추를 바로 잡아 전신의 골격이상 상태를 제자리로 찾게 하고, 두개골의 압착상태를 완화시킨다. 뇌압을 최적상태로 유지케 한다. 두뇌활동이 활발해진다.

후차 : 양 손가락 끝의 오행(五行)의 수금토화목 기운과 양 발가락 끝의 오행(五星)의 수금토화목 기운이 융합되어 대충맥으로 상승한다.

족사규(足四竅)인 백시문(百始門) 백종문(百終門)과 청룡문(靑龍門) 백호문(白虎門) 현무문(玄武門) 황웅문(黃熊門)이 열려 대원일의 기운이 만맥천규로 주류한다. 금오문(金烏門)과 태양문(太陽門/天性關)이 열리면서 에너지의 기축(機軸)이 바로잡힌다.

성, 심, 감(性, 心, 感) 명기식(命氣息) 정, 신, 촉(精, 神, 觸) 에너지체가 화합되어 무한한 기쁨이 영체로부터 우러나온다.

태양계를 중심으로 한 小渾天의 주기가 大渾天으로 서서히 바뀐다.

自我의 혼불이 최고조로 밝아진다. 마지막 현관(玄關)을 열기 위한 연기화신(鍊氣化神)의 연공이 이루어져 현방의 최고경지인 묘문이 열린다.

내공력이 상상을 초월할 정도로 상승된다.

혼식(魂識)*이 발현되어 예지력, 창의력 및 치유능력의 경지에 이른다.

ㄷ. 연심공(鍊心功)

절대고독

존재하는 것은

아무것도 없음.

나의 영체에서

비쳐나오는

한줄기 빛이

어두움을

약간 분산시킬 뿐…

화려한 궁전도

선녀들도 없음.

황금의 문을

지나고부터

사막과 황무지의

무인지경이

{ * 혼식이란 인간의 진화 과정에서 영채 속으로 숨어버린 초능력적인 초의식을 이룸.

끝 간 데 없이
펼쳐지고 있음.

그런데 이상한 것은
내 의식과 상관없이
내 영체가
어디론가
날아가고 있다는 것이요.

밑도 끝도 없는
어둠 속을 날아가는데
차츰 내 영체에서
빛다발이 쏟아져나가
사방을 비추는 것이었소.
그제야
서서히 윤곽이 드러나면서
여기저기
빛줄기가 쏟아져 나오는데
숲속에 나무들…
다람쥐들
새떼들
아기사슴, 잠자리
벌떼, 나비, 늑대들의 영체에서
저마다 빛을 쏘아
빛으로 말하고

빛으로 듣고
빛으로 느끼고 있었소
나도 그렇게 말하고
그렇게 들었기 때문이오.
그런데
내 영혼의 의식이
큰 소나무의 마음으로
바뀌더니
연민으로 가득 차서
사물들을 깊이 느끼고
깊게 닿아 있는 것 같았소
사나운 늑대의 마음조차
희생적인 사랑으로
새끼들을 돌보고 있었고
어떤 바윗덩어리의 마음도
굳건한 믿음으로
비바람에 순응하고 있었다오.
결국
하늘의 본심에
다다른다는 것은
자신이 자신의 참된 영혼에
닿는 다는 것임을—
자연계의 순수한
영혼들이

심오한 교훈을
가르치고 있음을
알게 되었다오
옛 선인들은
"본심본"에
깊은 뜻을 숨겼겠지요.
그래서 결과가 무엇이냐구요.
자유를 느낀 거지요
아니—
그런 느낌마저도 없는
절대 자유
거짓의 껍데기를
깨트려버린 찰나의 구원—
천지신명
삼라만상 모든 만물이
서로 통한다는 것
생물, 무생물,
물질, 비물질
모두
"본심본"의 뜻에 따라
끊임없이 영혼을
새롭게 승화시킬 수 있다는 거지요.
그리고
서로 영적으로 교통하고

에너지를 교환하여
서로의 생명을 존중하고
사랑하며
함께 살 수 있는
"접화군생"의
밝은 세상을 이루어야 한다는
엄숙한 자연의 섭리와
피할 수 없는 숙명적인 명제를
꿰뚫어 본 옛 선인들의 지혜─

혼을 갖추고
넓힌다는 것은
궁극적으로
"본심본"에
이르는 도정입니다.

나. 태양앙(太陽昻)

"참나의 황금태양이 높이 솟아올라…"

ㄱ. 연신공(鍊身功)

선차 : "묘연만" 자세로 양 손 배권하여 태정관(太精關) 위에 얹고 입식의 숨결에 따라 양손좌우로 풀어 내린 후 손바닥을 하늘을 향한 자세로 위로 치켜들면서 체중을 서서히 백시문(百始門)으로 이동한 후 연식한다.

출식의 숨결에 따라 양팔을 서서히 내려트리면서 동시에 체중을 백종문(百終門)으로 이동한 후 연식(鍊息)한다.

| 선차 | 후차① | 후차② |

후차 :

초식(1)

"묘연만"자세에서 양팔을 가지런히 모았다가 입식의 숨결에 따라 "금오세(金烏勢)"로 바꾼다. 금오세는 왼발을 반족(半足) 가량 앞으로 옮겨 왼발의 백종문(百終門)이 오른발의 백시문(百始門)과 나란히 되게 한다.

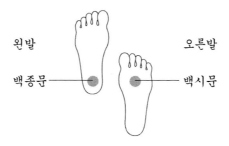

이때 양팔은 입식의 숨결에 따라 몸통 좌우에서 45°정도 끌어올린다.

체중은 왼발 백종문과 오른발 백시문으로 옮겨져 좌우 대칭적 에너지의 흐름이 묘한 조화를 이루어 진음(眞陰)진양(眞陽) 에너지가 융합된다.

대충맥과 임맥, 독맥을 관통하는 에너지의 흐름이 분류처럼 강렬해져 흐름의 속도가 배가된다.

출식하면서 오른발을 반족(半足) 가량 앞으로 옮겨 오른발의 백종문이 왼발의 백시문과 나란히 되게 한다.

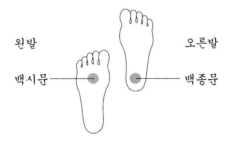

양팔은 출식의 숨결에 따라 서서히 몸통 쪽으로 내려뜨린 후 연식한다.

좌우 발을 교대로 반족(半足) 가량 내딛으면서 연공하되 「태양앙」의 관건은 체중이 비대칭적으로 좌우 발바닥의 백시문과 백종문에 집중되며, 신체와 에너지체 사이에 꼬이거나 뒤틀려 어긋난 에너지 통로를 개통시키는 비법이다.

대충맥을 위시한 만맥천규가 일사분란한 에너지 수급조절로 에너지의 고양과 정화작용을 극대화시킨다.

궁극적으로 천성로(天性爐)에서 「황금태양」을 연성하여 성통공완을 이루기 위함이다. 천부경의 비의가 여기에 있다.

⇨ 앞으로 나아가지 않고 제자리에서 연공할 경우 좌측 발을 반족 가량 내딛고 입식하고 연식한 후 출식시 좌측 발을 반족 가량 뒤로 물린 후 출식 후 연식한다. 동일한 방법으로 발 바꾸어 연공한다.

후차 :

선인보(仙人步)와 쌍벽을 이루는 금오보(金烏步)다.

금오세(金烏勢)와 동일한 방법으로 체중의 무게중심을 백시문과 백종문으로 엇갈리게 배분하여 걷되, 금오세는 좌우 발의 거리를 반족 가량 내딛거나 뒤로 물렸으나 금오보는 좌우 발의 거리를 약 일 보(一步) 가량 보폭을 넓게 옮겨 연공한다.

입식의 숨결에 따라 왼발을 일보 앞으로 내딛는 금오보를 취하여 체중을 왼발 백종문과 오른발 백시문으로 이동시키면서 7보에서 21보 걸은 후 연식한다(연마되면 63보 이상 걸을 수 있다).

출식시에도 7보에서 21보 걸은 후 연식한다(연마되면 63보 이상 걸을 수 있다).

이때 팔은 선인보(仙人步)와 마찬가지로 입식할 때 손바닥을 펼쳐 앞에서 뒤로 밀어주고 연식할 때는 손바닥을 땅을 향해 밀어주며 출식할 때는 손등으로 뒤에서 앞으로 밀어준다.

⇨ 무리하지 않게 자신의 호흡량에 맞게 걸음수를 조정한다.
△ 천천히 걷다가 호흡을 조절하며 빨리 걸어본다.
△ 입식시 빨리 걷다가 출식시 천천히 걷는다.
△ 동일한 호흡과 보조로 걷는다. 각기 다른 점을 기억해둔다.

ㄴ. 연기공(鍊氣功)

마음속으로 「태양앙」이라고 묵송하거나 길고 느리게 영송한다.

선차 : 태양의 기운이 금오문(金烏門)의 백회혈(百會穴)과 태양관(太陽關)의 뇌호혈(腦戶穴), 태양문(太陽門)인 인당혈(印堂穴) 등 3개 규로 쇄도하여 영해정(靈海井), 천심방(天心房)을 거쳐 천성로(天性爐)에서 연성된다.

천성의 에너지가 대충맥으로 하강하여 4해정(海井), 3방(房), 3로(爐)의 에너지를 차례로 연성한 후 지명로(地命爐)에서 만맥천규로 퍼져나간다. 이를 반조수명(反照修命)이라 한다.

다시 천성로(天性爐)로 회광하여 연신환허(鍊神還虛)의 고차원적 정신에너지로 승화된다. 이를 회광수성(廻光修性)이라 한다.

후차 :

초식(1)

천성로(天性爐)에서 연성된 "황금태양"이 운행하기 시작하여 천심방(天心房)과 영해정(靈海井)을 밝힌다.

성(性)심(心)영(靈)감(感)체와 명(命), 기(氣), 식(息)체 및 정(精)신(身)촉(觸)체의 10개의 에너지체가 하나의 에너지로 융합되고 응축되어 "황금태양"이 최고도로 강력해지고 밝아져서 금오문(金烏門)을 박차고 날아오른다.

내부에서 반조수명(反照修命) 회광수성(廻光修性)이 반복해서 연공되고 외부로 발출된 "황금태양" 속의 "황금까마귀"가 높이 비상하여 "대순환" 에너지에 접속된다.

본래의 태양으로 복귀한다.

초식(2)

일보일보 좌우발을 금오보(金烏步)로 걸을 때마다

곰님의 에너지,

환님의 에너지,

그리고

나의 에너지가 합류한다.

숭고한 일체감이

무구한 화평으로 이어진다.

ㄷ. 연심공(鍊心功)

돛단배의 항해는

계속된다.

내면의 바다는

기쁨과 슬픔

두려움과 노여움,

탐욕과 싫음 등의

파도가 일어

돛단배를 집어삼킬 듯이

포효하고 있다.

격정과 욕망에

사로잡혀

나를 잃어버린다.

냉정한 자기제어로
감정을 억누른다 해도
시시각각
부정적인 신호가
모든 신경체계를
교란시킨다.

기나긴 항해가
심신을 강인하게
단련시켰다.
때로는 향수병에 걸린
환자처럼
광대무변한
하늘을 가리켜
"저게 나요"라고
외치고
망망대해를 가리켜
"이게 나요"라고
부르짖었다.

자기부재와
무수히 분화된
자신이
숨바꼭질하면서
항해는 계속된다.

망령의 나
망상의 나
허구의 나
거짓의 내가
나를 점령하고
나를 지배하고 있었다.

하늘이라던 나는
땅이라던 나는
거짓성찰의
허구적인 존재일 뿐
참나는 억압받고
겁에 질려
구석에서 벌벌 떨고 있었다.

거짓 나의 폭군
압제자를 똑똑히 보라.
신전에 엎드린
비단 옷자락에서
구더기가 기어 나온다.
어둠을 찬미하는
사제들은
선량한 제물의
피를 바쳐
마왕을 보양하고

죄 없는 신도들을
파멸로 이끈다.

도(道)가 한자 자라면
마(魔)가 석자 자란다.
그대 차례가 오면,
주저 없이 마의 잔을
깨트려 버려라.
그대 차례가 오면
이미 머리골속에
내려와 있는
"황금태양"의 불씨를
활활 타오르게 하라.
신성한 "황금까마귀"의
귀환을 맞이하라.
순수한 불꽃,
불타는 가슴으로─.

바람이 다가와 물었다. 영혼의 상처는 다 낳았나요.
바람 바람이 다가와 물었다. 지난날의 아픔은 다 낳았나요. 아직도
대답이 없군요.
바람 바람 바람이 다가와 말했다. 영혼이 순수해질 때 그 빛을 따라
한없이 올라가지요. 고통과 눈물이 수정으로 결정된 구원의 세계로─.

다. 명인중(明人中)

"사람과 (천지를) 밝게 비추는…"

ㄱ. 연신공(鍊身功)

선차 : "묘연만" 자세로 서서 배권하여 하로(下爐)의 태정관(太精關) 위에 얹었다가 입식하면서 만공세를 취하여 양손 머리위로 들어올려 금오문(金烏門) 위에서 합장한 후 연식한다.

출식하면서 합장한 손 중로(中爐)의 지명관(地命關) 앞에서 멈춘 후 연식한다.

입식시 체중을 백시문(百始門)으로 옮기고 출식시 체중을 백종문(百終門)으로 옮긴다. 반복하여 연공한다.

선차   후차①   후차②

후차 : 합장을 "합지인"으로 바꾸고 입식의 숨결에 따라 "금오세(金烏勢)"를 취하여 왼발 반족(半足) 가량 앞으로 내딛고 "합지인"으로 "개지법(開地法)"을 펼쳐 합지인을 지명관을 향해 90° 회전시킨 후 연식한다.

이때 체중은 왼발의 백종문과 오른발의 백시문으로 이동한다.

출식하면서 "금오세"로 오른발을 반족 가량 앞으로 내딛고 "합지인"을 270°회전시켜 합지인의 손끝이 지표를 향하도록 한 후 연식한다.

이때 체중은 오른발의 백종문과 왼발의 백시문으로 옮긴다.

"개지법"과 "금오세"가 어우러져 최고의 경지인 "명인중"으로 들어간다.

ㄴ. 연기공(鍊氣功)

마음속으로 「명인중」을 묵송하거나 길고 느리게 영송한다.

선차 : 일기가 "금오문"으로 쇄도하여 대충맥으로 하강, 3로(爐) 3방(房) 4해정(海井)을 거쳐 족사규인 백시문을 통해 지중(地中)을 관통하여 천중(天中)으로 복귀한다.

양손 장심의 청룡문과 백호문의 합장에 의해 전신의 음양 에너지가 융합되고 분열되어 만맥천규에 가공할 에너지파동을 일으킨다.

대혼천의 대순환과 접속된다. 9차원의 묘문이 열린다.

후차 : "개지법"과 "금오세"가 어우러져 천성로(天性爐)의 "황금태양(黃金太陽)"이 작동되고, 지명로(地命爐)의 "오행명주(五行明珠)"가 회전되며, 태정로(太精爐)의 "태음은주(太陰銀珠)"가 가동된다.

신체는 사라지고 영·혼·백체의 "황금태양"과 "오행명주" "태음은주"에서 쏟아져 나오는 찬란한 광채가 천중을 향하고 황홀한 향기가 지중에 맞닿는다.

염담허무를 초월하여 신인합일(神人合一)의 경계에 도달한다.

ㄷ. 연심공(鍊心功)
먼저 있었던 사람들의
공간은 지워지고,
아주 작은 기억의 편린들이
남아 추억되어진다.
때로는 그들의
마음과 표정, 음성들이
가슴속에 파문을 일군다.

세월은 흘러가고
만나고 헤어짐도
세월마다 희미해진다.

삶은 미망(迷妄)을 벗어나지 못하고
항상 그랬던 것 같이
초침과 분침 그리고 시침이
경주를 되풀이한다.

고대신화의 기원은
여는 것으로 시작된다.
하늘을 여는 개천
땅을 여는 개지
사람을 여는 개인

열림사상의 핵은
"어둠을 밝히는 것"이다.

나를 열고
나를 밝힌다는 정신은
선인도의 모태가 된다.

그러나
나를 밝히는 일은
대부분 무위로 끝나고
거듭 미망 속을 헤매이는
존재로 고형화된다.
하늘과 땅이
숨쉬고
사람과 만물이
숨쉰다
그리고 돌아가고 있다.
돌아오고 있다.
천상의 대원일과
자신의 황금태양이
깊은 호흡으로
서로 연결되는
우주와의 만남이
새로운 차원의
경계를 연다.

나 자신을 여는 구원
나 자신을 밝히는 구원

그리고
"크게 돕는 사람" ―.
"세상을 바꾸는 주인"으로
진화된다.

"명인중" "천지일"
접화군생하는
「홍익인간」이 된다는 뜻이다.

고온지곤지
제에엠 젬
도―리도리
짝짜쿵, 짝짜궁, 짝짜궁

라. 천지일(天地一)

"천지간에 영적으로 으뜸인 홍익인간으로 거듭난다."

ㄱ. 연신공(鍊身功)

선차 : "묘연만" 자세로 서서 양손 배권하여 태정관(太精關) 위에 얹고 입식의 숨결에 따라 양손을 풀어 "만공세"를 취하여 하늘로 추켜올린 후 "금오문(金烏門)" 위에서 합장한 후 연식한다.

출식의 숨결에 따라 합장을 "지명관(地命關)"까지 내려뜨린 후 왼손은 계속 밑으로 내려가 "태정관(太精關)" 위에 얹고 연식한다.

오른손 "백호장"을 가슴 앞에 세우고 왼손 청룡장을 태정관 위에 얹고 3~5회 정도 연공한다.

입식의 숨결에 따라 청룡장을 "태정관"으로부터 "지명관"으로 끌어 올려 가슴 앞에 세우고 백호장은 반대로 "지명관"에서 "태정관"으로 끌어내려 태정관 위에 얹고 3~5회 정도 연공한다.

입·출식의 숨결에 따라 체중은 백시문(百始門)과 백종문(百終門)으로 이동한다.

선차①   선차②

후차①   후차②

후차 :

초식(1)

"묘연만"자세에서 양발을 가지런히 모았다가 입식의 숨결에 따라 왼발을 반족(半足) 가량 앞으로 내어딛는 "금오세(金烏勢)"를 취하여 체중을 왼발 백종문과 오른발 백시문으로 옮기면서 오른손의 백호장을 "지명관" 앞에 세우고 왼손의 청룡장은 "태정관" 위에 얹고 연식한다.

초식(2)

출식의 숨결에 따라 오른발을 반족 가량 앞으로 내딛는 "금오세"를 취하여 체중을 오른발 백종문과 왼발 백시문으로 옮기면서 오른손의 백호장을 내려트려 "태정관" 위에 얹고 왼손의 청룡장을 들어올려 지명관 앞에 세운 다음 연식한다.

초식(3)

제자리에서 연공할 경우 "금오세" 발디딤을 앞뒤로 이동하면서 청룡장과 백호장을 교대로 바꾸어 지명관 앞에 세우고 연공한다.

야외나 실내에서 "금오보"를 연공할 경우 선두 연공자의 구령에 따라 청룡장과 백호장을 교대로 지명관 위에 세우고 태정관 위에 얹던 반대편 손을 옆으로 벌려 내려트린 채 "금오세"를 "금오보"로 바꾸어 입출식 숨결과 병행하여 금오보를 연공한다.

"금오보"는 들숨날숨에 보행수를 맞추는 초식과 보행수에 상관없이 들숨날숨에 따른 "금오보"를 실시하는 초식으로 나눠진다. 초보자는 들숨7초에서 시작하여 들숨14초 날숨14초 들숨21초 날숨21초 등으로 자신의 호흡량에 따른다.

"금오세"와 "금오보"는 똑같은 원리와 자세를 취하지만 "금오세"는 보폭을 반족(半足)을 기준을 삼고 "금오보"는 일보(一步)를 기준으로 한다. 단지 보폭만 다를 뿐 아니라 "금오보"는 "선인보"와 마찬가지로 보행하면서 연공하는 점이 다르다.

청룡장과 금오세

백호장과 금오세

청룡장과 금오보

백호장과 금오보 현묘한 기운 합주를 이룬다.

참나가 존재하므로

천지기운과 나의 기운이 합일된다.

나의 존재에 대한 모든 의혹이 떠오른다.

소리와 빛,

냄새와 맛,

미혹함과 대항하여 다툼의 본질에

깊이 닿는다.

현상을 꿰뚫어 미망을 초극한다.

삼일신고 이르기를 금촉(禁觸)이라 하였다.

ㄴ. 연기공(鍊氣功)

마음속으로 「천지일」를 묵송하거나 길고 느리게 영송한다.

선차 : 백호장과 백시문, 백호장과 백종문, 청룡장과 백시문, 청룡장과 백종문의 "금오세"연공을 통해 참나가 온다.

암흑의 장벽을 깨트리고 나의 참기운이 백호장과 청룡장을 통해 우주에 참모습을 투사한다.

대혼천의 대순환 에너지가 칠성관과 금오문, 현무문, 백호문, 청룡문, 족사문, 태양문(천성관) 지명관, 태정관으로 쇄도하여 천규를 열고 만맥으로 주류한다.

대충맥의 금오문과 현무문을 통해 진기가 대순환 에너지와 접속되어 대혼천의 연공이 이루어진다. 주위의 모든 사기(邪氣)와 탁기, 병기(病氣) 오기(惡氣) 등을 파괴한다.

후차 :
초식(1+2)
천성로에서 "황금태양"의 기운이 점점 더 농축된다.
혼연일기의 기운이 천지로 뻗어나간다. 한님과 곰님의 기운이 화답한다. 신성한 서기(瑞氣)가 어우러지고 연공자로부터 향기가 방출된다.
초식(3)
"태정로(太精爐)"의 태음은주(太陰銀珠)가 회전을 거듭하다가 대충맥으로 상승하여 "지명로(地命爐)"의 오행명주(五行明珠)와 융합되고 태음은주 오행명주의 합일체가 상승의 내공력을 발휘하여 "천성로(天性爐)에서 황금태양과 융합된다.
금오문을 박차고 황금까마귀가 비상한다. 에너지의 시원을 향해 날아오른다. 천지간에 으뜸인 홍익인간으로 거듭난다.

ㄷ. 연심공(鍊心功)
천황께서,
사랑하신 여인은
하루 한끼씩
마늘 한쪽으로
몸을 지탱하시고
쑥 한 잎으로
마음을 맑게 하셨다.

어찌하여 지존이신
천황은
이 여인을 사랑하셨을까
굶주림과 추위와
두려움에 떨고 있는
가련하고 불쌍한
여인을 동정해서일까.

철석같은 믿음이
영혼의 불을 댕겨
고귀한 생명을
밝혀주었으니
백일이 지나는 동안
열 개의 몸을 모두 선화하시여
성통공완 이루시니
참으로 아름다우셨다네
아무것도 가진 것이 없는
가녀린 여인은
우주와 함께 숨쉬는
선녀가 되셨다네.

최초로 인간세상에서
"태양앙 명인중 천지일"의
공완을 이루셨으니
옛날 옛날 까마득한

먼 옛날에
우리의 시조이신
환님의 아들,
거발한 환웅과
땅의 여신이신
곰님의 딸
웅녀와의 사랑이야기는
아직도 우리 귓가에
쟁쟁하게 울려온다네.

아무것도 가진 것이 없었기에
마음속에 사랑을 가득 담고
믿음과 희생이
마고성의 의혹을 풀어내셨네.

매일같이
마늘 한 쪽과 쑥 한 잎으로
100일 선공의 기적을
이뤄내시니
하늘을 믿고
땅을 믿고
선님을 믿었음을
이미 하늘이 알고
땅이 알고
만물이 알고 있었네.

사랑의 순수함과
관용의 지혜와,
용서의 아름다움이
덕성과 용기의 표상일세.

오 곰님의 딸
신시(神市)의 황후이시여,
접화군생의
홍익인간으로 거듭나심이여,
지고지순하신
거룩한 성모님이시여—.

영원한
사랑과 화평의
어머님이시여
"태양앙 명인중 천지일…"
영원 그 자체 이시여…

10단계, 일종무종일(一終無終一)

하나의 끝남은 없음(無)에서 끝난다. 이를 마지막 하나(終一)라 한
다. 고로 종일(終一)은 오메가다.

ㄱ. 연신공(鍊身功)

선차 : 무진본 자세로 서서 입식하면서 만공세를 취하여 금오문 위
에서 합장하고 연식한다. 출식하면서 합장을 태정관까지 내려트려 합

장을 풀어 양손 주먹을 쥔 다음 계속 출식의 숨결에 따라 왼손 주먹을 등뒤로 돌려 목성관(木星關) 위에 얹고 연식한다.

입식의 숨결에 따라 왼손주먹인 "청룡권"을 태정관으로 돌리고 동시에 오른손 주먹인 "백호권"을 등 뒤로 돌려 목성관(木星關) 위에 얹고 연공한다.

본연공시 입식할 때 체중을 백시문으로 옮기고 출식할 때 백종문으로 이동시킨다.

선차① 선차②

후차① 후차②

후차 : "묘연만"자세로 단정히 서서 입식하면서 만공세를 취하여 금

오문 위에서 합지인을 만든 후 연식한다.

동일한 자세에서 출식한 후 연식한다.

초식(1)

입식하면서 왼발을 반보 내딛는 금오세를 취하여 왼발 백종문과 오른발 백시문으로 체중을 이동시킨다.

입식과 더불어 합지인을 뒤로 180° 회전시켜 손끝이 금오문을 향하게 하는 개천법을 연공한다. 연식한다.

출식하면서 오른발 반보 내딛는 금오세를 취하여 오른발의 백종문과 왼발의 백시문으로 체중을 옮기면서 합지인을 복귀시켜 손끝이 하늘을 향하게 한 후 연식한다.

초식(2)

합지인을 태양문(천성관/인당) 앞까지 내려트리고 좌우 발을 교대로 "금오세"를 취하면서 입식과 동시에 합지인을 90° 뒤로 회전시켜 손끝이 태양문을 향하게 하고 연식한다. 출식과 더불어 합지인을 90° 제자리로 회전시켜 손끝이 하늘을 향하게 한다.

초식(3)

합지인을 식해문(息海門)으로 내려트리고 배권하여 식해문에 얹고 좌우 발 교대로 금오세를 취하면서 연공한다.

마무리 연공은 묘연만 자세로 돌아온다.

ㄴ. 연기공(鍊氣功)

마음속으로 "일종무종일" 묵송하거나 길고 느리게 영송한다.

선차 : 신체의 외부로 방사된 10개의 에너지 파장의 밀도가 점점 높

아져 차츰 황금빛의 오라(Aura)로 뒤바뀐다.

신체를 초월한 내공력이 극대화 된다. 일신강충 성통광명의 영안이 개안된다.

후차 : 성심감(性心感) 명기식(命氣息) 정신촉(精身觸)의 영, 혼, 백체가 하나의 에너지로 융합된다. 이화세계(理化世界)의 지평이 열린다. 홍익인간이 온다.

ㄷ. **연심공(鍊心功)**
옛 선인들은
마음에 우주를 담으시고
몸안에 생명의 시원에 닿는
비단길 놓으셨다.

만년 미래를
미리 보시고
사람을 여는
지혜를 주셨으니,
이미
머리골속에 내려와 있는
황금태양의 불씨에
점화하는 수련이다.
지감, 조식, 금촉으로
고요히 경도를 닦아
덕과 지혜와 힘을

귀향처인 본심본에
다다르게 한다.

참나의 황금태양이
대원일의 광명으로
통하면,
세상을 바꾸는
역세주 홍익인간으로
거듭난다.

만물이
물질과 정신을
융합하는
접화군생의
시대가 도래할 때,

처음의 하나가 없음에서
시작했듯이
마지막 의 하나도 없음에서
끝난다.

이것이 천부경이 후세에
전하는 메시지다.

2

무극영기법 無極靈氣法

무극영기법은 일명 환웅선공이라고 불리는데 이는 고구려 시대 화랑의 원류인 조의선인(皁衣仙人)들이 열여덟 분 환웅의 존함을 붙여 선공법을 완성하고 이를 외선공(外仙功) 수련의 기초로 삼았다. 총6장 18법으로 나뉜다.

1) 지기법(至氣法)

삼성기(三聖記)에 전하기를 지기(至氣)란 모습 없이 볼 수 있고(無形而見) 함이 없으면서 이루고(無爲而作) 말이 없으면서 행한다(無言而行) 하였으니 이는 밝은 빛으로 온 누리를 비추고 큰 권능은 만물을 낳았다는 한님의 본령이 지극한 영기로 이루어졌으며, 그 쓰임이 조화무궁하여 시공을 자유자재로 초월할 수 있어, 항상 쾌락을 즐겼다 한다.

> 吾恒國建國最高有一神在斯自力之天爲獨化之神光明照宇宙權化生萬物長生久視恒得快樂遊至氣妙契自然無形而見無爲而作無言而行… 下略 (三聖記全上篇)

북방태수(北方太水)는 기(氣)가 있기 전에 물을 낳았다. 검은색을 관장하고 호를 현묘진원(玄妙眞元)이라 하며 이를 대길상(大吉祥)이라 한다.

동방태목(東方太木)은 질(質)이 있기 전에 나무를 낳았다. 푸른색을 관장하고 호를 동인호생(同仁好生)이라 하며 이를 대광명(大光明)이라 한다.

남방태화(南方太火)는 기(機)가 있기 전에 불을 낳았다. 붉은 색을 관장하고 호를 성광보명(盛光普明)이라 하며 이를 대안정(大安定)이라 한다.

서방태금(西方太金)은 형(形)이 있기 전에 금(金)을 낳았다. 흰색을 관장하고 호를 청정견허(淸淨堅虛)라 하며 이를 대희리(大喜利)라 한다.

중방태토(中方太土)는 체(體)도 있기 전에 흙을 낳았다. 노란색을 관장하고 호를 중상유구(中常悠久)라 하며 이를 대예악(大豫樂)이라 한다.

(1) 거발한 법

거발한(居發桓)이란 천·지·인을 하나로 정한다는 뜻이다. 배달겨레의 시조이자 신시개천의 주인공이신 홍익인간 환웅천제를 일컬음이다. 미개시대에 열린 문명을 일으켜서 인간세상을 바꾸는 자기구원과 이타행의 홍범을 완성하시고 교화하셨다. 재위94년에 120세까지 사셨다고 전한다.

ㄱ. 연신공(鍊身功)

선차 : 「묘연만」자세로 서서 입식과 더불어 체중을 오른발「백종문」으로 옮기면서 왼발을 서서히 앞으로 들어올려 몸과 직각이 되게 하면서 동시에 양팔을 들어 올린 후 연식한다.

출식과 더불어 서서히 숨결에 따라 왼발을 내려트리고 체중을 오른발 「백시문」으로 옮겨준다. 동시에 양팔을 몸통 쪽으로 내려트린 후 왼발이 지면에 가까워지면 약간 몸 뒤쪽으로 치켜 올리고 출식을 마친 후 연식한다.

양발 교대로 바꾸어 동일한 방법으로 연공한다.

선차①   선차②

후차①   후차②

후차 : 입식시 양손을 주먹 쥐어 가슴에 모으고 왼발을 1차와 동일한 방법으로 앞으로 들어올리고 연식한다.

출식시 양 주먹을 풀어 내리면서 왼발을 내려 지면에 가까워지면 약간 몸 뒤로 치켜올리고 출식을 마친 후 연식한다.

1차와 마찬가지로 입식할 때는 체중을 들어올린 반대편 발의「백종문」으로 옮기고 출식할 때는 들어올린 반대편 발의「백시문」으로 옮겨 에너지 순환과 신체의 균형에 조화를 이룬다.

ㄴ. 연기공(鍊氣功)

마음속으로「거발한 선님」이라고 묵송한다.

선차 : 입식한다. 들어올리는 발의「백시문」으로 취기(聚氣)된 지기(地氣)의 한가닥은 독맥(督脈)의 태음관, 목성관, 화성관, 토성관, 금성관, 수성관, 천성관을 통해 천성로에서 천기(天氣)와 융합된다. 이 에너지는 천심방과 영해정으로 파급되어 일원기는 임맥(任脈)을 타고 현무문까지 하강한다.

연식시 금오문과 현무문 사이에 진기(眞氣)의 압력이 팽창한다.

출식한다. 출식시 대충맥으로 하강하는 일원기는 사해정, 삼방, 삼로를 거쳐 만맥천규로 확산되어 퍼져나간다.

연식시 지명로(地命爐)에서 재처리된 에너지가 태정로(太精爐)에서 내기(丙氣)와 재융합되어 농축된다.

후차 : 입식시 접지된 발바닥의「백종문」으로부터 강력한 지기(地氣)가 쇄도하여 들어올리는 발의「백시문」으로 취기되는 대기(大氣)와 팽팽한 균형을 이룬다.

태정로에서 연정(鍊精)과정의 융합이 진행되고 그 외 일체의 관문은 닫히게 된다.

연식시 화기(化氣) 과정이 이루어진다.

출식시 연정화기의 기운이 대충맥을 통해 상승하여 천성로에서 하강한 천성에너지와 지명로에서 만나 연기(鍊氣)과정의 융합이 진행되고 그 외 일체의 관문은 닫히게 된다.
연식시 화신(化神)과정이 진행된다.

ㄷ. 연심공(鍊心功)
영혼의 불꽃
슬픔의 기름으로
타올라,
우주의
문을 연다.

생명의 소리
아픔의 근원을
눈물로
씻어낸다.

나 ─
용서받지 못했는데…
전신을 휘감아
구원의
신시(神市)로
끌어올린다.
영원히 잊지 못할
그 날

너무나 짧은 이별의
포옹이
기나긴 고통으로 남아,
가슴을 친다.
정죄의
종을 울린다.

나 —
마(魔)와 동행하여
지옥의 나락으로
추락하고 있었을 때
비록
용서받지 못했어도
빛과
소리와
천부검으로
항상
수호해 주셨다.

곤지곤지
제에엠 젬….

(2) 거불리(居佛理)법

2대 환웅은 거불리이시니 재위 86년에 102세까지 사셨다.

선차①　　　　　　　선차②

후차①　　　　　　　후차②

ㄱ. 연신공(鍊身功)

선차 : 묘연만 자세로 서서 입식과 더불어 체중을 오른발 백시문과 백종문으로 옮기면서 오른손은 지명관(地命關) 위에 얹고 왼발과 왼손은 왼편으로 들어올린다.

이 때 고개를 왼편으로 돌려 시선은 왼발을 주시한다. 입식종료 후 연식한다.

출식과 더불어 왼발과 왼손을 서서히 몸통 쪽으로 내려트리면서 오른팔도 내려트린다. 왼발이 지면에 가까워지면 오른발 뒤로 약간 치켜들고 출식을 마무리하고 연식한다.

양발과 양손을 교대로 바꾸어 동일한 방법으로 연공한다.

후차 : 입식과 더불어 양손을 주먹 쥐어 가슴 앞에 모으고 왼발을 1차와 동일한 방법으로 좌측으로 들어올리고 연식한다.

출식시 양 주먹을 풀어 내리면서 왼발을 내려 지면에 가까워지면 오른쪽 뒤꿈치 부위에서 약간 치켜올리고 출식을 마무리한 후 연식한다.

양발을 교대로 바꾸어 동일한 방법으로 연공한다.

ㄴ. 연기공(鍊氣功)

마음속으로 "거불리 환웅님"이라고 묵송한다.

선차 : 입식한다.

들어올리는 발의 「백시문」으로 쇄도하는 대기와 지표에 접지된 발의 「백시문」으로 취기되는 지기(地氣)가 현무문을 통해 태정로에서 융합되어 대충맥으로 상승, 지명로에서 농축된다.

연식시 칠성관인 태양관, 수성관, 금성관, 토성관, 화성관, 목성관, 태음관 등이 차례로 닫힌다.

출식한다. 독맥의 칠성관이 열려 칠성의 기운이 쇄도하여 3방, 3로, 4해정의 기운과 융합된다.

연식시 임맥의 3관 4해문이 닫히고 지명로에서 융합된 진기가 만맥 천규로 파급된다.

후차 : 입식한다.

접지된 발바닥의 「백시문」과 「백종문」으로부터 쇄도한 지기(地氣)가 들어올리는 발의 백시문과 백종문으로 취기된 대기(大氣)와 팽팽한 균형을 이루어 대충맥을 중심으로 한 임맥과 독맥을 위시한 만맥천규에 적체된 기의 유통을 강력하게 소통시킨다.

지명로에서 연기(鍊氣)과정의 연성(鍊成)이 진행된다.

「오행명주」에 강력한 연기(鍊氣)가 충전되어 오행명주의 작동이 가속된다.

연식시 화신(化神) 과정의 연성(鍊成)이 이루어진다.

출식한다. 출식시 연기화신(鍊氣化神)의 기운이 대충맥으로 상승하여 천성로에서 천성에너지와 융합되어 연신(鍊神)과정이 연성된다. 이 때 일체의 관문이 닫힌다.

연식시 환허(環虛)과정이 연성된다.

ㄷ. 연심공(鍊心功)

두려워한다.

소멸되는 것을…

부와 명성,

젊음과 건강

행복 등을

잃어버릴 것을

두려워한다.

끊임없이 욕망을 추구하고

야수와 같은

피의 혈투로

살아있다는 존재를

확인한다.

낙오자는
묘비도 없이 매장되어
기억에서 사라진다.

마(魔)는 구원이라는
환상을 씌워
인간을 황홀하게 한다.
자아도취에 빠져
도(道)가 높아졌다고
자신을 기만한다.
소멸되는 것을
두려워하지 않는 것이
마(魔)를 깨트리는 길이다.

인간이 두려움을
갖고 있을 때
마(魔)는
영혼을 부식시키고
영혼을 먹이 삼아
마(魔)를
성장시킨다.

선공이란
빼앗긴
영혼의 영토를

회복하고

마의 세력을

뿌리 채 뽑아내는

연공이다.

자기구원의

영, 혼, 백체의

수련법이다.

(3) 우야고 법

3대 환웅은 우야고(右耶古)이시니 재위 99년에 135세까지 사셨다.

ㄱ. 연신공(鍊身功)

선차 : 모연만 자세로 서서 입식과 더불어 왼발을 뒤로 서서히 들어 올리면서 체중을 오른발 「백시문」으로 옮긴 후 연식한다.

이 때 양팔을 입식과 더불어 양 날개와 같이 옆으로 들어올린다.

출식과 더불어 왼발을 서서히 내려트려 오른발의 앞쪽으로 약간 치켜올리고 체중을 오른발 「백종문」으로 옮긴 후 연식한다.

이 때 양팔은 출식과 더불어 몸통 가까이 내려트린다.

양발을 좌우로 교대하여 동일한 방법으로 연공한다.

후차 : 입식과 더불어 양손을 주먹 쥐어 가슴 앞에 모으고 왼발을 1차와 동일한 방법으로 뒤로 들어올리고 연식한다.

출식시 양 주먹을 풀어 내리면서 왼발을 내려 지면에 가까워지면 오른발 앞쪽으로 약간 치켜올리고 출식을 마무리한 후 연식한다.

366

양발을 교대로 바꾸어 동일한 방법으로 연공한다.

선차①　　　　　　선차②

후차①　　　　　　후차②

ㄴ. 연기공(鍊氣功)

마음속으로 "3대 우야고 환웅님"이라고 묵송한다.

선차 : 입식한다.

지기(至氣)는 「금오문」으로 강림하여 임맥을 타고 들어올린 발의
「백시문」으로 내달리고 지기(地氣)는 접지한 발의 「백시문」을 통해 「
태정로」에서 몸 안의 내 기(吾氣)와 융합하여 독맥을 타고 「천성로」로

상승한다.

연식한다. 회오리바람처럼 돌면서 오르내리는 선전승강(旋轉昇降)의 용솟음치는 정기(精氣)가 연정(鍊精)된다.

출식한다. 대충맥의 4해정, 3방, 3로의 작동이 차례로 고양되어 일시규인 금오문에서 일종규인 현무문까지 쾌연관통되어 지기(至氣)로 충만한 하나의 "에너지 원통"이 형성된다.

연식한다. 충만한 정기가 태정로와 지명로를 거쳐 천성로에서 연정되어 보뇌(補腦)작용이 이뤄진다.

후차 : 입식한다.

독맥의 칠성관이 차례로 열려 태양의 기운은 천성로에서, 태음의 기운은 태정로에서 연성되고 수성, 금성, 토성, 화성, 목성의 기운은 지명로를 중심축으로 회전하는 오행명주와 융합되어 회전속도를 가속시킨다.

회전속도가 빨라질수록 오행명주는 점점 작아져서 오행의 비중이 점점 높아진다. 오행의 기운이 만맥천규로 퍼져나간다.

연식한다. 콩알같이 작아진 오행명주의 강력한 파장이 만맥천규의 에너지 유통을 방해하는 불순물을 제거한다.

출식한다. 금오문(金烏門) 황웅문(黃熊門) 현무문(玄武門), 청룡문(靑龍門) 백호문(白虎門)으로 배출되는 내 기운(吾氣)을 뒤따라 지기(至氣)의 지극한 기운이 오대문으로 쇄도한다.

삼극의 기운이 몸 안에 물기운과 불기운을 정련하여 맑고 밝게 한다. 용력이 강해지고 정신이 밝아진다.

연식한다. 대충맥의 기운이 양분되어 독맥과 임맥으로 주류하고 만맥으로 유통된다.

ㄷ. 연심공(鍊心功)

유위자(有爲子) 선인께서 전하시기를

"하늘에는 기틀(機)이 있으니 내 마음의 기틀에서 볼 수가 있고 땅에
는 모양(象)이 있으니 내 몸의 모양에서 볼 수가 있으며, 사물에는 주
관(宰)함이 있으니 내기(吾氣)의 주관함에서 알 수가 있음이라. 이에
하나를 잡아도 셋을 포함함이며(執一而含三), 셋을 모으면 하나로 돌
아감이다(含三而歸一), 일신(一神)이 내려옴은 사물을 다스림이니 바
로 천일(天一)이 물을 낳는 이치요, 성품이 광명에 통함은 삶을 다스림
이니 바로 지이(地二)가 불을 낳는 이치요, 세상에서 교화를 폄은 마음
을 다스림이니 바로 인삼(人三)이 나무를 낳는 이치다. 대개 대시(大
始)에 삼신(三神)이 삼계(三界)를 만드셨으니 물은 하늘을 본뜨고 불
은 땅을 본떴으며 나무는 사람을 본뜬 것이다. 무릇 나무라는 것은 땅
에 뿌리를 두고 하늘을 향하였으니 역시 사람도 땅을 밟고 서서 능히
하늘을 대신 함이라"하셨다.(태백일사 이맥)

2) 양기법(良氣法)

신시개천(神市開天)시대 선인(仙人) 발귀리(發貴里)는 도(道)를 통
하여 바야흐로 저(渚)와 풍산(風山) 사이에 노닐었으니 그 이름이 널리
알려졌다.

아사달에서 제천의 예가 끝나는 것을 보고 노래를 지었다.

대일(大一) 그 극(極)은 이름하여 양기(良氣)라 하니 없음과 있음이 섞
여서 빈 듯하면서 갖추어 묘함이 있도다.(大一其極是名良氣無有而混虛

粗而妙)   -소도경전본후 이맥 저-

　여기서 양기(良氣)라 함은 모든 물질 구성의 궁극적인 원소이나 해부하거나 X-Ray 촬영을 하여도 과학적으로 규명되지 않은 신비한 물질로서 에너지 생성의 원천이며 생명활동의 근원이 되는 원기(元氣)를 일컬음이다.

　이 양기(良氣)는 없음(無)과 있음(有)이 섞여 있는 상태 - 즉 음기(陰氣)와 양기(陽氣)로 나눠지기 이전 상태를 말함이니 이와 같은 논리는 현대 원자 물리학의 효시가 된다 하여도 과언이 아니다.

　　우주를 구성하는 물질과 암흑 물질의 합계 35%와 현대 과학으로 풀어내지 못한 나머지 65% 물질이 아닌 에너지 인 진공에너지가 차지한다.
　　이 진공에너지가 요동치면서 에너지가 생겨 우주가 탄생하게 되었다. 우주는 아무것도 없는 무(Nothing)에서 시작하였다. 양자론에 의하면 모든 것이 요동친다. 원자나 전자는 물론이요 진공도 요동치는데 진공이 요동치면 에너지가 생겨 우주가 탄생하게 된다.
　　우주는 우주밀도와 극한 밀도가 같아 곡률이 없는 평평한 우주라면 언젠가 우주팽창이 끝나지만 그 시점은 무한대이다.
　　우주밀도가 극한밀도 보다 작은 열린 우주라면 우주는 영원히 팽창한다.
　　우주밀도가 극한밀도보다 큰 닫힌 우주라면 물질이 너무 많아서 중력 때문에 우주팽창이 멈춰 원점으로 돌아갔다 다시 팽창하는 등 팽창과 수축을 반복한다.
　　한 때 우주연구가들은 열린 우주를 선호하였으나 현재는 99%의 확률로 평평한 우주라고 생각한다.
　　진공의 요동으로 에너지가 생성되어 우주가 탄생되고 탄생 3분이 지나 원소가, 46만년이 지나서 원자가 생겼다. 빛도 이때 나왔다.
　　그 후 우주는 1,000배 팽창했는데 빛의 파장도 1,000배 커져 현재 마이크로파가 돼서 우주공간을 채우고 있다. 이 마이크로파는 빅뱅이 있었음을 증명하는 화석이다.”   -김정욱 박사 강연 요약-

천부경의 첫 구절 일시무시일(一始無始一)과 마지막구절 일종무종일(一終無終一)의 의미를 다시 한번 음미하게 된다.

약 6,000여 년 전 선인(仙人) 발귀리의 양기론(良氣論)을 현대우주물리학계에서 주목해야한 논거라고 생각된다.

그 당시 우주를 꿰뚫어본 혜안과 지혜에 대해 그 어떤 찬사나 경탄도 모자람이 없다고 본다.

(1) 모사라 법

4대 환웅은 모사라(慕士羅)이니 재위 107년 129세까지 사셨다.

ㄱ. 연신공(鍊身功)

선차 : 무진본 자세로 단정히 앉아서 양손을 깍지 껴서 후두부의 태양관(太陽關)인 뇌호(腦戶)혈 부위에 얹고, 입식과 더불어 양팔을 이동시켜 좌우측두부를 지극히 압박하면서 연식한다. 출식과 더불어 서서히 풀어서 원위치 시키고 연식한다. 이 때 양팔과 양어깨를 뒤로 충분히 당겨줘 척추를 반듯하게 세워준다.

후차 : 무진본(無盡本) 자세에서 반조좌(反照坐)*로 앉은 자세를 바

---

* 반조좌란 오른발 발목의 복숭아뼈(內踝骨) 위에 왼발의 복숭아뼈(外踝骨)를 얹은 자세로 선인도 고유의 앉음 자세다. 반조좌(反照坐)의 내외과골(內外踝骨) 접점으로부터 태음관(太陰關)인 장강(長强)혈과 요수(腰兪)혈로 이어지는 신체의 최저부위에서 형성되는 태음(太陰) 에너지의 엄청난 기운이 독백을 타고 상승하여 태양관(太陽關)으로 쇄도하는 태양의 기운과 천성로(天性爐)에서 만나 융합된다. 내과골(內踝骨)과 외과골(外踝骨)을 마주 대고 앉은 반조좌는 두개

꾼 후 양 손목을 무릎 위에 얹고 입식과 연식/출식과 연식의 선인호흡으로 연공한다.

선차   후차

ㄴ. 연기공(錬氣功)

마음 속으로 "4대모사라 환웅님"이라고 묵송한다.

선차 : 입식과 더불어, 청룡문과 백호문이 합쳐 태양관인 풍부혈을 감싸고 서서히 좌우 두 개골을 압박하고 출식과 더불어, 두개골 압박을 해제시킴으로써 천일(天一)규인 천성로(天性爐)와 천이(天二)규인 천심방(天心房) 천사(天四)규인 영해정(靈海井)의 기운을 융합하여 지극순양기운(至極純陽之氣)을 연성한다.

무한한 지감(止感)의 경지에서 화평의 세계가 열린다.

후차 : 반조좌(反照坐)는 선인도 고유의 앉은 자세다. 좌우발의 복숭아뼈를 겹쳐놓고 앉음으로써 백해(百骸)가 강건해지고 기운이 고강해

골로 직결되는 척추를 통하여 독맥상의 모든 관문을 열고 대충맥에 강력한 에너지 반향을 일으켜 만맥천규에 고양된 에너지를 파급시킨다.

진다.

반조좌(反照坐)의 내외과골(內外踝骨)로부터 현무문인 회음혈과 장강혈로 이어지는 신체의 최저부위에 형성되는 지극순음기운(至極純陰之氣)이 대충맥(大衷脈)으로 상승하여 천성로(天性爐)에서 지극순양지기(至極純陽之氣)와 융합된다.

천성로(天性爐)로부터 일원기(一圓氣)는 독맥을 타고 하강하고 일원기(一圓氣)는 임맥을 타고 하강하여 태정로(太精爐)에서 재융합되어 다시 대충맥으로 상승한다.

금오문(金烏門)과 황웅문(黃熊門), 현무문(玄武門) 청룡문(靑龍門) 백호문(白虎門)으로 파급되는 진기(眞氣)의 파장이 밀물과 썰물의 파도와 같이 만맥천규의 경계를 허물고 우주의 대순환 에너지와 접속된다.

ㄷ. 연심공(鍊心功)

삼일(三一)은 그 체(體)는 일(一)이요, 그 쓰임(用)은 삼(三)이라. 혼묘(混妙)가 한 둘레에 있으니 체와 용은 따로 갈라질 수 없다.

> 대허(大虛)에 빛이 있음이요 이것이 신(神)의 형상이고 대기(大氣)에 오래도록 존재함이요 이는 신(神)이 진정한 생명의 근원이 되며 만물이 여기서 나도다.
> 三一其體一三其用混妙一環體用無岐
> 大虛有光是神之像大氣長存是神化眞命所源萬法是生(태백일사 이맥)

어둠의 성채에는
거짓의 싹이 자란다.
뿌리가 깊어지고,

아름드리 거목이 되어
독과(毒果)의
열매를 맺는다.

귀향지는 멀어지고
진실에 대한
굶주림과 열망에 들떠
고독한 방랑자는
신기루같이
모래바람 부는
사막을 떠돌고 있다.

무언가
재가 되어 바람에 흩어지고,
흙이 되어 낙엽에 덮혀진다.
아무도 가지 않는 그 외가닥길을―
간다.
거짓이 자랄수록,
자꾸만 멀어져 가는
귀향지를 향해서―
간다.
그것뿐이다.
그것뿐이다.

(2) 태우의 법

환웅천황으로부터 다섯 번 전하여 태우의(太虞儀) 환웅이 계셨으니 사람의 정신을 깨우치는 개인사상(開人思想)을 가르치셨다.

혼의 구연(俱衍)을 위하여 "반드시 묵념하여 마음을 맑게 하고, 대순환 기운과 조화를 이루는 호흡을 하여 정기를 보존하라"하시니 이로써 기학(氣學)의 모태가 되는 선인도의 핵심사상과 기본 이념을 확립하신 분이다.

선차

후차

ㄱ. 연신공(鍊身功)

선차 : 단정히 무진본 자세로 앉아서 양손 배권하여 안면부위로 들어올려서 좌우 엄지손가락을 교차하여 만든 태극(太極)형상을 고요히 응시하면서 연공한다.

후차 : 동일한 무진본 자세로 앉아서 양손으로 합지(合指)세를 취하되 좌우 검지, 중지, 약지를 세워 합지하고 엄지와 소지는 뉘어서 합지하여 삼각형을 만든 후 안면부위로 들어올리고 두 눈으로 삼각형 내부

를 고요히 응시하면서 연공한다.

삼각합지세

ㄴ. 연기공(鍊氣功)
마음속으로 "5대 태우의 환웅님"이라고 묵송한다.

선차 : 장생구시(長生久視)란 생명에너지를 오랫동안 유지하는 묵념청심(默念淸心)과 조식보정(調息保精)을 통해 성통공완을 이룬 후 영원토록 에너지를 볼 수 있는 영체(靈體)가 되어 최고의 경지인 신인합일(神人合一)에 다다름을 의미한다.

운기조식이 깊어질수록 태극형상에 감응되는 음·양의 기운이 하나가 되어 〈일적십거〉를 이루고 영해문(靈海門)인 두 동공을 통하여 천심방(天心房)과 천성로(天性爐)로 쇄도한다.

영해정(靈海井)은 얼음바다처럼 차가워지고 천성로의 불꽃마저 얼음불꽃으로 변한다. 삼로(三爐), 삼방(三房), 사해정(四海井)으로 냉기가 급속하게 순환된다.

대충맥이 빙맥으로 변화하고 만맥천규에 서릿발 같은 한기가 몰아친다.

선인호흡은 거의 숨결이 느껴지지 않은 정도로 미미하여 마치 빈사의 지경에 이른 듯하나 의식은 얼음짱 보다 더 차갑게 더욱 명료해진다.

후차 : 운기연공이 깊어질수록 〈삼각합지세〉 내부의 기운이 〈무궤〉를 깨트린다. 〈무궤화삼〉이다. 하로(下爐)의 태음진기가 〈순은명주〉를 가동시킨다.

중로(中爐)의 지명진기가 발동하여 〈오행명주〉를 회전시킨다.

열화(熱火)의 불꽃이 대충맥의 얼음기둥을 감싸고 일시(一始)규인 금오문(金烏門)과 일종(一終)규인 현무문(玄武門)을 오르내린다.

외부로 발산되는 오라(Aura)의 빛이 천원(天元)을 향해 뻗어나간다.

〈삼각합지세〉를 내려 무진본 자세로 돌아온다.

묘문(妙門)으로 들어간다.

선력(仙力)이 막강해진다.

ㄷ. 연심공(鍊心功)

일월성신(日月星辰)이 들어온다.

풍운우설(風雲雨雪)이 들어온다.

산천초목(山川草木)이 들어온다.

천지신명(天地神明)이 들어온다.

막힘이 없는 경지

영원도 찰나도 없는 경지

일월성신으로 들어간다.

풍운우설로 들어간다.
산천초목으로 들어간다.
천지신명으로 들어간다.

모든 경계가 허물어져간다.
없음에 있는 것인지 …
있음에 없는 것인지 …

홀연,
몸뚱이가 사라진 것이다.

(3) 다의발 법

6대 환웅은 다의발(多儀發)이니 5대 태우의 환웅의 태자(太子)로서 제위를 승계하여 재위 98년에 110세까지 사셨다.

인간본연의 모습은 천부경의 원리인 집일함삼(執一含三), 회삼귀일(會三歸一)에 바탕을 두고 있다.

자신을 깨우침은 하늘과 땅과 사람이 서로 조화를 이루어 자연과 더불어 사는 접화군생(接化群生)의 삶을 영위하기 위함이다.

궁극적으로 생명에너지의 근원에 복귀하는 것을 수련의 목표로 삼았던 고대 선인(仙人)들의 우주관과 지혜는, 치열한 생존경쟁과 이기적이고 자기모순적인 삶에서 헤어나기 힘든 현대인에게 정신적, 사유적 지평을 밝히는 등불이 된다.

ㄱ. 연신공(鍊身功)

선차 : 무진본 자세로 단정히 앉아서 척추를 반듯하게 세운 채 상체

를 약 45° 정도 앞으로 기울이고 왼손의 청룡문(靑龍門)을 오른발의 백시문(용천) 위에 얹어 맞닿게 하고, 오른손의 백호문(白虎門)을 왼발의 백시문(용천) 위에 얹어 접합시킨다.

선차   후차

후차(后次) : 선차와 동일하게 무진본 자세로 단정히 앉아 왼손의 검지, 중지, 약지, 소지로 오른발 발등을 잡고 왼손 엄지로 오른발 백종문(百終門)을 호흡에 맞춰 지긋이 압박한다.

동시에 오른손 검지, 중지, 약지, 소지로 왼발 발등을 잡고 오른손 엄지로 왼발 백종문(百終門)을 선인호흡에 맞춰 지긋이 압박하면서 연공한다.

ㄴ. 연기공(鍊氣功)
마음 속으로 "6대 다의발 환웅님"이라고 묵송한다.

선차 : 청룡문과 백호문에서 발공하는 음·양의 기운이 좌우발의 백시문(百始門)으로 주입되어 현무문의 회음(음교), 장강(미려)혈의 기

혈순환을 촉진시킨다.

임맥의 촉해문과 독맥의 태음관인 장강, 요수혈을 둘러싼 근골이 확장된다.

태음 에너지가 촉해정(觸海井)을 거쳐 태신방(太身房), 태정로(太精爐)로 상승하여 태정(太精)에너지로 연성된다.

연성된 태정에너지는 식해정(息海井)을 거쳐 지기방(地氣房)과 지명로(地命爐)로 상승하여 연정화기(鍊精化氣)된다.

금오문(金烏門)의 백회(百會)로부터 취기된 태양에너지가 영해정(靈海井)과 천심방(天心房)을 거쳐 천성로(天性爐)에서 연성되어 감해정(感海井)을 거쳐 지명로(地命爐)로 하강하여 지명에너지와 융합한다.

합일된 삼로(三爐)의 에너지가 질풍노도와 같이 대충맥을 관류(貫流)하여 만맥천규로 파급된다.

정일(精逸)하고 고강(高强)한 기운이 고요한 바다의 물결처럼 계속해서 영, 혼, 백체로 파동쳐 온다.

후차 : 입식과 더불어, — 좌측 백종문을 우측 엄지로, 우측 백종문을 좌측 엄지로 지긋이 압박한 후 연식한다.

출식과 더불어 — 좌우 백종문을 눌러주던 엄지를 살며시 떼어준다.

독맥상의 화성관(火星關)인 제2요추와 제3요추 사이의 명문(命門)혈과, 임맥상의 식해문(息海門)을 열어 지삼(地三)규인 식해정(息海井)에 화성(火星)의 불기운이 지펴진다.

아래로는 태신방(太身房)과 태정로(太精爐)에 위로는 지기방(地氣房)과 지명로(地命爐)에 불기운을 파급시킨다.

불완전 연소된 사해정(四海井)의 탁기가 식해정으로 모여 정화된 후

체외로 배출된다.

ㄷ. 연심공(鍊心功)

천부삼인(天符三印)의 비밀— 신시(神市)시대 환웅천황께서 초도순시 할 적에 풍백은 천부경을 거울에 새겨 앞서가고 우사는 북을 치며 돌아가며 춤을 춘다. 운사는 백검(佰劍)으로 천황을 호위하였다.

역사 이전으로 거슬러 올라가 고대 신화와 만나보면 일만여 년 전 오미(五味)의 화(禍) 이후 황궁씨는 대성(大城) 회복을 위해 해혹복본을 맹세하고 천산주에 정착하였다.

그 후 황궁씨의 아들 유인(有因)씨가 천부삼인을 이어받은 후 유인(有因)씨의 아들 환인(桓因)이 이어받고 신시개천시대에 환인의 아들 환웅천황이 이어 받았으며 18대의 환웅을 거쳐 고조선의 시조 단군왕검이 이어받은 천부삼인의 비밀—

유인(有因)씨는 천지본음(天地本音)의 상(像)으로 진실로 〈근본이 하나〉임을 알게 하였다. 환인(桓因)은 인간세상을 이치로 증리(證理)하는 일을 크게 밝혔다. 환웅(桓雄)은 오사(五事)로서 개천, 개지, 개인의 열림사상을 펼쳤다.

47대 단군들은 환웅천제의 홍익인간을 홍범삼아 제정일치(祭政一致)의 치화에 성공하였다.

천부삼인은 제정일치 시대의 통치권자를 증명하는 신표로서,

북은 유인(有因)씨가 천지본음(天地本音)의 소리로서 〈근본이 하나〉임을 후세에 가르치는 영원불멸의 표상이다.

거울은 어둠을 물리치는 빛을 상징하여 환인(桓因)천제가 인간세상을 집일함삼, 회삼귀일의 이치로서 증리(證理)하던 천부경을 새긴 구

리거울로서 겨레의 시작과 끝을 전한다.

검은 환웅천황이 천부검으로 닫힌 하늘과 닫힌 땅을 열고 닫힌 사람을 치유하고 열었던 권화의 상징이다.

천부삼인은 고조선, 고구려, 백제, 신라, 가라, 발해 멸망 이후 어디론가 사라졌다.

언젠가는 천부삼인이 만년의 긴 잠에서 깨어나 다시금 한민족에게 희망과 용기, 그리고 지혜와 힘의 원천이 될 것으로 굳게 믿는다.

"곤지 곤지 제에엠 젬…"

3) 성기법(聲氣法)

거발한 환웅천제는 신시(神市)에 개천(開天)하여 하느님께 제사지내고 삼일신고(三一神誥)를 조술하였으며 산하(山河)를 널리 개척하고 백성을 교화하였다.

삼일신고 제2장 일신(一神)편에 이르기를 "신(神)은 위없는 첫 자리에 계시사 큰 덕과 큰 슬기와 큰 힘을 가지사 하늘을 내시며 무수한 세계를 차지하고 많고도 많은 물건을 만드셨나니 티끌만치도 빠진 게 없으며 밝고도 영하여 감히 이름하여 헤아릴 수 없다.

> (하느님은) 소리와 기운으로 간절히 기도드리면 지극히 은혜하시여 모습을 나타내실지니 자기의 성품에서 씨알을 구하라 너의 머리골 속에 내려와 계시니라"
> …전략 聲氣願禱絶親見自性求子降在爾腦

여기에서 성기원도(聲氣願禱)는 소리와 기운으로 간절히 기도한다는 뜻으로 성기(聲氣)란 진성(眞性)의 발심(發心)에서 우러나오는 절대적 존재와의 기교감(氣交感)을 의미한다.

무극연심법(無極鍊心法)의 성기친견(聲氣親見)을 터득해야 그 현묘(玄妙)한 법을 깨달을 수 있다.

오직 성(性)명(命)정(精)의 정화로 다가간다. 그 다음에 오는 것은 구태여 발설할 필요가 없다.

(1) 거련 법

7대 환웅은 거련(居連)이니 재위 81년에 140세까지 사셨다.

한민족을 선인민족이라 칭함은 거발한 환웅천제의 교화이후 백성들은 저마다 영성회복에 힘써 덕을 베풀고, 지혜를 터득하며 내공력을 쌓는 선공수련을 일상화하였다.

그 한 예가 웅녀(熊女)와 호녀(虎女)의 선공수련 이야기다. 호녀는 추위와 배고픔을 이기지 못하여 열흘 만에 굴 밖으로 뛰쳐나가고 쑥 한 다발과 마늘 100쪽을 먹고 웅녀는 기약한 100일 선공을 끝마쳐 토착세력인 지상족에서 선진 이주세력인 천인족으로 신분이 상승하게 된다.

거련 환웅 역시 높은 정신적 단계인 성통공완을 이룬 59세에 이르러 비로소 최고통치권자인 환웅의 제위에 등극하게 된다.

대략 10세 때 선공수련을 시작했다 해도 49여 년이란 오랜 세월을 선공수련으로 심, 기, 신을 최고의 경지로 끌어올렸을 것이다.

이러한 선인(仙人)환웅의 치세는 화평과 화합의 세상으로 홍익인간의 홍범에 따라 이타행의 실천을 최우선의 과제로 삼았으며 사회의 공율로 자리매김 되었다.

설혹 죄지은 바 있어도 용서하고 구제하여 진정으로 뉘우치고 새 삶을 살 수 있도록 하여 낙오자를 부축하고 이끌어 주었다.

천민이 없는 밝은 세상에서 인간은 누구나 차별 없이 동등하였으며 행복을 누릴 수 있는 행복추구권과 평등과 자유가 부여되었다.

선차①   선차②   후차

ㄱ. 연신공(鍊身功)

선차 : 무진본 자세로 단정히 앉아서

①입식하면서 만공세를 취하여 양팔 들어올려 금오문(金烏門) 상단에서 합장한 후 연식한다.

②출식하면서 합장한 후 가슴 부위 감해문(感海門)으로 내려트린 후 연식한다. 연식할 때 양손 말아 쥐어 주먹을 만든다.

③입식하면서 양 주먹을 안면 부위로 들어올린 다음 양 주먹을 분리시켜 안와부를 지긋이 눌러준 후 연식한다.

④출식하면서 양 주먹을 서서히 전면으로 이동시킨 후 연식한다.

③④번을 되풀이하여 연공한다.

⑤연공을 끝마칠 때는 출식하면서 합장하여 지명관(地命關)까지 내

려트린 후 다시 무진본 자세로 돌아가 연식한다.

후차 :

①입식하면서 만공세를 취하여 양팔 들어 돌려 금오문 상단에서 합장한 후 연식한다.

②출식하면서 합장한 손 감해문(感海門) 전면으로 내려트린다. 연식하면서 합장한 손 주먹을 말아 쥐어 천지화 봉오리를 만든다.

③입식하면서 천지화를 만들어 안면부위로 들어올리고 연식한다.

④두 눈으로 천지화 내부를 응시하면서 조식연공한다.

⑤연공을 끝마칠 때는 출식하면서 합장하여 지명관(地命關)까지 내려트린 후, 다시 무진본 자세로 돌아가 연식한다.

ㄴ. 연기공(鍊氣功)

마음속으로 "7대 거련 환웅님"이라고 묵송한다.

선차 : 두 눈은 영해정(靈海井)의 관문인 영해문(靈海門)이다. 천사(天四)규인 영해정은 정보의 바다다. 천이(天二)규인 천심방(天心房)의 심리변화에 따라 영해정의 각종 첩보를 분석, 종합하여 정제된 정보를 생산하거나 폐기한다.

시각을 통해 들어오는 각종 정보의 양이 막대하다보니 정보 신경체계에 혼란을 야기시킬 수 있다.

시각적 영상정보는 위장된 허위 정보일 수도 있다. 영상정보를 100%신뢰하다가는 판단에 상당한 오류를 범할 수 있다. 그렇다고 영상정보를 무시한다면 소경과 같은 큰 불편을 겪어야 한다.

선공수련은 단순한 내적인 내관법(內觀法)을 넘어 영적인 영역을 영상으로 볼 수 있는 초능력을 갖게 한다.

첫째 관문은 "기의지문(氣의指紋)"을 볼 수 있어야 한다. 기(氣)는 파장이며 빛이기 때문에 여러 형태의 "빛의지문"이 형성되며 육안으로 볼 수 있다.

둘째 관문은 "기의미립자"들이 모여 특정한 영상을 만들어낸다. 가장 초보적인 단계를 인체나 식물에서 발산되는 기에너지의 파장을 육안으로 볼 수 있다. 여기에서 육안이라 하면 소위 영안이 아닌 신체적인 눈을 말한다. 수련을 통해 직접 체험하는 것이 백 번 설명을 듣는 것보다 낫다.

후차 : "기의지문"을 보는 것은 단순히 시각적 영상을 정보화하는 것만이 아니다. 영해문을 통해 입수된 "기의지문"자체가 최고로 정화된 에너지이므로 천사(天四)규인 영해정에서 천이(天二)규인 천심방을 거쳐 천일(天一)규인 천성로의 에너지와 화학작용을 일으켜 신경체계와 호르몬체계에 각종 변화를 일으킨다.

문제는 영해문(靈海門)인 두 동공으로 유입되는 "기에너지"가 Positive한 양기(良氣)냐 Negative한 병기(病氣)나 오기(惡氣) 혹은 사기(邪氣)인가에 따라 인체의 영·혼·백체에 미치는 영향도 제각기 달라질 것이다.

첫째, "기의지문"으로 여하히 양기와 악기를 구별해 낼 수 있는 것도 중요하지만 상식적으로 볼 수 없는 "기의지문"을 육안으로 여하히 볼 수 있는 가가 더욱 중요하다고 생각된다.

둘째, 후자의 나쁜 기운일 경우 여하히 방어하고 중화시키거나 중독으로부터 해독시킬 수 있느냐가 문제 해결의 관건이 된다.

ㄷ. 연심공(鍊心功)

눈이 멀었다
영혼을
파괴하는 자를
보지 못한다.

눈이 멀었다
영혼을
치유하는 자를
보지 못한다.

눈이 아닌 눈은
젊음의 연료가
욕망과 탐욕으로
소진된
커다란 철제
쓰레기 통속
바퀴벌레의
최후를 본다.
그리고
부식된 영혼은
부활을 꿈꾼다.

(2) 안부련 법

8대 환웅은 안부련(安夫連)이니 재위 73년에 94세까지 사셨다.

"오래 살며 영원토록 본다"는 장생구시(長生久視)는 후일 "영원토록 살며 죽지 않는다"는 영생불사(永生不死), 불로장생(不老長生)으로 잘못 해석되어 중국 도가(道家)의 전유물이 되었다.

비록 영원한 생명일지라도 몸을 가진 생명체는 모두 죽음을 모면할 수 없다. 생사를 뛰어넘는 것 ― 그것은 감(感)식(息)촉(觸)을 초월하는 것이다.

그러나 지감(止感), 조식(調息), 금촉(禁觸)에서 멀어짐은 물질세계에 얽매여 〈참자체〉를 볼 수 없기 때문이다.

구시(久視)의 "영원을 본다"는 것은 〈참자체〉를 본다는 뜻이다.

궁극적으로 〈참자체〉를 볼 수 있는 사람은 능히 생사를 초월하여 신인합일(神人合一)의 경지에 들어가 영원히 사는 장생(長生)을 한다는 뜻이다.

선차   후차

ㄱ. 연신공(鍊身功)

선차 : 무진본 자세로 단정히 앉는다.

①입식하면서 만공세를 취하여 금오문(金烏門)상단에서 합장한 후

연식한다.

②출식하면서 합장한 손 지명관(地命關) 앞으로 내려트린 후 연식한다.

③입식하면서 합장한 손 합지세(合指勢)로 전환하고 연식한다.

④합지세를 응시하면서 조식, 연공한다.

③-④번을 수 차례 연공한다.

⑤끝마침 연공은 출식과 더불어 합지세를 태정관(太精關)으로 내려트려, 배권하여 태정관 위에 얹고 연식한다. 입식과 더불어 무진본 자세로 돌아간 후 연식한다.

후차 : 무진본 자세로 단정히 앉는다.

①선차와 동일하다.

②선차와 동일하다.

③입식하면서 합장한 손 숨결에 맞춰 좌우로 어깨넓이만큼 벌리고 연식한다.

④출식하면서 숨결에 맞춰 좌우로 분리된 양손을 서서히 거리를 좁혀 합장한 후 연식한다.

⑤끝마침 연공은 선차의 ⑤번과 동일하다.

ㄴ. 연기공(鍊氣功)

마음속으로 "8대 안부련 환웅님"이라고 묵송한다.

선차 : 좌우 열 손가락을 맞댄 합지세는 수, 금, 토, 화, 목의 오행의 기운을 지명관(地命關)을 통해 지기방(地氣房)과 지명로(地命爐)로 보내어 오행명주(五行明珠)를 운행케 한다.

금오문(金烏門)으로 쇄도한 천기(天氣)와 현무문(玄武門)으로 취입된 지기(地氣)가 지명로(地命爐)에서 만나 융합된다.

연기화신(鍊氣化神)의 기운이 음·양으로 나뉘어 청룡문(靑龍門)과 백호문(白虎門)으로 사출된다. 양 손바닥 사이의 공간에 "기에너지"의 소용돌이가 형성된다.

이 "기에너지 구체(Ki Energy Ball)"는 점점 작아지고 집중되어 합지세를 통해 지명로(地命爐)로 되돌아간다.

사해정(四海井)의 에너지가 맑게 정화된다. 심·기·신 삼방(三房)의 탁기가 청정해지고 나머지 탁기는 전신의 숨구멍을 통해 외부로 배출된다.

후차 : 청룡문과 백호문 사이 공간에 떠오르는 "기의지문"이 영해문(靈海門)을 통해 영해정(靈海井)으로 들어가 천심방(天心房)을 거쳐 천성로(天性爐)에서 연신환허(鍊神還虛)된다.

"기의지문"은 신비한 힘을 발휘하여 황금태양의 에너지로 환원된다.

"기의지문"은 〈참자체〉의 영상을 보여준다.

자아(自我)와 대아(大我)와 진아(眞我)의 진신(眞身)을 보여준다.

ㄷ. 연심공(鍊心功)

기쁨과 슬픔의 맨 밑바닥,

두려움과

노여움의 핵심,

탐욕과 싫음의

맨 꼭대기에

도달하는 것이

얼마나

어려운 일인가.

그럴 사이도 없이

물신(物神)의

신도가 되어

물신(物神)을 따라간

자아와의

간격을 좁히기 위해

조금은 노력하지만

덧없이 흘러간

세월의 뒤에 남아서

미망(迷妄)의 바다에서

〈참자체〉를 낚시질한다.

"기의지문"이

천년의 소리를 인식한다.

만고의

소리를 들려준다.

(3) 양운 법

9대 환웅은 양운(養雲)이니 재위 96년에 139세까지 사셨다.

"소리와 기운"으로 기도한다는 것은 무엇을 의미하는가?

정신을 집중하여 소리와 기운으로 기도하면 "성기원도(聲氣願禱)"가 이루어지는가?

정신을 집중하거나 통일하는 것은 일시적이요 마음이 변하면 정신도 흔들리니 근본으로 통하지 못하게 된다.

이미 하느님은 모든 이의 머리골속에 내려와 있는데 빌거나 기도한다고 해서 모습을 나타내시겠는가, 아마도 더욱 멀리 숨어버리실 거다.

"지극히 은혜하시여 나타나신다" 하였다. 자의식에 존재하는 하느님을 초월하여 우주의식 속에 〈참자체〉에 인도되었을 때 하느님의 지극한 은혜가 충만하게 된다.

혼을 갖추고, 혼의 경계를 넓히면 탐욕적인 소아가 자양분을 잃게 되어 죽게 된다. 소아가 죽어야만 우주의식을 수용할 수 있는 대아로 진화하게 된다.

자의식이 우주의식으로 전환되었을 때 대아(大我)의 소리와 기운이 절대 지고한 하느님의 소리와 기운이 어우러지게 되어 참나(眞我)로 승격된다.

선차   후차

ㄱ. 연신공(鍊身功)

선차 : 무진본 자세로 단정히 앉는다.

①입식하면서 만공세를 취하여 금오문(金烏門) 상단부위에서 합장하고 연식한다.

②출식하면서 합장한 손 안면부위로 내려트린 후 연식한다.

③입식하면서 분리한 양손 좌우 귀(耳)로 이동시켜 귓바퀴를 지긋이 압박한 후 연식한다.

④출식하면서 양손 귀로부터 분리시켜 양손의 청룡문과 백호문이 귓바퀴를 향하게 손끝을 세우고 연식한다.

③-④번을 3회 이상 연공한다.

⑤끝마침 연공은 출식하면서 합장한 손 내려트려 태정관(太精關) 위에 얹고 연식한다.

입식하면서 무진본(無盡本) 자세로 돌아간 후 연식한다.

후차 : 무진본 자세로 단정히 앉는다.

①선차 ①번과 동일하다.

②선차 ②번과 동일하다.

③입식하면서 양손으로 갈고리를 만들어 양귀를 덮어씌우고 연식한다.

④양손 갈고리로 양 귓바퀴를 덮어씌운 채 출식한 후 연식한다.

③-④번을 3회 이상 연공한다.

⑤끝마침 연공은 선차의 ⑤과 동일하다.

ㄴ. 연기공(錬氣功)

마음속으로 "9대 양운 환웅님"이라고 묵송한다.

선차 : 물질 구성의 5대 뿌리인 소리(聲)·빛(色)·냄새(嗅)·맛(味)·접촉(觸)에너지가 물질의 5원소인 지(地)·수(水)·화(火)·풍(風)·공(空)으로부터 발출되어 대기(大氣)속을 통과한다.

금오문 상단에서 합장한 손가락으로 성(聲)·색(色)·후(嗅)·미(味)·촉(觸)의 에너지가 쇄도한다.

양손으로 귓바퀴를 막았을 때 5개의 에너지가 합쳐져 뇌성벽력같이 청각가관에 충격을 주고 영해정으로 그 여파가 퍼져나간다.

지명로(地命爐)의 음양의 기운이 청룡문(靑龍門)과 백호문(白虎門)을 통해 좌우귀로 쇄도한다. 큰 폭발음이 연속적으로 들리고 진동음이 전신으로 퍼져나간다. 차츰 고요한 바다의 해조음이 들리고 아주 미세한 내부의 소리가 들려온다.

소리와 기운은 영·혼·백체를 씻어준다.

후차 : 선차에서 체험했던 내부의 소리가 점차 외연으로 확대되어나간다.

그 소리의 파장은 신체내부에서 대기권으로 대기권에서 외기권으로 다시 우주로 확대되어 나간다.

오묘한 우주의 소리는 다시 내 몸으로 돌아와 대아(大我)의 진동소리와 합주를 이룬다. 이것이 〈소리와 기운〉이 합주를 이루는 성기친견(聲氣親見)이다.

현묘한 소리와 신비한 기운, 그윽한 향기, 심원한 맛, 무구한 접속이 에너지의 시원에 맞닿았음이다.

성(性)명(命)정(精)심(心)기(氣)신(身)감(感)식(息)촉(觸)체 등 9개의 몸이 모두 사라지고 오직 하나의 우주의식만 남아서 해탈과 자유를 만끽한다.

이것이 환(桓)의 세계다.

ㄷ. 연심공(鍊心功)
여리고 연약한 마음이

바람 앞에 촛불같이
흔들거린다.

영원한 〈참자체〉에 대한
열망으로,
모든 것을 바칠 수 있다면
실날 같은 촛불일지언정
바람에 꺼질 것을
두려워하지 않고
거센 폭풍 속을
뚫고 나가
환(桓)의 문을 열 개 되리라.

매 순간마다
더럽혀져가는 마음을
닦고 또 닦어,
〈부동본〉의 제단에
남김없이 바친다면
자아의 소리와 기운에
감응하여
지감(止感)조식(調息)금촉(禁觸) 너머로
인도할 것이다.
모든 속박에서 벗어나
자유를 얻는 것은,
자아의 마음을

초월하여
〈참자체〉를 보고
들을 수 있는
열린 사람으로
거듭났기 때문이다.

4) 생기법(生氣法)

　표훈천사(表訓天詞)에서 전하기를 대시(大始)에 위아래 사방은 일찍
이 아직 암흑으로 덮혀 보이지 않더니 옛것은 가고 지금은 오니 오직 한
빛이 있어 밝더라.
　— 중략
　하느님은 항상 크게 광명을 발하시고 크게 신묘함을 나타내시어 크게
길한 상서(祥瑞)를 내리시더라, 기를 불어 만물을 만드시고 열을 뿜어내
서 만물의 종자를 키우시며 하느님의 이치로 세상일을 행하시니라.
　— 중략
　大始上下四方會未見暗黑古往今來只一光明矣自一,
　— 중략
　一神有恒時大放光明大發神妙大降吉祥呵氣而包萬有射熱以滋物種
行神以理世務(三神五帝本記 이맥)

　여기에서 기(氣)라 함은 만물생성의 원동력이 되는 생명에너지인 생
기(生氣)를 일컬음인데 이 생기는 모든 에너지의 시원인 하느님으로부
터 비롯된다는 뜻으로, 하느님으로부터 부여받은 생명의 기운을 정화
하고 선화(仙化)시켜 〈대순환〉의 에너지에 접속시키는 것이 인간구원
의 길이 된다는 것이다.

(1) 독로한 법

10대 환웅은 독로한(瀆盧韓)이니 일명 갈고(葛古)환웅이라 하며 재위 100년에 125세까지 사셨다.

생기(生氣)를 파괴하려는 것은 탁기(濁氣)와 독기(毒氣) 사기(邪氣)다.

마음의 눈이 멀면 욕망에 사로잡혀 삿된 기운이 생기를 침식하여 업(業)을 쌓는다. 물질과 권세에 대한 탐욕, 애욕과 허영심에 대한 집착이 끝없이 자라올라 지혜를 가두고 진실을 내친다. 마(魔)의 포로가 된다. 그래서 마음을 청정케 하는 묵념청심(默念淸心)의 연공(鍊功)이 선행되어야한다.

선차   후차   삼차

ㄱ. 연신공(鍊身功)

선차 : 무진본(無盡本) 자세로 앉는다.

①입식하면서 만공세를 취하여 금오문 상단에서 합장하고 연식(鍊息)한다.

②출식하면서 합장한 손 내려트려 오른손 백호문(白虎門)을 중로(中爐)의 지명관(地命關)위에 얹고 왼손 청룡문(靑龍門)은 하로(下爐)

의 태정관(太精關) 위에 얹고 연식한다.

②번의 선공(仙功)이 연기공의 성취단계에 이를 때까지 계속 조식연공(調息鍊功)한다.

③마무리 연공은 오른손을 태정관으로 내려트려 배권을 취하고 2-3회 조식연공한 후 무진본 자세로 돌아간다.

후차 : 무진본 자세로 단정히 앉는다.

①선차의 ①번과 동일하다.

②출식하면서 합장한 손 내려트려 왼손 청룡문을 감해문(感海門) 위에 얹고, 오른손 백호문(白虎門)을 더 내려트려 식해문(息海門) 위에 얹고 연식한다.

②번의 선공이 연기공의 성취단계에 이를 때까지 계속 조식연공한다.

③마무리 연공은 왼손을 내려트려 식해문(息海門)에서 오른손과 합쳐 배권을 취하고 2-3회 조식연공한 후 무진본 자세로 돌아간다.

삼차 :

①후차 초식①과 동일하다.

②출식하면서 합장한 손 내려트려 오른손 백호문(白虎門)을 감해문(感海門) 위에 얹고 왼손 청룡문(靑龍門)을 더 내려트려 태정관(太精關) 위에 얹고 연식(鍊息)한다.

③계속 ②번과 같은 자세로 조식연공(調息鍊功)한다.

④마무리 연공은 오른손을 내려트려 태정관(太精關)에서 왼손과 합쳐 배권을 취한 후 2-3회 조식연공한 다음, 무진본 자세로 돌아간다.

ㄴ. 연기공(鍊氣功)

마음속으로 "10대 독로한 환웅님"이라고 묵송한다.

선차 : 왼손 청룡문으로부터 태정관으로 유입되는 동방(東方)의 목기(木氣)가 태정로(太精爐)의 불순물을 완전연소시켜 태정의 기운을 정화시키고 청색(靑色)의 기운을 발동하여 촉해정(觸海井)의 성(聲)·색(色)·후(嗅)·미(味)·음(浬)·저(抵)의 여섯 기운을 금촉(禁觸)의 경지로 끌어올린다.

오른손 백호문으로부터 지명관으로 유입되는 서방(西方)의 금기(金氣)와 지명로(地命爐)의 토기(土氣)가 융합되어 생명의 기운을 북돋는다. 서방(西方)의 백색(白色)기운과 중방(中方)의 황색(黃色)기운이 어우러져 생명에너지의 형체(形體)를 낳는다.

자칫 주화(走火)로 치닫기 쉬운 하로(下爐)의 정기(精氣)로 중로(中爐)의 명기(命氣) 유통량을 조절하고 형질을 정화하여 연정화기(鍊精化氣)와 연기화신(鍊氣化神)의 공정을 대순환에 접속케 한다.

후차 : 왼손의 청룡문으로부터 감해문(感海門)으로 유입되는 동방(東方)의 목기(木氣)가 감해정(感海井)의 희(喜)구(懼)애(哀)노(怒)탐(貪)염(厭) 여섯 기운을 정화시켜 지감(止感)의 경지로 인도한다.

독맥의 금성(金星)관인 신주(身柱)혈로 유입되는 금성의 기운이 감해정의 여섯 기운의 정수와 융합되어 무구한 지감(止感)의 경지로 차원을 높인다.

오른손의 백호문으로부터 식해문(息海門)으로 유입되는 서방(西方)의 금기(金氣)가 식해정(息海井)의 분(芬)란(爛)한(寒)열(熱)진(震)습

(濕) 여섯 기운을 정화시켜 조식(調息)의 경지로 승화시킨다.

서방(西方)의 백색(白色)기운이 발동되어 화성관(火星關)인 독맥의 후명문(后命門)이 열려 반경 3–4인치의 큰 구멍(규/竅)으로 화성의 기운이 쇄도한다. 이 화성의 기운은 조식의 정수와 융합되어 대충맥과 만맥천규로 백색의 빛이 섬광처럼 퍼져나간다.

삼차 : 오른손 백호문(白虎門)으로부터 감해문(感海門)으로 유입되는 서방(西方)의 금기(金氣)가 감해정(感海井)에서 유발되는 기쁨, 두려움, 슬픔, 노여움, 탐냄, 싫음 등 여섯 기운의 정서적, 정신적 상처를 치유하며 마음의 평화가 영, 혼, 백체로 퍼져나간다. 지감(止感)의 절정은 치유와 평화다.

명상은 자신을 영, 혼, 백체의 내부로 안내하여 표면에서 겉돌아 제대로 파악하지 못했던 감성과 이성의 본질에 닿게 한다. 해일이 이는 바다의 수면 아래는 점점 깊이 내려갈수록 고요하고 잔잔한 이치와 같다.

감해정(感海井)은 감정의 바다 맨 밑바닥에 있는 우물, — 감정의 원천지를 뜻한다.

사유의 본질에 닿지 못했기에 상처받고 괴로워하고 슬퍼하며 두려워하는 등 마음의 병이 커지게 된다.

지감(止感)은 사유의 본질에 닿게 하고 금기(金氣)는 그 본질(本質)의 원형질을 치유하는 것이다.

왼손 청룡문(靑龍門)으로부터 태정관(太精關)으로 유입되는 동방(東方)의 목기(木氣)가 촉해정(觸海井)에서 금촉(禁觸)의 단계를 넘어 소리, 빛, 냄새, 맛, 미혹, 맞닥뜨림의 여섯 에너지와 태정로(太精爐)에서 융합된다.

이 진정(眞精)의 결정체는 환정보뇌(換精補腦)를 위한 운행을 개시한다.

동방목기(東方木氣)는 소리를 본음(本音)에 닿게 하여 시방세계(十方世界)의 만물을 일깨우고, 본색(本色)이 빛을 잃지 않게 가색(仮色)을 쫓아내어 진실의 영역을 확장한다. 모든 냄새 중 자연계를 혼란에 빠뜨리는 가후(仮嗅)를 구축하여 원후(原嗅)가 만물을 구별하고 인식케 한다. 모든 맛의 영역에서 자연계에 해독을 끼치는 가미(仮味)를 몰아내고 원미(原味)로 하여금 만물의 존재 가치를 가늠케 한다.

모든 미혹(迷惑)의 사슬에서 벗어나 원음(原洴)의 참다운 사랑으로 승화케 한다. 모든 부딪힘과 맞닥트림을 화해와 관용과 용서를 베풀 수 있는 원저(原抵)로 인도한다.

정기(精氣)와 신체 그리고 닿음(精, 身, 觸)이 빚어내는 독선적이며 이기적인 소아(小我)를 자아(自我)로 진화시키고 대아(大我)에서 진아(眞我)로 거듭 승화시킨다.

결과적으로 영적인 심안이 뜨게 되고 육체의 하급감각기능을 영적인 최고의 영역으로 확대시키고 승화시킨다.

ㄷ. 연심공(鍊心功)

사물은 모두 사물의 운수를 가졌으나 운수가 아직 사물에 다하지 못하였고, 사물은 모두 사물의 이치를 가졌으나 이치가 아직 사물에 다하지 못하였으며, 사물은 모두 사물의 힘을 가졌으나 힘이 아직 사물에 다하지 못하였고, 사물은 모두 사물의 무궁함을 가졌으나 무궁함이 아직 사물에 다하지 못하였다.

庶物各有數而數未必盡厥庶物也
庶物各有理而理未必盡厥庶物也

庶物各有力而力未必盡厥庶物也
庶物各有無窮而無窮未必盡厥庶物也 〈태백일사 이맥〉

　사물의 수(數)와 이치(理)와 힘(力)과 무궁(無窮)함이 어찌하여 아직도 사물에 다하지 못하였는가.
　우주의 태초 이래 우주와 더불어 만물은 아직도 진화를 거듭하고 있으며 현재도 진화가 진행중임을 암시한 것이다. 인간 역시 미진함의 범주를 벗어날 수 없음으로 홍익인간 환웅천제는 인간에게 개천(開天), 개지(開地), 개인(開人)의 열림사상을 베푸신 것이다.
　인간세상에서 내세우는 적선의 덕(德)이 아니다. 만물원리의 은혜는 영원하며 만물원리의 지혜는 영원한 진리로서, 학식을 터득하고 수도에 정진한다고 해서 구득되는 것이 아니다. 만물원리의 힘은 인간세상의 권력이나 금력 또는 완력 따위가 아니라 우주를 운행케 하는 높고도 넓어서 세상에 가득하며 깊고 묘하며 불가사의하고 절대지고한 삼신일체의 힘을 의미한다.
　또한 〈태백일사〉에서 전하기를 "대저 천하일체의 만물은 개벽을 좇음으로써 존재하고 진화를 닮는 일 있음으로써 존재하며, 순환에 닿음으로써 존재하느니라"하였다. 이는 개벽과 진화와 순환에 닿음이 우주만물의 존재이유가 된다는 뜻이다.
　"하늘의 덕과 지혜와 힘에 통하고, 행하여 날마다 제세이화하기를 고요히 경도를 닦아 홍익인간 됨을 간절히 구념하는데 있다"고 설파한 고구려의 선인 을지문덕 장군을 추모한다.

(2) 거야발 법

11대 환웅은 거야발(居耶發)이니 재위 92년에 149세까지 사셨다.

진리를 본다. 진리는 모든 만물에게 차별을 두지 않으나 사람들은 저마다 천차만별의 진리관을 가지고 있다.

진리를 본다 함은 내가 진리를 보는 것이 아니라 자신의 진실을 진리 앞에 내보여 진리가 나를 보게 하는 것이다. 이것이 해혹복본(解惑復本)이다.

선차   후차

ㄱ. 연신공(鍊身功)

선차 : 무진본 자세로 단정히 앉는다.

①입식하면서 양팔로 양다리를 감싸 안고 입식의 숨결에 따라 서서히 양다리를 들어올린 후 연식한다.

②출식하면서 양다리를 감싸 안았던 양팔을 출식의 숨결에 따라 서서히 풀어주고 무진본(無盡本) 자세로 돌아온 뒤 연식(鍊息)한다.

③ ①-②번의 선공이 연기공(鍊氣功)의 성취단계에 이를 때까지 조식연공(調息鍊功)한다.

④마무리 연공은 무진본 자세로 돌아와 2-3회 운기연공한다.

후차 : 무진본 자세로 단정히 앉는다.

①입식하면서 양팔로 만공세를 취하여 금오문(金烏門) 상단에서 합장한 후 연식한다.

②출식하면서 양손으로 깍지 끼어 후두부의 태양관(太陽關)인 뇌호혈(腦戶穴) 위에 얹고 출식의 숨결에 따라 상체를 지표(地表)를 향하여 최대한 수그린 후 연식한다.

③입식하면서 상체를 들어올려 척추를 반듯하게 세운 후 연식한다. 이때 깍지 낀 손은 그대로 태양관(太陽關) 위에 얹은 채로 연공한다.

④ ②-③번의 선공이 연기공의 성취 단계에 이를 때까지 조식연공한다.

⑤마무리 선공은 출식하면서 양손을 풀어 무진본 자세로 돌아와 2-3회 연공한다.

ㄴ. 연기공(鍊気功)

마음속으로 "11대 거야발 환웅님"이라고 묵송한다.

선차 : 북방(北方) 물의 기운(水氣)이 나뉘어 일원기는 현무문(玄武門)인 회음(會陰/음교陰蹻)혈로 유입되어 촉해정(觸海井)에서 금촉(禁觸)의 여섯 기운과 융합된다. 물의 기운으로 정련된 금촉의 기운은 태신방(太身房)과 태정로(太精爐)로 상승하여 태정의 기운을 순수하게 정련한다.

일원기는 태음관(太陰關)인 장강(長强/미려尾閭) 혈과 요수(腰俞) 혈을 열어 촉해정(觸海井)과 촉해문(觸海門)으로 통하고 목성관(木星

關/요양관要陽關)으로 상승하여 태신방(太身房)과 태정로(太精爐)로 돌아, 하초 부위의 임맥과 대충맥 및 독맥을 주류하는 태정의 기운을 순수하게 정련한다.

북방의 검은 기운은 불순한 기운인 탁기(濁氣)와 사기(邪氣) 등을 정화하여 순수한 정기를 정련시킨다. 정련과정에서 청룡문과 백호문 그리고 백시문(百始門/용천湧泉)과 백종문(百終門/失眠)으로 몸에 축적된 탁기와 사기를 배출한다.

북방(北方)의 검은 기운이 태정(太精) 기운을 정련하여 태정(太精) 이 진정(眞精)으로 승화된다. 이 진정(眞精)이 대충맥(大衷脈)의 식해 정(息海井)과 지기방(地氣房)을 거쳐 중로(中爐)의 지명로(地命爐)로 상승한다.

지명로에서 진정(眞精)의 기운이 천성로에서 하강한 남방 하늘의 성 광보명(盛光普明)기운을 맞아들여 원기(元氣)로 환원된다.

남방의 태화(太火) 에너지는 연공자에게 대안정(大安定)의 잠재력 을 부여한다.

후차 : 금오문(金烏門/백회百會)과 태양관(太陽關/뇌호腦戶) 및 태 양문(太陽門/인당印堂)으로 유입되는 남방(南方)의 불 기운(火氣)이 영해정(靈海井)과 천심방(天心房)을 거쳐 천성로(天性爐)로 쇄도하여 천성(天性)의 기운을 정련한다.

남방의 태화(太火)는 붉은 기운으로 성품에너지를 북돋아 크고 윤택 하게 한다.

연공과정에서 탁기(濁氣)와 병기(病氣) 사기(邪氣) 등을 임맥의 영 해문(靈海門) 감해문(感海門) 지명관(地命關) 식해문(息海門) 태정관

(太精關) 촉해문(觸海門)으로 배출하고 독맥은 태양관, 수성관, 금성관, 토성관, 화성관, 목성관, 태음관으로 배출한다.

양손의 청룡문과 백호문, 양발의 백시문과 백종문으로 다량 배출된다.

천성로에서 연성된 불의 기운과 천성에너지는 진성(眞性)에너지로 환원되어 대충맥(大衷脈)을 통해 지명로로 하강, 진명에너지와 융합된다. 융합된 에너지의 일원기는 태정로로 하강하고 일원기는 만맥천규로 퍼져나간다.

성·명·정/감·식·촉/심·기·신 9개의 에너지 몸을 주류한 진성에너지는 다시 천성로로 집결한다. 이와 같은 연공과정을 통해 연신환허(鍊神還虛)로 승화된 에너지는 금오문을 통하여 북방의 하늘에 있는 현묘진원(玄妙眞元)에너지로 귀향한다.

북방(北方)의 태수(太水)에너지는 연공자에세 대길상(大吉祥)의 능력을 부여한다.

ㄷ. 연심공(鍊心功)

대원일(大圓一)의 뜻에 담긴 우주정신一.

첫째는 개벽, 둘째는 진화, 셋째는 순환이다.

이것이 〈대원일〉의 덕과 지혜와 힘이 추구하는 생명에너지의 운동방향이다. 이 만고불면의 우주의 법칙은 재세이화(在世理化)의 이화(理化)를 의미한다.

"인간의 이상(理想)을 구현하는 것" "인간세상에 하늘의 이치를 실현하는 것"이 이화(理化)다. 이화(理化)가 지향하는 바는 홍익인간의 추구다. 더럽혀진 정신세계를 정화하고 부조리하고 부정함을 바로잡아 이 세상을 바꾸는 역세주(易世主), 홍익인간으로 거듭남이다.

개벽에너지는 하늘과 땅과 사람의 소통을 가로막는 부정한 기운의 장벽을 깨트리는 정신이다. 선인도 선공의 시작과 끝은 에너지의 개벽과 진화와 순환의 원리에 맞춰 성(性)·심(心)·감(感)/명(命)·기(氣)·식(息)/정(精)·신(身)·촉(觸)의 아홉 에너지 몸의 열림과정을통해 소아(小我)에서 자아(自我), 대아(大我), 진아(眞我)로 진화하고 우주의 대순환에너지에 접속하여 궁극적으로 홍익인간(弘益人間)으로 거듭 나는 것이다.

몸이 병들어 아픈 사람,

맘이 병들어 아픈 사람,

심신의 병들음으로 인한 고통,

영혼이 받은 상처로 인한 아픔,

남에게 가한 여러 형태의 고통에 대한 가책과 자책, 뉘우침, 참회, 등등 너무나 많은 심신의 고통은 하루도 편안한 날 없는 속박의 굴레에서 인간을 벗어나지 못하도록 옥죄이고 있는 듯하다.

이와 같은 번뇌의 시간이 지속되면 기운이 산만해져 정신이 기운을 떠나가고 기(氣)도 신(神)에 머물 수 없게 된다.

신(神)의 뿌리인 성품도 목숨으로부터 멀어져 가고 생명의 바탕인 정(精)도 차츰 목숨을 떠나가기 시작한다.

참 성품과 참 목숨에 대한 진정한 각성과 치열한 구도자적 연공(鍊功)만이 자신을 옭아매고 있는 속박과 업(業)에서 벗어나는 자유와 해탈의 길이다.

곰님, 선님, 한님에 대한 무한한 목마름이야말로 인간의 생기선(生氣線)을 〈대순환〉에 영속적으로 접속케 하는 연결고리가 된다.

(3) 주무신 법

12대 환웅은 주무신(洲武愼)이니 재위 105년에 123세까지 사셨다.

허(虛)가 지극한 진공(眞空), 물질이 채워지기 이전의― 고요함, 어둡지도 밝지도 않은 허무(虛無)의 고요함, 그 고요 속으로 들어간다.

선차①   선차②   후차

ㄱ. 연신공(鍊身功)

선차 : 무진본 자세로 단정히 앉는다.

①입식의 숨결에 따라 서서히 목과 머리를 뒤로 재껴 얼굴이 하늘을 향하게 하고 연식한다. 이때 척추는 반듯하게 곧추세운다.

②출식의 숨결에 따라 서서히 목과 머리를 앞으로 숙으려 얼굴이 땅을 향하게 하고 연식한다.

③ ①-②번의 선공이 연기공의 성취단계에 이를 때까지 조식연공한다.

④마무리 연공은 무진본 자세로 돌아와 운기연공한다.

후차 : 무진본 자세로 단정히 앉는다.

①입식의 숨결에 따라 양팔을 들어올려 주먹을 쥐고 양팔로 상체의

양측늑골을 압박해 조이면서 동시에 목의 경추부위를 최대한 뒤로 밀어낸다. 또한 이때 회음혈 부위를 수축시킨 후 연식한다.

②출식의 숨결에 따라 늑골을 압박해 조이던 양팔을 느슨하게 풀어주면서 뒤로 밀어냈던 경추부위도 풀어주어 제자리로 돌아오게 한다. 또한 회음혈 부위의 수축도 풀어준 후 연식한다.

③ ①-②번의 선공이 연기공의 성취단계에 이를 때까지 조식연공한다.

④마무리 연공은 무진본 자세로 돌아와 수회 운기연공한다.

ㄴ. 연기공(鍊氣功)

마음속으로 "12대 주무신 환웅님"이라고 묵송한다.

선차 : 남방의 불기운(火氣)이 태양문(太陽門/인당印堂)과 금오문(金烏門/백회百會)으로 쇄도하여 영해정(靈海井)의 수기(水氣)를 정화한다.

정화된 영해정의 수기는 천심방(天心房) 천성로(天性爐)의 성(性)·심(心) 에너지를 정화하고 대충맥(大衝脈)으로 하강하여 감해정(感海井), 식해정(息海井), 촉해정(觸海井) 에너지를 정화시킨다. 사해정(四海井)의 에너지를 수평으로 회전케 하여 동시에 성·명·정/심·기·신 에너지와 교차된 후 만맥천규로 파급된다.

또한 사해정 에너지는 외연(外延)을 확대하여 신체 외부에도 에너지 그물망을 형성한다.

특히 독맥상의 태양관·수성관·금성관·토성관·화성관·목성관·태음관으로 직결되는 척수(脊髓)액의 흐름을 원활케 하여 뇌에서 미골에 이르는 중추신경과 말초신경 사이의 지각운동, 자극의 전달, 반사기능

등을 최상의 상태로 유지케 한다.

수승화강(水昇火降)이 이루어진다. 북방태수와 남방 태화에너지의 융합으로 지명(地命)에너지를 진명(眞命)에너지로 승화시킨다.

입식은 단입식(短入息)이 되고 출식은 장출식(長出息)이 되어 심폐기능과 자율신경 계통을 강화한다.

심장질환, 고혈압, 신경통, 뇌혈전증을 예방한다.

후차 : 북방(北方)의 물기운(水氣)이 현무문(玄武門)을 통하여 일원기는 회음혈을 거쳐 대충맥으로 상승, 촉해정, 태신방, 태정로, 식해정을 거쳐 지명로에서 지명에너지를 정화하여 지명로와 감해정 사이 통로의 불순물을 제거한다.

일원기는 장강(長强)혈을 통해 태음관에서 태양관으로 이어지는 칠성관의 불순물을 정화한다.

북방(北方), 태수(太水)에너지의 상승은 입마(入魔)의 부작용을 차단한다. 대충맥과 독맥의 불순물을 정화한다. 에너지의 오염을 막아 각종 병균으로부터 감염을 방지하고 자정능력을 고양한다.

ㄷ. 연심공(鍊心功)

≪대변경≫에서 말한다.

고주몽 성제(聖帝)는 조서를 내려 가로되, 〈천신께서 만인을 만드실 때 하나의 상(像)으로서 균등하게 삼진(三眞)을 주시었으니 이에 사람은 저 하늘을 대신하여 능히 세상에 서게 되었다〉라고 하셨다. 하물며 우리나라의 선조는 북부여에서 나와 천제의 아들이 되었다.

밝은이의 마음이 비어 고요함은 계율에 뿌리를 두는 것이니 오래도록 사특한 기운을 눌러 그 마음이 안락하고 태평하다.

이에 뭇 사람들과 함께 일하면 항상 잘되는 것이라, 병력을 쓰는 까닭은 침범을 느슨하게 하려 함이요, 형(刑)을 행함은 죄악을 없앨 것을 기하기 때문이다.

그러므로 허(虛)가 지극하면 정(精)이 생기며 정이 지극하면 지혜가 가득하며 지혜가 가득하면 덕이 융성하다.

때문에 마음을 비워 가르침을 듣고 고요한 가운데 헤아리며 지혜로서 사물을 이치대로 하고 덕으로서 사람을 다스린다.

이것이 곧 신시(神市)의 개물교화(開物教化)이다. 하느님을 위해서 성품을 열고 중생을 위해서 법을 세우고 선왕을 위해서 공을 세우고 천하만세를 위해서는 지(智)와 생(生)을 나란히 닦는 교화를 이름이라 (태백일사 이맥)

5) 일기법(一氣法)

하나의 기(氣)로부터 셋으로 갈라진 기(氣)는 곧 극(極)이다. 극(極)은 즉 무(無)다. 저 하늘의 근원은 삼극을 꿰뚫어 허(虛)가 되고 빈 것이다. 안과 밖도 역시 그런 것이니 천궁(天宮)이란 빛이 모이는 곳, 만 가지 변화가 나오는 곳이라 한다. 하느님은 능히 그(虛)를 체(體)로 할 뿐만 아니라 마음대로 주재할 수 있는 것이다. ― 중략

일기(一氣)는 스스로 능히 동작하여 이루고, 가르치고, 다스리는 삼화(三化)의 신(神)이 된다. 신(神)은 즉 기(氣)이고 기(氣)는 곧 허(虛)이며 허(虛)는 즉 일(一)이다. ―이하 생략

一氣而析三氣卽極也極卽無也夫天之源乃貫
三極爲虛而空幷內外而然也天宮卽爲光明之會,
萬化所出天之一神能體其虛而乃其主宰也, 중략
一氣之自能動作而爲造敎治三化之神
神卽氣也氣卽虛也虛卽一也, ― 이하 생략　　(蘇塗經典本訓 이맥)

보시라.

일찍이 신(神)에 대하여 이와 같이 명명백백하게 정의한 종교나 철학이 있었는가,

"하느님은 에너지이고, 이 에너지는 정신적 에너지로서 우주 만물을 다 담고 있는 하나다"

이를 다시 본문과 대입하여 풀이하면

"하느님(神)의 본령은 에너지(氣)이다. 이 에너지는 정신적 에너지(虛)로서, 우주만물을 다 담고 있는 하나(一)다. 아 우주만유를 꿰뚫는 이 명징함, ─ . 뇌성벽력으로 내려치는 무시무시한 질타에, 눈을 봉하고, 귀를 봉하고, 입을 봉하고, 스스로 온몸을 밧줄로 꽁꽁 묶어버린다. 제물(祭物)로 쓰기에는 너무 더럽다. 인간쓰레기는 쓰레기장에서도 받아주지 않는다.

(1) 사와라 법

13대 환웅은 사와라(斯瓦羅)이니 재위67년에 100세까지 사셨다.

허(虛)가 지극해질 때까지, 허(虛)가 지극해질 때까지─

선차   후차

ㄱ. 연신공(鍊身功)

선차 : 「부동본」 자세로 반듯하게 드러누워 양손 배권하여 하로(下爐)의 태정관(太精關) 위에 얹는다.

①입식의 숨결에 따라 서서히 상체와 양다리를 위로 들어올리고 연식(鍊息)한다.

②출식의 숨결에 따라 서서히 상체와 양다리를 「부동본」 자세로 되돌리고 연식(鍊息)한다.

③ ①-②번의 선공이 연기공의 성취단계에 이를 때까지 조식연공(調息鍊功)한다.

④마무리 연공은 「부동본」 자세로 돌아와 운기연공(運氣鍊功)한다.

후차 : 「부동본」 자세로 반듯하게 드러눕는다.

①입식의 숨결에 따라 양손으로 왼쪽 발목을 잡고 왼발을 상체 쪽으로 서서히 끌어당기고 동시에 상체와 오른발을 들어 올린 후 연식한다.

출식하면서 잡아당긴 왼발을 서서히 풀어주고 상체와 오른발도 내려트려 제자리로 되돌린 후 연식한다.

②발 바꾸어 양손으로 오른발 발목을 잡고 ①번과 동일한 방법으로 연공한다.

③ ①-②번의 선공이 연기공의 성취단계에 이를 때까지 조식연공한다.

④마무리 연공은 「부동본」 자세로 돌아와 운기연공한다.

ㄴ. 연기공(鍊氣功)

마음속으로 "13대 사와라 환웅님"이라고 묵송한다.

선차 : 입식과 더불어 남방의 불기운(火氣)이 금오문(金烏門/백회百

會)으로 쇄도하여 대충맥(大衷脈)으로 하강, 3로, 3방의 화후(火候)를 조절하고, 한편 양발의 백시문(百始門/용천湧泉)으로 쇄도하는 북방의 물기운(水氣)은 독맥의 태음관, 목성관, 화성관, 토성관, 금성관, 수성관, 태양관으로 상승하여 독맥 7관을 여는 개관공정을 개시한다.

동방 목기(木氣)는 왼손 청룡문으로 서방 금기(金氣)는 오른손 백호문으로 들어와 태정로(太精爐)에서 북방수기(水氣)와 융합을 시도하여 태정(太精)의 기운을 연정화기(鍊精化氣)시켜 지명로(地命爐)로 상승시키고자 한다.

중방(中方)토기(土氣)는 지명(地命) 기운과 융합되어 연기화신(鍊氣化神)의 기운이 천성로(天性爐)로 상승코자 한다.

출식과 더불어 북방수기(水氣), 남방화기(火氣), 동방목기(木氣), 서방금기(金氣), 중방토기(土氣)가 성·심·감(性心感), 명·기·식(命氣息), 정·신·촉(精身觸)기운과 융합되어 연신환허(鍊神還虛)의 경지로 나아간다.

"나아간다"함은 연공(鍊功)한다는 뜻이지 성취되어 공완을 이루었다는 뜻이 아니다.

허(虛)가 지극해질 때까지 묵념한다.

그리고 본다. 하나의 까만 점을—. 허공 속의 까만 점.

후차 : 독맥 7관을 여는 개관법(開關法)중의 파죽공(破竹功)이다.

입식(入息)과 더불어 한 발을 잡아 양손으로 발목을 잡고 태정로(太精爐)를 향해 끌어당김으로써 뻗어 올린 다리의 백시문(百始門)/용천湧泉)으로 쇄도하는 북방수기(水氣)가 파죽지세처럼 태음관에서 태양관까지 독맥 7관을 뚫고 올라간다.

출식과 더불어 북방수기(水氣), 동방목기(木氣), 서방금기(金氣), 중방토기(土氣)의 기운이 남방화기(火氣)의 불기운을 정련하여 지명로(地命爐)에서 지명(地命)의 기운과 융합, 만맥천규로 주류(周流)한다.

하나의 기운(一氣)이 금오문에서 황웅문(黃熊門)으로, 황웅문에서 청룡문/백호문으로 다시 현무문으로 곧은 대나무가 쪼개지듯 질풍노도처럼 뻗어나가 뻗은 다리의 백종문(百終門)/실민(失眠)을 뚫고 나가 태정로(太精爐), 태신방(太身房), 촉해정(觸海井), 현무문(玄武門), 태음관(太陰關) 등 하로(下爐)부위의 주요관문을 열어 인삼(人三)의 기순환을 원활하게 한다.

파죽공(破竹功)의 강력한 위력은 북방수기(水氣)가 태음관(腰俞/장강長强)에서 목성관(木星關/요양관要陽關), 화성관(火星關/명문命門)을 지나 토성관(土星關/척중脊中)을 통과하려 할 때 통과가 저지되면 그 반동으로 진동이 발생된다. 차가운 냉기가 진동과 함께 지명로(地命爐)로 내려가 전신으로 퍼져나가는데 이 냉기가 요로(要路)의 양기(良氣)를 무기력하게 하고 좌충우돌 헤집고 돌아다녀 순간적으로 통증이 스쳐지나가기도 하고 심리적으로 두렵기도 하여 심신이 편안치 않다.

이때 출식(出息)하면서 접은 발을 느슨하게 풀어주어 남방화기(火氣)를 영해정(靈海井)에서 하강시켜 감해정(感海井)을 거쳐 지기방(地氣房)과 지명로(地命爐)의 수기(水氣)를 온화하게 조절한다.

화후(火候)가 맞으면 서서히 토성관(土星關/척중脊中)이 열려 토성관에 주먹 만한 구멍이 뚫리고 외부로부터 신선한 일기(一氣)가 바람처럼 쏟아져 들어온다. 이와같은 현상을 "현관(玄關)이 열렸다"고 한다.

그 구멍은 토성관에서 지명로(地命爐)로 연결되고 지명로에서 임맥의 지명관으로 관통하는 커다란 터널을 형성한다. 독맥과 임맥을 관통하는 통로는 상초(上焦)와 하초(下焦)를 양분하는 것이 아니라, 독맥 7관은 물론이요, 임맥 7관문과 5대규(竅), 족 4문 등 만맥(萬脈)천규(千竅)로 파급되는 현묘한 일기(一氣)의 은은한 향기와 고요한 울림은 열겹의 영·혼·백체를 일깨우는 크나큰 범종이 울리는 것 같다.

한발을 접어 끌어당기고, 밀어내고 당기고 밀어냄이 마치 범종을 타종하는 것과 방불한 공법이다.

북방수기(水氣)는 마침내 난관중의 난관인 토성관을 통과하여 금성관, 수성관, 태양관으로 상승, 영해정(靈海井)에서 다시 남방화기(火氣)와 융합한다.

음양 기운의 교합은 탁정(濁精)과 탁기(濁氣)를 제거하여 성·명·정(性·命·精)을 참으로 돌려 연신환허(鍊神還虛)의 최고 경지로 나아가게 한다.

허(虛)가 지극해질 때까지 고요히 한점을 응시한다.

ㄷ. 연심공(鍊心功)

≪대변설≫에서 전한다.

참다움(眞)을 물들지 않음(不染)이라 하며 이 물들음을 망령(妄)됨이라 한다. 착함(善)을 불식(不息)이라 하고 숨쉼(息)을 악(惡)이라 한다.

망령됨이 없는 거짓에 물들지 않기 위해서는 세속의 속성을 차단해야 한다. 속계(俗界)가 생산해내는 정보, 상품, 재화 등의 가치에 현혹되어 물든 만큼 정신과 혼은 망령에 사로잡혀 물질의 노예로 전락한다.

생명유지의 근간이 되는 숨쉼도 이와 다르지 않다.

부정하고 더러운 속계에서의 숨쉼(息)을 악(惡)이라 규정함은 생존 자체를 부정함이 아니다.

착함(善)은 숨쉬지 않음(不息)이라 했으나 이는 살아있는 자체가 악(惡)과 동일하다는 뜻이 아니다. 숨쉼은 인간의 숙명, 생·노·병·사로 치닫는 죽음의 공정이다.

숨이 끊어지면 만사가 정지된다. 불식(不息)이 이루어져 이 세상을 마감하게 된다. 영계로 귀향하게 되니 선(善)이라 했는가.

이와 같은 죽음에 이르기 전에 조식(調息)연공으로 속계(俗界)의 본능적 숨쉼(息)을 차원높은 영계(靈界)의 정신적 숨쉼으로 전환하여 영겁세세토록 "우주의 대순환"과 함께 숨쉬라는 뜻이다.

"하나를 잡아 셋을 머금는(執一含三) 이유는 곧 그 기(氣)를 하나로 하며 그 신(神)을 셋으로 하기 때문이다. 셋을 모아 하나로 돌아간다. (會三歸一)하는 이유는 역시 신(神)을 셋으로 하고 기(氣)를 하나로 하기 때문이다. 저 삶을 사는 자의 체(體)는 일기(一氣)이다. 일기(一氣) 란 안에 삼신(三神)이 있고 지(智)의 근원도 역시 삼신에 있다. 삼신(三神)은 밖으로 일기(一氣)를 포함한다. 그것은 밖에 있는 것은 일(一)이고 그 내용도 일(一)이며 그 통제도 일(一)이다. 역시 모두 포함되어 있을 뿐 놓을 수 없다. 그것이 글자가 이루어진 근원이 된다. 회(會)를 포함하고 잡고 돌아온다(含會執歸*)는 뜻은 여기에 있다."

(2) 자오지 법

14대 환웅은 자오지(慈烏支)인데 세상에서 치우천왕(蚩尤天王)이라 하며 청구국으로 도읍을 옮겨서 재위 109년에 151세까지 사셨다.

{ * 함회집귀(含會執歸) : 조여서 갈라지지 않고 함께 돌아온다는 뜻.

치우란 〈우뢰와 비가 크게 와서 산과 강을 크게 바꾼다〉는 뜻이다. 〈삼성기〉에 의하면

　　치우천왕께서 염제신농의 나라가 쇠함을 보고 마침내 큰 뜻을 세워 여러 차례 천병(天兵)을 서쪽으로 일으켰다 … 중략
　　황제헌원(黃帝軒轅)이 일어나자, 즉시 황제 헌원을 사로잡아 신하로 삼은 뒤에 오장군(吳將軍)을 보내 제곡고신을 쳐 공을 세우게 했다.

치우천왕은 10年 동안 지나민족의 삼황오제 중의 하나인 황제헌원과 73회 싸워 연전연승하였는데 황제헌원은 치우천왕과 싸우다 패전하였을 때 안개가 자욱하여 동서남북을 헤아리지 못해 포위망을 뚫고 도주하지 못하게 되자 남쪽을 가리키는 지남거(指南車)라는 수레를 타고 도망하여 겨우 목숨을 부지한 적도 여러 번 있었다.

이와 같은 연유에서 현재에도 중국의 나침반(羅針盤)의 바늘은 북쪽이 아닌 남쪽을 가리키고 있다.

〈운급헌원기(雲笈軒轅記)〉라는 책에 "치우가 처음으로 갑옷과 투구를 만들었는데 사람들이 이를 알지 못하고 구리로 된 머리에 쇠로 된 이마라고 치우를 무서워했다"한다. ― 동두철액(銅頭鐵額)*

〈삼성기〉 하편에 "치우천왕은 한국과 중국을 포함한 동방의 군신(軍神)이다. 그의 무덤에서 연기 같은 것이 휘날리면 난리가 난다는 전설이 있고 그 연기를 치우의 깃발이라 한다"고 전한다.

〈한서〉 지리지에 의하면 "치우천왕의 무덤이 산동성의 동평군(東平郡) 수장현(壽張縣) 관향성(關鄕城)에 있는데 진(秦)나라와 한(漢)나라 때 주민들이 10월이 되면 제를 지냈다.

{ * 동두철액(銅頭鐵額) : 구리로 된 머리에 쇠로 된 이마.

이 무덤에서 반드시 붉은 기운이 있어 필강(疋絳)*같은 것을 뻗는데 이를 치우의 깃발이라 한다. 그의 영걸스러운 혼백과 사내다운 기백은 스스로 보통사람과는 매우 다른바, 천년의 세월이 지나서도 오히려 없어지지 아니 하는 듯하다. 헌원이 이로서 망연히 사라지니 유망도 이에 따라 영원히 떨어졌다"고 전한다.

그로부터 수천 년이 지나 우리의 군신(軍神) 치우헌왕은 「붉은악마」로 둔갑되어 월드컵 축구 응원단과 온 국민이 열광하는 심벌이 되었다.

치우천왕은 중국지역, 만주와 몽고지역, 서장지역 등 온 천하를 정복한 고대의 정복왕이자 영웅이요 서거 후 암흑세계의 마왕(魔王)을 물리치는 동방의 군신(軍神)이 되었는데, 이와 같이 「붉은악마」로 호칭하는 것은 그 의미가 상반될 뿐만 아니라 그의 후예로서 불경스럽다고 아니할 수 없다.

치우천왕은 오령(五靈)중의 하나로서 서방(西方)의 금기(金氣)와 흰색을 다스리는 신령이다. 서방의 표상은 백호(白虎)이니, 치우천왕을 악의 화신인 〈붉은악마〉로 호칭하기보다 신성한 하얀 호랑이 백호로 부르는 것이 용맹과 승리 그리고 수호신이라는 의미를 한층 더 부각시킬 수 있을 것이다.

선차

후차

{ * 필강(疋絳) : 붉은 깃발 모양의 띠나 연기.

ㄱ. 연신공(鍊身功)

선차 : 머리를 들고 모로 누워 오른손을 왼편 옆구리에 얹는다.

①입식의 숨결에 따라 왼손과 왼발을 서서히 위로 들어 올리고 연식한다.

②출식의 숨결에 따라 왼손과 왼발을 서서히 제자리로 되돌리고 연식한다.

③반대편으로 모로 누워 ①-②번과 동일하게 연공한다.

④ ①-②-③-④번의 선공이 연기공의 성취단계에 이를 때까지 조식연공한다.

⑤마무리 연공은 「부동본」 자세로 돌아와 운기연공한다.

후차 : 옆으로 무로 누워서 모태 속의 태아와 같이 양손을 모아 구부리고 양발을 모아 웅크린다.

①자궁 속에 있는 태아와 같이 아무런 운기조식도 취하지 않는다.

②제부(臍部/신궐神闕)*의 식해문(息海門)에서 떨어져나간 탯줄이 다시 소생하듯 무위(無爲)로 조식이 이뤄짐을 느낀다.

③태식법(胎息法)으로 이루어지는 숨쉼은 에너지체의 모태에서 자신의 식해정(息海井)으로 연결되어 곰님과 함께 숨쉼을 전신으로 느낀다.

④마무리 연공은 「부동본」자세로 돌아와 운기연공한다.

나. 연기공(鍊氣功)

마음속으로 "14대 자오지 환웅님"이라고 묵송한다.

{ * 제부(신궐혈) : 배꼽

선차 : (1) 입식과 더불어 동방(東方)의 목기운(木氣)이 왼손의 청룡문과 왼발의 백시문으로 쇄도하여 대충맥(大衝脈)으로 상승―4해정의 물기운(水氣)과 융합하여 상생의 기운은 북돋는다.

수목(水木)상생의 기운은 좌반신(左半身) 기운의 소통을 원활하게 한다.

출식과 더불어 수목(水木)상생의 기운은 우반신(右半身)으로 퍼져나가 불과금(火金)의 기운을 안정시킨다.

(2) 좌우자세를 바꾸어 모로 누워 우측팔과 우측발을 치켜들면서 연공한다.

입식과 더불어 서방(西方)의 금기운(金氣)이 오른손의 백호문과 오른발의 백시문으로 쇄도하여 대충맥(大衝脈)으로 상승, 3로의 불기운과 융합하여 성·명·정(性·命·精)기운을 고강케 하며 우반신(右半身)에 화금(火金)상승기운을 충만케한다.

출식과 더불어 화금(火金)상승기운은 좌반신(左半身)에너지체로 퍼져나가 수목/화금의 음양기운을 조화시켜 영·성·심·감/명·기·식/정·신·촉 10개 에너지 몸에 조화와 균형을 이룬다.

강(强)하지도 약(弱)하지도 않은 순수하고 참된 기운이 3로, 3방에 내공력을 고양시킨다.

후차 :
저절로 숨쉰다.
우주가 숨쉰다.

들숨과 날숨이
우주의 자궁,

영원의 고향에
돌아와 있다.

태초의 숨결이
억겁의 숨결이 되어
대순환의 파동―빚는다.

오 영원한 생명의 근원이여
거룩한 힘의 원천이시여
맨 처음 하나로
돌아가게 하여 주옵소서.

무엇이 성·심·감(性·心·感), 명·기·식(命·氣·息), 정·신·촉(精
·身·觸)에너지인지 구별조차 묘연해지고 만맥(萬脈)천규(千竅)도 사
라진다.
그윽한 내면의 평화가 파동쳐 온다.
무구한 기운이 생명의 현재함을 각성시킨다.
무구한 영기가 충만해진다.

영혼이 숨쉰다.
진(眞)선(善)미(美)의 저편
심오한 무(無)의 경지에 이른다.
무문(無門)이 열린다.

ㄷ. 연심공(鍊心功)
인간이 생명의 근원으로부터 부여받은 세 가지 참다움은 성품(性)과

목숨(命), 정기(精)로서 이를 삼수(三受)의 참다움(眞)이라 한다.

참다움이란 다름 아닌 알갱이(衷)이고 그 알갱이(衷)는 자라나는 일(業)이며, 일(業)은 연속(續)됨이며 끊임없이 연속된다함은 하나(一)를 의미한다.

그리하여 하나(一)에서 시작하여 하나(一)로 끝난다는 것은 돌고 돌아서 결국 참(眞)으로 되돌아오는 것을 말한다.

곧 하나(一)가 셋(三)이라 하는 것은 성품과 목숨, 정기의 근본이 하나에서 비롯됨이다.

미립의 작은 알갱이를 쌓아서 일로 되돌아오는 것을 아름다움(美)이라 한다.

이를 셋으로 나누어,

성품의 착함(善)이라 하는 것이고,

목숨의 맑음(淸)이라 하는 것이며,

정기의 후함(厚)이라 하는 이유다.

다시금 또 무엇이 있어서 있다고 하고 없다고 하는 것이냐. (소도경전본훈 이맥)

(3) 치액특 법

15대 환웅은 치액특(蚩額特)이니 재위 89년에 118세까지 사셨다.

대순환에 연결되는

내면의 길을 닦는 것이,

구도의 본분이다.

그리고

존재가치에 대한

깊은 통찰이,
유한을 가로지르는
교량이 된다.

선차

후차

ㄱ. 연신공(鍊身功)

선차 :「지이삼」자세로 반듯하게 엎드려 누웠다가 양손을 등뒤로 돌려 독맥의 화성관(火星關) 위에 얹는다.

①입식의 숨결에 따라 서서히 상체와 양다리를 들어 올린 후 연식(鍊息)한다.

②출식의 숨결에 따라 서서히 상체와 양다리를 원위치로 되돌린 후 연식한다.

③ ①-②번 선공이 연기공의 성취단계에 이를 때까지 조식연공(調息鍊功)한다.

④마무리 연공은「지이삼」자세로 돌아와 운기연공(運氣鍊功)한다.

후차 : 무릎을 꿇고 앉은 궤좌(跪坐)세를 취하여 반듯하게 앉는다.

①왼다리는 무릎을 꿇고, 오른 다리는 뒤로 쭉 뻗쳐 왼다리와 일직선상에 놓이게 한다. 양손을 위로 돌려 배권을 취한 후 화성관(火星關/

후명문) 부위에 얹고 출식하면 서서히 상체를 앞으로 숙으려 상체가 왼쪽 무릎 위에 닿게 한다. 머리는 좌측으로 90° 돌려 얼굴방향이 좌측을 향하게 한 후 연식한다.

②입식의 숨결에 따라 서서히 상체를 들어 올리고 동시에 배권한 손 토성관(土星關)을 향해 들어올린 후 연식한다.

③①-②번을 3-5회 연공한 후 다리자세를 교대하여 동일한 방법으로 3-5회 연공한다.

④마무리 연공은 궤자세인 「육」법 자세로 돌아와 운기연공한다.

ㄴ. 연기공(鍊氣功)

마음속으로 15대 치액특 환웅님이라고 묵송한다.

선차 : 입식과 더불어 중방(中方)의 태토(太土)기운이 황웅문(黃熊門)인 지명관(地命關)으로 쇄도하여 금오문(金烏門)을 통해 하강하는 남방(南方)의 태화(太火)기운과 현무문(玄武門)을 통해 상승하는 북방(北方)의 태수(太水)기운을 지명로(地命爐)에서 융합한다.

출식과 더불어 융합된 수·토·화 3방의 기운이 하나가 되어 독맥의 토성관(土星關)을 통해 7성관을 열고 대충맥으로 순환된다.

현무문의 회음(음교)혈과 장강(미려)혈을 통합하는 하관(下關)에 수·토·화의 기운으로 퇴적된 탁기를 정화하고 배출시킨다. 새로운 태정(太精)의 기운을 충일케 한다.

이 연공은 비뇨생식기계통의 기능을 강화하여 노화를 방지하고 남녀 공히 젊음을 유지케 한다. 특히 여성에게 갱년기 장애 예방 및 치유에 효과가 있다.

후차 : 입식과 더불어 좌측 손 청룡문으로 태목(太木)기운이 쇄도하여 화성관(火星關)을 통해 식해정(息海井)에서 수·토·화 기운과 혼합된다.

출식과 더불어 태목(太木)기운은 수(水)·토(土)기운과 융합되고 태금(太金)기운은 화(火)·토(土)기운과 융합하여 수(水)·토(土)·목(木)/화(火)·토(土)·금(金) 2개 군(群)의 음·양 기운으로 양분된다.

입식시 배권을 화성관(火星關/후명문后命門)에서 토성관(土星關/척중, 중추)으로 끌어올리고 출식시 배권을 목성관(木星關/요양관要陽關)으로 끌어내려 수·토·목/화·토·금의 기운을 조절, 지명로(地命爐)를 중심으로 한 지기방(地氣房), 식해정(息海井) 등 에너지의 조화와 균형을 유지케 한다.

태토(太土)의 기운을 중심으로 한 중관(中關)이 상·하관의 에너지 수급을 조절하는 갑문 역할과 기능을 원활케 하여 신체 각 기관의 균형과 제어를 적절히 유지케 한다.

특히 중로(中爐) 부위에 에너지 막힘 현상으로 초래되는 호르몬계통 장애와 순환기 계통 장애 등에 탁효가 있으며 척추디스크 장애 및 골반 이상 장애 교정에 자가치유가 가능하다.

ㄷ. 연심공(鍊心功)
인간은
끊임없이 우주의식의 각성에 의해
무한과 유한을 잇는 다리를
자신의 내면에서
발견하게 된다.

그것은 상처를 치유하는 모성의 본능,
깊이 닿을수록 미치지 못하는
무한의 모든 것.

깨닫는다기보다
우주의식의 거대한 그물망에
포획되어
강제로 자연계와 교감하고
서로의 존재를 확인하는 과정에서,
진화해야 하는 당위성을 인식하기보다,
더 오묘한 접화군생(接化群生)의
길을 열게 된다.

이것이 맨 처음의 하나(始一)로 되돌아가는
귀일(歸一)법이다.

스스로 치른 인내와 각고에 대한
보상과 대가를 셈하기 위해서가 아니다.
반드시 물질계와 정신계가
상호보완적인 음·양의 구조로
「일적십거」를 이룬다는

명징한 메시지가
유전자에 각인되어
피톨 속에 면면히 흐르고 있기 때문이다.

세속적인 물질 지상주의 통념을
뛰어넘는 해탈의 경지를
이루기는커녕, 세파의 모진 파도에
휩쓸려 생애의 전부를 소진하였다.

「이미 머리골속에 내려와 있는
신의 현현」은 긍휼히 여기시어
부족하고 어리석기 짝이 없는
모든 것을 감싸고 포용하시노라

내 뜻대로 이루어지는 것이 아니니
진화하는 자연에 따르는
인간의 도리가
유기적 사슬로 맺어져
접화군생(接化群生)하는
행복한 오늘의 삶을 이룰지니
이것이
제세이화 하는 홍익인간의 길이다.

6) 삼극법(三極法)

원(圓)은 일(一)이 되어 무극(無極)이고, 방(方)은 이(二)가 되어 반극(反極)이며, 각(角)은 삼(三)이 되어 태극(太極)이다.
하늘과 땅 그리고 사람을 일컬음이다.
삼극사상은 한민족 고유의 삼신(三神)사상이다.

삼신이란 우주의 기운, 지구의 기운, 인간의 기운 등,
생명에너지의 삼대분화를 뜻한다.
삼극에너지의 대융합을 터득하는 길이 선공이다.

(1) 축다리 법

16대 환웅은 축다리(祝多利)이니 재위 56년에 99까지 사셨다.

하나의 기(氣)로부터 셋으로 갈라진 기(氣)는 극(極)이다. 극(極)은
무(無)다.

일기(一氣)는 즉 천(天)이며 곧 빈 것이다. 삼신은 천일, 지일, 태일
의 신이다.

신(神)은 즉 기(氣)이고 기(氣)는 곧 허(虛)이며, 허(虛)는 즉 일(一)
이다.

선차   후차①   후차②

ㄱ. 연신공(鍊身功)

선차 : 양다리를 어깨넓이만큼 벌리고 서서 「묘연만」 자세를 취한다.

①족사규(足四竅)인 백시문(百始門)과 백종문(百終門) 위에 체중을

없고 바로 선다. 「묘연만」 자세만 취해도 저절로 대충맥이 열리고 기(氣)가 주류하는 것을 느낄 수 있다.

②양손의 엄지와 검지를 맞닿게 하여 맞닿는 부위가 삼각형이 되면 식해문(息海門)에서 태정문(太精門)에 걸쳐 양손바닥을 얹고, 입식의 숨결에 따라 양손을 어깨 높이만큼 들어올린다.

③연식한 후 들어올린 양손을 태정관 부위를 내려친다. 이때 손바닥으로 내려치며 5회-10회 가량 약간 세게 내려친다. 내려친 후 출식하고 연식한다.

④하복부가 어느 정도 단련되면 ③번을 3-5회 반복하여 연공한 후 「묘연만」 자세로 돌아와 운기연공한다.

후차 : 선차와 동일하게 「묘연만」 자세로 선다.

①족사규인 백시문과 백종문 위에 균등하게 체중을 싣고 바로선다.

②선차에서 양손바닥으로 하복부를 가격하여 어느 정도 내장의 위치가 바로 서고 전신에 기혈순환이 바르게 운행되고 있음을 감지한 다음, 왼손은 주먹을 쥐어 대각선으로 내려트리고 오른손도 주먹을 쥐어 태정관 위에 얹었다가 입식하면서 포물선을 그리며 머리위로 들어올린 후 연식한다.

③연식후 머리위로 들어올린 오른손 주먹으로 포물선을 그리며 하복부의 태정로(太精爐)를 정확하고 강렬하게 내려친다. 1회 연식 후 5-10회 정도 가격한다.

④가격이 끝난 후 오른손 주먹을 태정관(太精關) 위에 얹고 출식하면서 왼손주먹을 서서히 펼쳐준 후 연식한다.

⑤양손을 교대하여 동일하게 연공한다.

⑥마무리 연공은 「묘연만」 자세로 돌아와 양손배권하여 하로(下爐)

의 태정관 위에 얹고 운기연공한다.

ㄴ. 연기공(鍊氣功)
마음속으로 "16대 축다리 환웅님"이라고 묵송한다.

선차 : 무엇보다 중요한 것은 바로서는 것이다. 「묘연만」 자세로 바로서기만 해도 족사규인 백시문과 백종문으로 땅의 기운이 출입하여 운기조식이 저절로 이뤄지는 기적 같은 현상이 일어난다.

배꼽아래(臍下) 4촌(寸)부위에 위치한 태정관을 양손바닥으로 가격하여 왼손의 청룡문으로부터 목기운(木氣)과 오른손의 백호문으로부터 쇠기운(金氣)이 태정관을 통해 태정로로 출입하여 태정기운을 차분하게 안정시킨다.

하복부에 적체되어 있는 탁기와 내장 속의 독소를 중화하고 장기의 울혈을 풀어주어 기혈의 순환을 순조롭게 한다.

후차 : 입식한 후 연식한 상태에서 머리 위까지 치켜든 주먹의 하단 부위로 정확하게 태정관을 가격한다.

태정로에서 핵폭발이 일어나듯 엄청난 기운이 번개처럼 빠르고 힘차게 만맥천규로 퍼져나간다.

태정의 기운을 순수하게 정화하고 막강하게 증폭시킨다. 이것이 진정(眞精)에너지이다.

이 연공은 일정단계의 정기가 축적된 중급자 이상이 되어야 수련이 가능하다.

정(精)을 충만하게 하는 연공이다.

ㄷ. 연심공(錬心功)

쇠붙이를 단금질 해 망치로 두들긴다.

백 번의 단금질과 수천 번의 망치질로

백련검(百錬劍)을 주조한다.

안으로는 나를 비워 진기(眞氣)를 충만케 하고

밖으로는 나를 숙여 진기(眞氣)가 드러나지 않게 한다.

매일같이 백련검(百錬劍) 녹슬지 않게

마음을 갈고 닦는다.

진정으로 강함은 순정(純正)한 것—

내 안의 사마(邪魔)를 물리치리라

(2) 혁다세 법

17대 환웅은 혁다세(赫多世)이니 재위 72년에 97세까지 사셨다.
천·지·인 셋의 에너지가 융합되면 맨 처음의 하나(始一)로 돌아간
다. 이를 회삼귀일(會三歸一)이라 한다.

ㄱ. 연신공(錬身功)

선차 : 양다리를 어깨넓이 만큼 벌리고 서서「묘연만」자세를 취한다.
①족사규(足四竅)인 백시문과 백종문 위에 체중을 얹고 바로 선다.
②왼손을 주먹 쥐어 대각선으로 내려트리고, 오른손을 펼쳐 지명관
(地命關)인 명치부위에 얹는다. 입식하면서 오른손을 오른쪽 방향으
로 일직선으로 펼친 후 연식한다.
③연식 후 오른손 바닥 하단부위로 지명관 부위를 5-10회 가량 가볍

게 두드린다.

④오른손을 지명관 위에 얹고 출식하면서 왼손 주먹을 펼치고 연식한다.

⑤양손 교대로 ②-③-④번을 3-5회 연공한다.

⑥마무리 연공은 양손배권하여 지명관(地命關) 위에 얹고 운기연공한다.

선차   후차

후차 : 선차와 동일하게 「묘연만」 자세로 선다.

①족사규인 백시문과 백종문 위에 균등하게 체중을 싣고 바로 선다.

②왼손을 주먹 쥐어 대각선으로 내려트리고 오른손을 펼쳐 지명관(地命關) 위에 얹었다가, 입식하면서 오른손을 우측방향으로 일직선으로 펼친 후 연식한다.

③연식 후 우측으로 펼친 우측 손바닥 하단 부위로 정확하고 강도 높게 지명관인 명치부위를 가격한다. 1회 연식 후 5-10회 가량 가격한다.

④가격이 끝난 후 우측 손바닥을 지명관 위에 얹고 출식하면서 좌측 주먹을 서서히 펼쳐 준 후 연식한다.

⑤양손을 교대하여 동일한 방법으로 연공한다.

⑥마무리 연공은「묘연만」자세로 돌아와 양손 배권하여 중로(中爐)의 지명관 위에 얹고 운기연공한다.

ㄴ. 연기공(鍊氣功)

마음속으로 "17대 혁다세 환웅님"이라고 묵송한다.

선차 : 지명관(地命關)은 천성(天性)에너지가 하강하고 태정(太精)에너지가 상승하는 교차부위에 위치하고 있어 지명관이 막히면 임맥뿐만 아니라 대충맥 독맥의 에너지 유통이 불통된다.

연식할 때 지명관(地命關)을 임의로 ⅓정도 닫고 가격해야 내상을 입지 않는다.

중방의 태토(太土)자리인 지명관(地命關)을 청룡장으로 가격하여 동방의 목기(木氣)로 태토(太土)기운을 북돋고 백호장으로 가격하여 서방의 금기(金氣)로 태토(太土)의 불순물을 제거한다.

출식 후 좌측 주먹을 펼칠 때 청룡문으로 탁기와 독소가 배출된다. 양손을 교대하여 출식하면서 백호문을 펼칠 때, 동일하게 탁기와 독소가 백호문으로 배출된다.

연공을 지속하면 지명관이 열려 태정(太精)기운이 상승하고 천성(天性)기운이 하강하여 지명(地命)기운이 서서히 변화하기 시작한다.

상로(上爐)의 금오문(金烏門)과 하로(下爐)의 현무문(玄武門)으로 상통하달하는 천·지·인 기운이 서서히 주류하고 교차하면서 하나의 융합점을 향해 나간다.

중관(中關)부위에 적체되어 있는 탁기와 독소를 중화시키고 흉곽부의 기포를 제거하여 호흡곤란증세 천식, 상기, 두통, 소화불량, 인슐린 분비 이상 병세를 완화시키거나 해소한다.

　후차 : 후차는 고도의 선공수련이 선행되어야 한다. 지명관을 임의로 열고 닫을 수 있어야한다. 연식할 때 지명관을 ⅔정도 닫고 가격해야 한다.

　중방의 태토(太土)기운에 동방의 목기(木氣)와 서방의 금기(金氣)가 융합되어 고강해진 태토기운은 상로의 천성(天性)기운과 하로의 태정(太精)기운이 재융합되어 대충맥 상의 3로(爐), 3방(房), 4해정(海井)의 에너지를 충전시킨다.

　대충맥의 「대삼합」이 이루어진다.

　중관(中關)부위에 적체되있는 탁기와 독소를 중화하고 흉곽부의 기포(氣泡)를 제거하며 복강 내의 각종 수종(水腫)을 파괴한다.

　심폐기능이 강화된다.

　신진대사가 향상되고 호르몬계통 기능이 정상화되어 각종 난조현상이 바로잡힌다.

　기(氣)를 장하게 하여 진명(眞命)에너지로 향상시키는 연공이다.

　중로(中爐)인 지명로(地命爐)는 생명에너지의 근원이 되는 기(氣)에너지를 생성, 정련, 공급하는 에너지 센터다. 전면의 임맥상에는 지명관(地命關/황웅문黃熊門)이 있고 후면의 독맥상에는 토성관(土星關/중추, 척중)을 거느리고 있다.

　지명로의 외곽은 지기방(地氣房)으로 둘러쌓여 있다.

　지명관을 가격하는 것은 단순한 신체적 단련을 의미하는 것이 아니다.

　지명관 부위를 가격하면 지명로의 기운이 정련되어 기운의 순도가 높아진다. 지명로 기운이 순수해지면 한 단계 높은 차원의 천성에너지로 승화시킬 수 있다.

대충맥(大衝脈)상의 지기방과 지명로가 열려야 정신과 육체를 연결하는 통로가 개통되어 물질계, 생명계, 의식계 등 삼계(三界)를 소통할 수 있다.

지명관을 가격하면 기의 울림이 상로와 하로로 퍼져나가 상로, 금오문의 범위가 크게 확대되어 현무문까지 깊은 파동을 일으켜서 만맥천규로 확산된다.

ㄷ. 연심공(鍊心功)

물질, 생명, 정신은 시간이 지나면 탁해지고, 엷어지며, 마모되어 마침내 현상계에서 소멸된다. 이것은 생태계의 자연법칙이다. 사람도 낳고, 자라고, 늙고, 병들며, 죽는다. 그러기에 맑아지고, 두터워지고, 선량해져서 생존하고 있는 동안이라도 건강하고 행복한 삶을 누리려고 기원하는 것이다.

더 나아가서는 사물과 땅과 우주에 대한 깊은 닿음으로 의식의 지평을 넓히려한다. 편견과 아집의 두꺼운 껍데기를 깨트려, 사람과 사람, 땅과 사람, 우주와 사람, 만물과 사람이 서로 융합하고 상생하는 접화군생의 길을 찾는다. 이 정도의 생각만 하고 있어도 한결 마음이 편안해진다.

눈으로 사물을 보되 눈에 비친 것보다 마음으로 본 곳을 중시하며 마음에 반영된 심상보다 대상의 기(氣)를 보고, 기(氣)를 듣고, 기(氣)를 맛보고, 기(氣)를 느낀 것이 진상(眞像)임을 깨닫게 된다.

안타까운 점은 사람들은 이런 길을 알지 못하고 외가닥길을 황급히 가고 있다. 기다리고 있는 것은 소멸될 뿐인데….

(3) 거불단 법

18대 환웅은 거불단(居弗檀) 혹은 단웅(檀雄)이라 하는데 재위 48년에 82세까지 사셨다. 이분이 마지막 환웅이시다.

하나의 기운 속에 천·지·인 세 에너지가 들어있다. 이를 집일함삼(執一含三)이라 한다.

하나의 기운 속에 성·명·정 세 에너지가 들어있다. 다만 이를 나누어보면 각기 기운의 질(質)이 다를 뿐이다.

성·명·정 기질(氣質)을 높은 차원으로 끌어올려 환골이신(換骨移神)의 경지에 이르는 것이 선공의 일차 목표다.

ㄱ. 연신공(鍊身功)

선차 : 양다리를 어깨넓이 만큼 벌리고 서서 「묘연만」 자세를 취한다.

①족사규(足四竅)인 백시문과 백종문 위에 체중을 얹고 바로 선다.

②왼손을 주먹 쥐어 대각선으로 내려트리고 오른손도 주먹 쥐어 안면부위로 들어올렸다가 입식하면서 우측 주먹을 서서히 내려트려 주먹을 「곰손」*으로 변형시킨 후 연식한다.

③연식 후 오른손 「곰손」을 재빨리 들어올려 금오문 부위를 5-10회가량 가볍게 두드린다.

④우측 「곰손」을 금오문 위에 얹고 출식하면서 왼손 주먹을 펼친 후 연식한다.

⑤양손 교대로 ②-③-④번 3-5회 연공한다.

⑥마무리 연공은 양손 합지(合指)하여 금오문 위에 얹고 운기연공한다.

{ * 곰손이란 다섯 손가락의 첫 마디만 안으로 구부러뜨린 손의 모양.

선차①   곰손   선차②

후차①   후차②

후차 : 선차와 동일하게 「묘연만」 자세로 선다.

①족사규인 백시문과 백종문 위에 체중을 균등하게 싣고 바로 선다.

②왼손을 주먹 쥐어 대각선으로 내려트리고, 오른손 주먹 쥐어 안면 부위로 올렸다가, 입식하면서 우측 주먹을 서서히 내려트리면서, 주먹을 「곰손」으로 변형시킨 후 연식한다.

③연식 후 우측 「곰손」을 빠르게 들어올려 금오문 상단 부위를 정확하고 강렬하게 「곰손」으로 가격한다. 1회 연식 후 5-10회 가량 가격한다.

④양손 교대로 ②-③-④번을 3-5회 연공한다.

⑥마무리 연공은 양손 합지(合指)하여 금오문 위에 얹고 연공한다.

ㄴ. 연기공(鍊氣功)
마음속으로 18대 거불단 환웅님이라고 묵송한다.

선차 : 금오문(金烏門)은 천성(天性)에너지가 출입하는 관문이다. 일명 일시규(一始竅)라 불리우며 백회(百會)혈과 전정(前頂)혈을 합친 부위다.

일시규(一始竅)에서 일종규(一終竅/회음會陰)에 이르는 에너지 흐름의 중앙통로를 대충맥(大衝脈)이라 한다.

상단의 머리부위는 영(靈)과 심(心)에너지가 거하는 곳으로 9개 에너지 몸을 통솔, 조정, 관리한다. 성·심·감/명·기·식/정·신·촉, 에너지 통제가 이루어지는 곳이니, 상단부위에 이상이 생기면 몸 전체의 균형이 깨진다. 또한 영·혼·백체에 이상이 생기면 여러 경로를 통해 즉각 두뇌에 보고되고 조정을 요청하게 된다.

상단부위에 에너지가 정체되면 혈액순환에 이상이 생기고 두개골 내부에 압력이 상승하고 뇌압도 상승하여 뇌혈관, 뇌신경과 뇌호르몬 계통에 즉각 경보신호가 발동된다.

뇌압이 상승하면 상허하실(上虛下實)되어야 하는 에너지의 흐름에 역조현상이 일어나 불기운이 위로 치닫고 물기운이 아래로 내달려 화승수강(火昇水降)의 역류현상을 초래한다.

선인호흡에 맞춰 금오문을 가볍게 두드려 평소 운동시킬 수 없는 두개골과 근육, 조직 등의 긴장을 이완시켜 에너지 소통을 원활하게 한다.

얼굴과 머리부위에는 천기(天氣) 및 남방의 화기(火氣)와 기타 수많은 기운을 접촉해야 하는 눈, 코, 입, 귀 등의 기관이 있으며 촘촘한 에너지 그물망이 거미줄처럼 연결되어있어 필요이상의 과중한 부화가 걸려 과로가 누적되기 쉽다.

금오문을 가볍게 두들겨 주어 에너지 정체로 인해 미동도 하지 않는 22개의 주요 두개골을 움직이게 하여 평형을 되찾게 한다.

악관절이 긴장이 풀려 기운이 돌기 시작하면 두뇌에 기혈순환이 원활해 져서 뇌세포의 호흡지수는 최고조로 안정을 이루게 되고 척추신경과 호르 몬 계통을 통해 전 기관의 기능을 활성화시켜 균형을 이루게 한다. 틀어진 척추를 자연적으로 교정하고 비뚤어진 엉치뼈도 평형을 찾게 한다.

후차 : 거불단의 후차 연공은 고도의 선공수련이 선행되어야 한다.

일시규(금오문)를 「곰손」으로 강하게 가격하는 연공은 자칫 잘못하 면 뇌상을 입어 신경장애 등 여러 가지 신체장애를 유발할 수 있다.

이 연공을 수련하기 위해서는 금오문을 자유자재로 열고 닫을 수 있어야 한다.

연식할 때 금오문을 거의 닫은 상태에서 주먹이 아닌 「곰손」으로 가격해야 한다.

「천성로(天性爐)」에서 이미 「태양」에너지가 빚어졌을 때 이 「태양」 에너지를 「황금태양」으로 연금하기 위한 담금질이다.

「황금태양」이 열 겹의 영·성·심·감/명·기·신/정·신·촉의 에너지 몸을 비추고 돌아간다.

「황금까마귀」의 비상을 위하여,

천원(天元)으로 복귀를 위하여,

자신의 머리꼭지를 강타한다.

ㄷ. 연심공(鍊心功)

"「황금까마귀」가 천원으로 복귀한다"는 은유는 성·명·정 에너지를 절대지고의 대원일에게 봉정한다는 뜻이다.

자기 자신을 정화하여 희생의 제물로 바치는 행위는 천·지·인 기운을 하나로 융합하여 본래의 자리인 삼신일체의 대원일에 귀속하게 한다는 의미다.

무지에 대한 깨달음,

물질과 정신,

존재하는 모든 것에 대한 욕망,

성취에 대한 열정,

무한한 사랑과 은혜,

영원에 대한 동경, 등등…

의식의 기록들과,

육신, 정신, 기운의 모든 것,

눈물과 웃음, 아프고 슬픈 기억과

땀과 피로 치러야 했던 고통마저

고스란히 공양한다.

치유란 자연계에서 일시적으로 차용했던 영·혼·백체를 본래 자리로 되돌려 대순환에 복귀시키는 것이다.

그러한 과정은 대순환에 일치된 자기 에너지의 유기적인 순환에 의해 인간성 회복과 생명의 소중함을 깨닫게 된다.

궁극적인 자기구원의 길은 자기 자신을 희생의 제물로 바치는 것이다.

"네 자신을 네가 구하라!"

이것이 홍익인간이 전하는 메시지이다!

🌀 황금바위산

아득한 옛날,
하늘에서 3천의 천인*이
하강하였다.
땅위의 만물은 순수하고,
아름다워,
그들은 지인들을 사랑하고,
지상의 모든 것을 사랑했다.

그들은 그들의 날개에 대해
깊이 생각하고,
어느 날 더 이상 날개가 쓸모없음을
그들의 지도자에게 알렸다.

어느 달 밝은 밤에
삼천의 천인들은
한 고원에 모였다.
비장한 결의로 가득 찬
그들을 대변하는 듯
지도자가 무리 앞에 나와
하늘을 우러러 기도하는 듯
양팔을 하늘 높이 쳐들고

{ * 천인(天人) : 하늘사람 / 지인(地人) : 땅의 사람.

"육신이 이곳에 머무를 수 있도록
날개를 바칩니다"라고 외쳤다.
기도가 끝난 후
그는 시퍼런 장검을 빼어들었다.
사위가 고요한 정적 속에
숨 막히는 긴장감이 무리들을 전율케 했다.
그는 장검을 빼어들자마자
단숨에 자시의 날갯죽지를 베어냈다.
그리고 다른 한 쪽 날개마저 베어져
아름답고 웅장한 황금빛 날개가
지상으로 떨어졌다.
그러자, 여기저기서 비탄인지 신음소리인지
모를 탄성이 터져 나오면서,
번쩍번쩍, 검망이 밤하늘에 은빛
호를 그리며 금빛 날개들을 수없이
지상으로 떨어트렸다.

아 위용을 자랑하던 고귀한 천인의
황금날개가 다시는 창공을
날 수 없는 날개가 되어
선혈이
낭자한 채
지상에 수북히 쌓였노라.
보름달도 슬픔에 잠겨

구름 속에 자태를 감추고
별들도 놀라 빛을 멈췄다.

날개가 쌓여 산을 이루고
그들의 피가 내를 이뤘다.

그들은 숙연히 엎드려
이마를 땅에 대고
곰님께 감사드리고
다시 일어나
한님께 봉정하는
제천의식을 거행하였다.

그 후
오랜 세월동안,
바람이 모래와 흙을 실어 나르고
눈이 내리고 쌓여서,
금빛 날개의 무덤은
금바위산(金岳)으로 변하였다.

금바위산은 아사달이라고 불리고
지금도 알타이(Altai) 산맥의
알탄(Altan) 고원에 있는
알툰(Altun) 산은 온 누리에
금빛은 발하고 있다.

천인들이
숨을 거두어 이승을 떠날 때
그들의 혼백이 알툰(Altun)산에 들려
자신의 날개를 찾아 달고
천상으로 귀향한다는
환웅들과 천인들이
등장하는 천신족에 관한 이야기이다.

자신의 날개를 바쳐
곰님의 모든 것을
사랑했던 천인들은
한시라도
하늘을 등지고 살 수 없으며
천상에 대한
그리움을 떨쳐버릴 수 없어
내면의 길을 닦아
하늘로 가는 길을
스스로 개척하여
황금까마귀를 날려
천원으로 보내는 것이다.

그 후예들은 고구려시대까지
조우관*에 아름다운 새의 깃털을 꽂아

{ * 조우관(鳥羽冠) : 절풍모자에 아름다운 새의 깃털이나 짐승의 꼬리털을 삽입하여 멋을 낸 모자.

스스로 천신족임을 긍지로
삼고 천하의 주인으로서
올바른 사람의 길을 지향하였다.

별선공 別仙功

별선공은 천부영기법과 무극영기법에서 발췌했거나 다루지 못한 주요선공을 모은 것이다.

자 이제부터는 누구나 배우기 쉽게 이야기를 풀어나가 보자.

1. 바르게 서 있기만 해도 저절로 건강해진다.

그렇다, 사람은 두 발로 서서 걷는 영장류다. 어린 아기 때는 걷지 못하고 엉금엉금 기다가, 좀 더 커지면 간신히 일어서고, 그 다음은 한 발짝, 두 발짝씩 간신히 발을 옮기다 쓰러지고, 쓰러지다 일어나서 또 걷는 법을 배우게 된다.

이러한 걷는 과정을 배워야 하는 어린 아기에게는 참으로 힘든 일일 것이다. 그러나 성장하여 걷고 뛰고 달릴 수 있어도 제대로 대지를 딛고서는 방법을 모르고 살다가 이 세상을 떠나게 된다.

두 발로 걷고 뛰고 달리면 됐지, 그 이상 또 무슨 비법이 필요하단 말인가. 두 발로 걸어서 지구를 한 바퀴 돈 사람도 있고, 히말라야 산의 최고봉을 등정한 사람들도 허다한데 그런 사람들조차 모두 잘못 서고 잘못 걷는 사람들이란 말인가.

여기서 말하고자 하는 관점은 인간이 어떻게 자연과 조화를 이루어 우주의 대순환 에너지를 합치시킬 수 있느냐는 비밀의 문을 여는 code

를 풀어내는 것이다.

첫째, 두발로 바로 서보자.

△천부영기법의 「묘연만」 자세에서 설명했듯이 두발을 어깨넓이만큼 벌리고 똑바로 선다.

△우리는 선입관적으로 '바로 선다'는 것을 두발바닥 전체로 땅을 딛고 서는 것으로 알고 있다.

△이제부터는 발바닥의 「백시문/용천혈」 부위와 「백종문/실민혈」 부위에 체중을 고르게 안배하여 4개의 부위로 바로 서 보자.

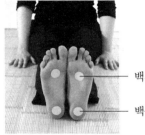

백시문
백종문

□두 손을 배권하여 하로의 「태정관」 위에 얹는다.

□운기조식 등 어떠한 특별한 호흡도 하지 말고 그냥 일반적인 호흡에 맡겨둔다.

○신체 내에서 어떤 현상이 일어나는지 구태여 설명할 필요가 없다.

이러한 묘연만 자세를 취하고 있는 여러분의 몸 안에 저절로 기(氣)가 돌아가고 있는 증상을 채 1분도 못되어 느끼게 될 테니 말이다.

이쯤 되면 무슨 산 속에서 몇 십 년 동안 도를 닦았다는 도사 보다 월등하지 않는가.

○분명히 말해두지만 이 법은 자기최면도 아니요, 마술의 일종도 아닌 선공의 가장 기초가 되는 「묘연만」 자세이다.

이 「묘연만」 연공 하나만 제대로 터득하면 평생 건강을 걱정 안 해도 된다.

시간이 경과할수록 「땅」의 기운이 「백시문」과 「백종문」을 통해서 전신으로 주류하고 다시 땅으로 되돌아가는 것을 느낄 수 있을 것이다.

점점 「백시문」 부위와 「백종문」 부위가 부풀어 올라와 발바닥 전체를 들어올리는 느낌을 갖게 될 것이다.

또한 머리꼭지의 「일시문/백회혈」 부위가 열리면서 머리꼭지 전체가 열리듯 펑! 뚫리면서 「천기」가 쏟아져 들어오는 것을 느낄 수 있을 것이다.

비로소 자기 자신이 신체와 더불어 에너지 몸체로 구성되어 있으며 천지기운과 연결되어 있음을 확연하게 알게 된다.

둘째는 실행이다.

이렇게 간단하고 쉬운 방법으로 그냥 서 있기만 해도 건강해지는 방법을 알았으니 틈나는 대로 3분이고 5분이고 실행해 보시기 바랍니다.

2. 걸어라. 그러면 건강하게 오래 살리라.

물론 무작정 걷기만 해도 건강에 좋다. 더욱이 선인보(仙人步)로 걷는다면 즉각 몸 안의 탁기와 독소를 배출하고 정기를 북돋아주어 활력이 솟아오른다.

△선인보는 구조적으로 간단하고 실행하기에 쉽고 재미있다.

첫째, 선인호흡으로 들숨을 쉬면서 왼발과 오른발을 차례로 내딛으면서 걷는다. 발자국 수를 셈하지 않고 자신의 들숨량 만큼 걸음을 옮긴다.

□이때 유의할 점은 들숨을 고르게 유지하면서 발바닥의 「백시문」

부위가 지표에 먼저 닿게 한다.

□들숨이 끝나 연식할 때는 좌우발의 「백시문」과 「백종문」이 동시에 지면에 닿도록 한다.

둘째, 날숨을 쉴 적에는 좌우 발바닥의 「백종문」이 지면에 먼저 닿게 한다.

□연식할 때는 들숨 후의 연식과 마찬가지로 좌우발바닥의 「백시문」과 「백종문」이 동시에 지면에 닿도록 한다.

셋째 : 선인보로 걸으면서 입식할 때는 양손의 좌우손바닥으로 공기의 저항을 최대한 뒤로 밀어내면서 걷는다.

출식하면서 걸을 때는 좌우손등으로 공기의 저항을 앞으로 밀어내면서 걷는다.

□입식 후나 출식 후 연식할 때에는 좌우 손바닥을 지표를 향하여 쭉 뻗어 공기 저항을 밑으로 눌러 주면서 「백시문」과 「백종문」을 동시에 지표에 닿게 하면서 걷는다.

△옛 선인들은 이와 같이 걷는 데에도 대자연과 기운을 서로 주고받으면서 걷는 오묘한 보행법으로 내공력을 쌓고 자연에너지와 조화를 이루는 지혜로운 삶을 영위하였다.

△땅위를 두발로 걸을 수 있다는 것은 축복이자 기적이다. 물위나 구름 위를 걷지 않아도 선인보행자의 영혼은 더 멀고, 더 높은 피안을 향해 가고 있는 것이다.

○행복한 나그네가 되어 걷는다.

몸도 마음도 정화된다.

○만약 그대가 말을 타고 어디론가 가고 있다면, 말에서 내려 말과 함께 걸어보자. 그 말은 그대를 태워주는 동물이 아니라, 서로 마음과

기운을 교통할 수 있는 진정한 길동무가 될 것이다.

3. 뇌세포를 깨워라(황금삼각운기법)

두뇌의 활성화는 고대부터 현대에 이르기까지 양생, 의학, 재활 및 생명과학 부분에 주요 현안이 되고 있다.

대뇌, 소뇌, 해마, 뇌량, 시상, 소뇌편도, 후강 등의 제각기 다른 기능을 최적, 최상상태로 유지하기란 그리 용이한 일이 아니다.

각종 스트레스에 노출되어 질병에 걸리거나 늙어감에 따라 뇌세포의 기능도 저하되거나 상실된다.

황금삼각운기법은 뇌세포를 활성화시키는 선공이다.

선차 :

△〈묘연만〉자세로 두 다리를 어깨 넓이만큼 벌리고 선다. 양손 배권하여 태정관 위에 얹는다.

―입식한다.

입식의 숨결에 따라 체중을 서서히 양발바닥 내측선으로 옮긴다.

□땅의 기운이 양발 내측선을 밑변으로 하고 화음혈(일종문)을 꼭짓점으로 한 삼각형을 이루어 밑변으로부터 삼각형의 꼭짓점인 일종문(화음혈)을 향해 전면(全面)으로 상승한다.

―출식한다

출식의 숨결에 따라 체중을 양발바닥 외측선으로 옮긴다.

□땅의 기운이 양발 외측선을 밑변으로 하고 일시문(백회혈)을 꼭짓점으로 한 큰 삼각형을 이루어 밑변으로부터 큰 삼각형의 꼭지점인

일시문을 향해 전면(全面)으로 상승한다.

후차 :

△선차와 동일한 "묘연한"자세를 취한다. 배권하여 "태정관" 위에 얹는다.

一입식한다

입식의 숨결에 따라 체중을 양발 〈백시문〉으로 이동한다.

□하늘의 기운이 〈일시문/백회부위〉으로부터 하강하여 양어깨를 밑변으로 하고 〈일종문/회음부위〉을 꼭지점으로 한 역삼각형을 이루어 〈일종문〉을 향해 집결한다.

一출식한다

출식의 숨결에 따라 체중을 양발 〈백종문〉으로 이동한다.

□땅의 기운이 양발 〈백종문〉을 밑변으로 하고 〈일시문〉을 꼭짓점으로 한 대삼각형을 이루어 일시문을 향해 전면으로 상승한다.

○순식간에 몸 안의 나쁜 기운이 정화된다. 몸안에 에너지가 충만한다. 뇌세포와 세포사이에 에너지 유통이 원활해져 뇌세포를 활성화시키고 엔도르핀과 같은 좋은 호르몬을 분비한다. 뇌 속의 에너지 흐름과 함께 악관절 및 22개의 두개골의 주요 뼈 조각들의 긴장상태가 이완된다. 뇌 속의 에너지 유통이 원활하지 못하여 상승됐던 뇌압이 정상상태로 돌아온다. 혈액의 순환이 순조로워진다.

이와 같은 현상에 따라 기분도 고양되고 입안에는 향기로운 침이 돌아가고 뇌세포 속의 에너지 회로에 미세한 전류가 통하여 무수한 작은 전등에 불이 밝혀지는 듯한 감각을 느낄 수 있게 된다. 영혼이 깨어나는 듯한 기운의 전환이 전신으로 파동쳐 나간다. 시간이 나는 대로 하루에 3-5분씩 수시로 연공해 보자. 유한한 인간의 몸이 무한한 영혼의 몸에 접속 될 것이다.

4. 막힌 데를 뚫어라 젊어지리라.(破竹法)

인체 내에 주류하는 기와 혈 그리고 물의 흐름이 원활하지 못하면 건강상 여러 가지 장애를 일으키고 장기화 될 경우 위험한 질병으로 악화된다.

혈관이든 만맥천규든 막힌 데를 뚫어 소통 시켜야만 몸 안의 Toxic Level(독소수준)이 낮아지게 되어 세포기능이 활성화되고 면역체계가 정상화된다. 호르몬 계통(Hormon System) 및 신경계통(Nervous System)도 균형이 잡혀 건강을 되찾게 된다.

△부동본 자세를 반듯하게 드러눕는다.

□왼발을 구부려 왼발 바닥이 오른발 무릎 위에 닿도록 한다.

□왼손을 지명관 위에 얹는다.

□오른손을 편 채로 몸통과 나란히 하여 수도(手刀)날 부위가 지표 위에 닿도록 한다.

△위와 같은 연신공자세를 취한 다음 선인 호흡으로 연공한다.

□좌반신의 기흐름을 우반신에 접속하여 우반신(右半身)의 기유통을 극대화시킨다. 막힌 곳이 뚫린다.

연공자는 자신의 몸 어떤 부위가 막혀있었는지 감지하게 된다.

△때로는 거침없이, 때로눈 천천히 막힌 부위가 뚫리는 것을 감지하게 되어 신체의 이상 부위를 진단 할 수 있게 된다.

자기 자신을 치유할 수 있다는 확신은 스스로 자신을 돌볼 수 있는 내공력에서 나온다. 내공력을 발휘할 수 없는 수련은 구두선에 불과한 공리공론이다.

하늘은 무심하고 젊음은 부질없이 지나간다. 현명한 젊은이들은 훗날을 위해 내공력을 기른다.

5. 백시문을 쳐라, 회춘하리라. 백시백타법(百始百打法)

백시문(百始門)은 용천(湧泉)혈 부위로「용천」이란 "생명력의 원기가 솟아나는 샘"이란 뜻이다. 위치는 발바닥 중심선상의 앞에서 3분의 1부위에 있다.

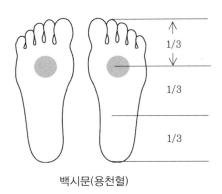

백시문(용천혈)

△묘연만 자세에서 양손을 풀어 내려트리고 왼발을 1보 반 정도 뒤로 물린다.

☐왼발을 우측의 대각선 방향으로 차올린다.

☐왼발을 차올림과 동시에 오른손의 백호장으로 차올린 왼발의 백시문을 정확하게 가격한다.

△선인호흡은 발을 차올리기 전 짧은 들숨을 쉬고 차올린 발과 가격

한 손이 원위치된 후 긴 날숨은 쉰다.

　□10여 차례 연공한 후 왼발을 오른발로 바꿔 차올림과 동시에 왼손 청룡장으로 오른발 백시문을 가격한다.

　선인호흡은 전과 동일하다.

　대각선으로 차올리는 앞차기와 백시문 가격법은 선인도 비전의 내공력 상승법이다.

　△백시백타법은 부인병 질환의 요통 월경불순으로 인한 하복부통증, 수족냉증 및 갱년기의 상기증(上氣症) 등에 효과가 있다.

　남성에게는 체력 약화를 방지하여 스태미나를 강화시켜 회춘을 돋구어 준다.

　△발차기를 할 수 없는 노약자는 다음과 같은 수월한 방법으로 수련할 수 있다.

　□앉은 자세에서 오른발을 앞으로 곧게 뻗고 왼쪽다리 발목을 오른쪽다리 무릎 위 부위에 얹는 다음, 왼손으로 왼발 발목을 잡고 오른손 바닥 백호장으로 백시문을 가격한다.

　□반대로 왼발과 오른발을 교대하여 동일한 방법으로 가격한다. 선인호흡은 전과 동일하다.

　△불면증, 중풍, 고혈압, 조울증, 두통, 기억력 감퇴, 각종 정신질환 등의 예방에도 상당한 효과가 있다.

6. 빛으로 뇌세포를 깨워라. 치매가 달아나고, 노화가 방지된다.(회광수성법/回光修性法)

젊었을 때부터 부단히 뇌세포를 활성화시키면 늙어서도 기력이 정정하고, 정신이 맑아져서 노화의 진행속도를 늦출 수 있다. 건강하게 장수할 수 있다.

선차 :

△묘연만 자세로 섰다가 두 발을 모으고 주먹을 쥐어 양팔을 가슴부위 위로 옮긴다.

□입식하면서 체중을 백시문으로 옮기고 양 발목의 복숭아뼈인 내과골(內踝骨)부위를 서로 비벼준다.

□출식의 숨결에 따라 체중을 백종문으로 옮기면서, 양팔을 땅을 향해 내려트리고 주먹을 편다.

○양 발목의 복숭아뼈를 서로 마찰시켜 육신을 둘러싼 영·혼·백체(Energy Body)를 진동시켜 잠자는 기운을 일깨운다. 영해정의 두 뇌세포를 깨워, 4해정인 감해정, 식해정, 촉해정의 호르몬 분비를 왕성케 한다.

후차 :

△묘연만 자세로 백시, 백종 4규로 딛고선다. 양팔을 교차하여 왼손목 효골(橈骨)의 경상돌기(莖狀突起)와 오른쪽 손목 척골(尺骨)의 하단 부위가 서로 맞닿도록 한다.

□묘연만 자세로 입식의 숨결에 따라 체중을 서서히 백시문으로 옮긴다. 동시에 오른손의 척골(尺骨)하단부위로 왼손의 효골(橈骨), 경상돌기를 지긋이 압박한 다음

一. 연식한다.

□출식의 숨결에 따라 서서히 체중을 백종문(百終門)으로

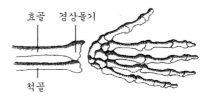

효골   경상돌기

척골

옮기면서 동시에 척골과 효골의 압박을 풀어준 다음— 연식한다.

○영·혼·백체에 분산되어 있던 "천원(天元)의 빛"을 두 뇌속의 영해정(靈海井)으로 집중시켜 내공력을 상승시킨다. "천원의 빛"에는 태초부터 존재했던 우주의 정보가 존안되어 있다.

우주생성과 소멸의 모든 기록들이
빛의 파장으로 돌아온다.

그 비밀의 실마리—.
한 오라기가 풀어지면
영성회복으로 가는
금단의 문이 열린다.

7. 빛을 되돌려 생명의 문을 열어라.

"영원한 빛"을 되비치어 생명력의 근원에 다다른다. 참 생명의 건강과 기쁨이 그대의 것이다.(반조수명법/反照修命法)

△무진본 자세를 고쳐 왼발 발목의 발 안쪽 복숭아뼈/내과첨(內踝尖) 위에, 오른발 바깥쪽

복숭아뼈/외과첨(外踝尖)을 얹고 연공한다. 이 자세를 반조좌(反照坐)라 한다.

□입식의 숨결에 따라 무릎 위에 얹어놓은 양손을 서서히 팔 바깥쪽으로 틀어주어 양손 손바닥이 하늘을 향하게 한 다음, 연식한다.

□출식의 숨결에 따라 서서히 양손을 팔 안쪽으로 틀어주어 양손 손바닥이 땅을 향하게 한 다음, 연식한다.

□좌우 다리의 위치를 바꾸어 연공한다.

○200여 개의 뼈마디 중 이탈되거나 균형을 잃은 부위가 서서히 제자리를 찾아간다.

그 어떤 물리적인 시술을 하지 않아도 근골격의 위치가 질서정연해져 만맥천규의 에너지 소통망과 정확히 접속된다.

천성로(天性爐)와 대충맥(大衝脈)을 통해 지명로(地命爐)와 태정로(太精爐)로 하강하여 3로(爐)와 심·기·신(心·氣·身) 3방(方)의 에너지를 정화하고 만맥천규로 주류(周流)한다.

물과 불은 생명의 근원이요, 빛은 에너지(氣)의 참값이다.

△▽이선공을 연공하면 악관절 이상으로 인한 뇌압 상승, 및 두통 디스크 등 척추이상 및 측만증(Scoliosis), 고관절(股關節) 이상, 골반(Pelvic)틀어짐으로 인한 부인병 질환, 좌골신경통 등을 완화시켜주거나 치유가능케 한다.

8. 여명이 밝아온다. 화성관을 열어라.(개관법/開關法)

수성, 금성, 토성(지구), 화성, 목성 등 오관이 다 열렸다.

화성관에 현관(玄關)이 열리면 큰 주먹만한 구멍이 뚫려 강력한 바람(氣風)이 몸 안으로 불어 닥친다.

△〈묘연만〉 자세로 바로 서서 양손을 몸 뒤로 돌려 배권으로 뒷짐지어 화성관 위에 얹고 연공한다.

화성관의 위치는 제2요추와 제3요추 사이의 후명문(后命門)혈로서 임맥상에 있는 식해정(息海井) 반대편 독맥상에 있다.

선차 :

□입식의 숨결에 따라 화성관(火星關) 위에 얹은 배권을 토성관(土星關)인 중추(中推)혈과 척중(脊中)혈 부위로 끌어올린 후, 연식한다.

□출식의 숨결에 따라 배권을 화성관(火星關)으로 원위치 시킨 후, 연식한다.

후차 :

□출식의 숨결에 따라 화성관 위에 얹은 배권을 목성관(木星關)인 제4요추와 제5요추 사이의 요양관(要陽關)혈 부위로 끌어내린 후, 연식한다.

□입식의 숨결에 따라 배권을 목성관에서 화성관으로 원위치 시킨 후, 연식한다.

○대지에 여명이 밝아오는데도 화성관에 현관(玄關)을 세우지 못하면 영·혼·백체와의 에너지 소통이 원활치 못하게 되어 대충맥을 개통치 못하게 된다. 결국 임, 독맥의 에너지 소통이 미미하여 연공의 진도가 답보상태에 머무르게 된다.

△▽이 연공은 호르몬체계와 신경계통체계의 불균형으로 인한 만성 전신무력증, 조울증, 신경쇠약, 갱년기 장애 등 각종 심신장애 등에 효과가 있다.

한 가지 연공만으로 질병을 예방하고 자가 치유할 수 있다는 것은 과장된 표현이다.

연공자의 지나친 기대심리는 금물이다.

각 증세에 따른 몇 가지 선공을 병행해서 꾸준히 연공한다면 반드시 좋은 결과를 얻을 수 있을 것이다.

단, 선공의 기본을 익힌 다음에 병세에 맞는 선공을 연공해야 함을
잊지 말아야 한다.

9. 삼족오(三足烏)의 세발걸음, 날갯짓으로 사기(邪氣)를 물리친다.(금오보/金烏步)

내공력이 높아져 백독(百毒)을 물리치고 사기(邪氣)와 탁기(濁氣)
를 깨트린다.

△금오세로 선 자세에서 금오보행에 맞추어 왼손청룡장과 오른손
백호장을 교대로 허공에서 땅을 향해 내려치면서 연공한다.

□입식의 숨결에 따라 일보 뒤로 물러났던 왼발을 앞으로 내딛으면
서 오른손 백호장으로 허공을 내려친 다음, 연식한다.(이때 체중을 앞
으로 내딛은 왼발 백종문/百終門과 뒤에 머물러 있는 오른발 백시문/
百始門으로 옮긴다.)

□출식의 숨결에 따라 오른발 앞으로 내딛고 왼손 청룡장으로 허공
을 내려친 다음, 연식한다.(체중은 발을 옮겨 딛을 때 자동적으로 오른
발 백종문과 왼발 백시문으로 옮겨진다)

○삼족오의 날개짓과 같은 청룡, 백호장의 벽공치기와 금오보의 전
진, 후퇴, 회전 등의 상승내공보행은 엄청난 선공력을 구축한다.

몸 안의 백독(百毒)을 몰아내고 중화시켜 면역력을 강화한다. 각종
질병을 예방하고 항병능력을 배가시킨다.

몸 안의 탁기와 사기를 깨트려 각종 부정한 것으로부터 영·혼·백체
를 방호한다.

△▽이제 고구려 조의선인(皁依仙人)의 무예인 선무공(仙武功)에

첫발을 내딛은 셈이다.

비전되어온 선무공(仙武功)의 첫걸음은 금오보로 시작된다.

발 사위에 따라 숨결의 깊고 빠름이 결정된다.

숨결에 따라 손사위의 강하고 빠름이 결정된다.

숨쉼과 동작이 하나가 됐을 때— 숨쉼도 동작도 홀연 사라졌을 때, 무아지경(無我之境)의 발공이 이루어진다.

황죽선공黃竹仙功

대나무를 활용해서 영·혼·백체의 막힌 곳을 뚫어, 에너지의 주류, 소통, 융합, 분해 등의 선화 작용을 원활하게 하며, 탁기(濁氣), 병기(病氣), 사기(邪氣), 독소(毒素) 등을 정화하거나 체외로 배출시킨다.

1.대나무 밟는 법(답죽법/踏竹法)

준비물 : 음지에서 건조시킨 대나무 2개

지름 : 약 2inch

길이 : 약 2feet 6inch

철근을 사용하여 대나무 속 마디 관절을 뚫어놓는다.

△황죽 대나무 2개를 나란히 바닥에 놓고 〈묘연만〉자세로 좌우발 백시문(百始門)으로 앞에 놓인 대나무 위를 딛고 좌우발 백종문(百終門)으로 뒤에 놓인 대나무를 밟고 올라선다.

□양다리를 구부리지 말고, 약간 긴장되게 곧게 세우고, 척추 전체도 약간 치켜 올리듯 곧게 세운다.

□2개의 대나무통 위에 4규(좌우 백시문, 좌우 백종문)으로 서있기만 해도 저절로 체내에서 강하게 주류하는 생명에너지의 흐름이 확연하게 감지된다.

□입식의 숨결에 따라 체중을 백시문으로 옮겨준 후, 연식(鍊息)한다.

□출식의 숨결에 따라 체중을 백종문으로 옮겨준 후, 연식(鍊息)한다.

○동 연공은 임맥과 독맥의 주요출입문인 백시문(百始門)과 백종문(百終門)을 강하게 자극하여 인체 내의 운기능력을 배가시키고, 탁기와 독소 등 체내의 나쁜 기운(Negative Energy)을 정화하거나 몸 밖으로 배출시킨다.

건강을 추구하는 분이나, 신경통, 소화기계통 장애, 심폐기능 약화, 신장 및 전립선 약화, 수족냉증, 불면증, 약물중독증 등 환자들이 매일 5분씩 3-4회 정도만 연공하여도 상당한 효과를 볼 수 있다.

대나무 위에 서 있기 힘든 노약자의 경우 벽이나 의자 등받이를 의지하여 대나무를 밟고 서있기만 해도 소기의 효과를 볼 수 있을 것이다.

2. 오성의 빛으로 내 몸 안을 밝게 비친다.(오성취광법/五星聚光法)

준비물 : 음지에서 건조시킨 황죽 5개

지름 : 약 2inch

길이 : 약 2′6″

대나무 속 막힌 마디를 미리 뚫어 놓는다.

△카펫이나, 얇은 요와 같은 너무 딱딱하지 않은 바닥 위에 황죽 5개를 아래와 같이 늘어놓는다.

(1) 수성관/水星關(풍부혈/風府穴) 제1경추

(2) 금성관/金星關(신주혈/身柱穴) 제4흉추

(3) 토성관/土星關(중추혈/中推穴) 제10흉추 및 제 11흉추 사이/척

중혈/脊中穴

　제11흉추 및 제12흉추 사이 ※중추혈과 척중혈을 합친 부위

　(4) 화성관/火星關(후명문/后命門) 제2요추와 제3요추 사이

　(5) 목성관/木星關(요양관/要陽關) 제4요추와 제5요추 사이

　□위와 같이 5개의 황죽통을 독맥의 수성관, 금성관, 토성관, 화성관, 목성관 밑에 깔고 〈부동본〉 자세로 반듯하게 누워서, 오성(五星)으로부터 조사(照射)되는 빛의 감응도를 내부에서 감지한다.

　□영적인 내부와 신체의 내부에서 발생되는 기운의 고양과 전환, 상승과 하강, 주류와 소통, 정화와 승화 등의 변화들이 무위로 이루어지는 지감(止感)조식(調息)을 통해 생생하게 전개되고 고요하게 느껴진다.

　□때로는 영체에너지몸(Energy Body)이 육체로부터 이탈되어 태평양 상공을 날아가 특정한 곳을 방문하기도 하고 선계의 여러 곳을 찾아가 특별한 계시를 받기도 한다.

　그러나 이러한 특이한 현상은 〈오성취광법〉을 연공할 때만 나타나는 것이 아니라, 연공자의 수련경지에 따른 것이니 오해하지 마시기 바랍니다.

　또한 이런 특이한 현상에 접했다고 해서 반드시 높은 경지에 이르렀다고 볼 수 없는 것은 특이 현상도 특이 현상 나름이기 때문입니다. 간혹 입마(入魔)나 빙의가 되어 유사한 현상에 속임을 당할 수 있기 때문입니다.

　○이 연공은 기흉으로 인한 호흡곤란 천식 및 심폐기능 이상 등의 응급처치에 주효하나 중환자의 경우 3분 이상을 지체하면 오히려 역효과가 발생할 수 있음으로 각별한 주의가 요망됩니다.

3. 삼성의 빛으로 기운을 북돋고 심신을 안정시킨다(삼성취광법/三星聚光法)

△황죽 3개를 바닥 위에 다음과 같이 늘어놓는다.

(1) 금성관(신주혈 부위)

(2) 토성관(중추혈과 척중혈 합친 부위)

(3) 화성관(후명문 부위)

위의 3개관 아래 황죽통을 깔고 〈부동본/不動本〉 자세로 반듯하게 누워서 연공한다.

□입식, 연식/출식, 연식 등 선인호흡으로 운기조식한다.

□삼성의 빛은 마음과 기운을 안정시킨다. 신체외부의 오라(Aura)의 빛이 밝아진다.

□삼성의 기운이 오장육부의 기운을 안정시키고 혈액순환을 원활하게 하여 심신이 편안해지고 긍정적인 사고로 인해 스트레스를 해소한다.

○신경안정 및 소화기 계통 내분비계통 등의 갱년기 장애, 상기현상, 위염, 식도역류, 변비와 신경쇠약, 조울증 등에도 상당한 효과가 있다.

4. 이성의 빛으로 정(精)에너지를 정화하여 기(氣)에너지로 승화시킨다.(이성취광법(二星聚光法)

△(1) 화성관(후명문) (2) 목성관(요양관)

위와 같이 독맥의 화성관과 목성관 밑에 황죽 2개를 깔고 〈부동본〉 자세로 만듯하게 누워서 연공한다.

□입식, 연식/출식, 연식의 선인호흡으로 운기조식한다.

○매일 이 선공을 연공하면 감퇴된 정력을 회복시킬 수 있으며 여성의 경우 각종 부인병 예방 및 치료 등에 효과가 있다.

남성의 경우 전립선 비대증 및 조루증 발기부전 등에 효과가 있다.

특정한 질병의 치료를 위한 연공보다는 평상시 계속 물기운이 태정로(太精爐)에 머물고 있고, 불기운이 천성로(天性爐)에 정체되어 수승화강(水昇火降)이 이뤄지지 않아 발생하는 에너지 통로의 막힘이라든가 에너지 회로의 구부러짐과 단절 등으로 인한 문제의 발단을 제거하는 데 주안점을 두고 연공한다면 그에 부수되는 건강의 문제점도 해결될 것이다.

그러므로 무슨 질병, 무슨 증상에 효과 있다는 식의 표현은 권장할 것이 못된다고 본다.

5. 칠성의 빛으로 기사회생(起死回生)시킨다.(칠성취광법/七星聚光法)

△(1) 태양관(뇌호/腦戶)

(2) 수성관(풍부/風府)

(3) 금성관(신주/身柱)

(4) 토성관(중추/中推), 척중/脊中)

(5) 화성관(후명문/后命門)

(6) 목성관(요양관/要陽關)

(7) 태음관(요수/腰俞, 장강/長强)

위와 같이 독맥의 7개관 밑에 황죽 7개를 깔고 〈부동본〉 자세로 반듯하게 누워서 연공한다.

□입식/연식, 출식/연식 등 선인호흡으로 운기조식한다.

□운기조식을 하지 않고 무위로 7개관 위에 누워 있기만 해도 태양과 달 및 수, 금, 화, 목의 4개의 별 그리고 지구로부터 맞아드리는 빛이 10개 에너지 몸체 속으로 빨려 들어가 빛과 기가 어우러져 영·혼·백체의 생명 에너지의 씨톨을 깨운다.

□죽어서 칠성판 위에 눕는 것이 아니라 살아서 칠성대통 위에 눕는다. 소아(小我)가 죽고 자아(自我)가 살아난다.

칠성대통 위에 누워보시오.

죽음에 직면하게 되어 마치 자신이 죽어버린 송장과 같다는 전율과 함께, 자신을 객관화하여 자신의 주검이 자신과 무관한 듯 느껴지기도 한다.

까마귀 한 마리가 날아와 송장의 한 쪽 눈알을 파먹는다.

구더기들이 송장 내부에서 스멀스멀 기어 나온다.

송장은 갈망한다. 까마귀가 구더기를 잡아먹기를…

나와 송장의 경계가 분명한데, 나는 죽음에 대한 장례의식의 문상과 조의, 자신을 구더기에 파먹히는 인간의 존엄성에 대해 생각한다.

송장은 아마도 우주질서와 자연의 섭리에 대해 생각하면서 세속적이고 속물적인 나의 사고에 대해 경멸하는 듯하다.

까마귀는 한쪽 눈알을 마저 파먹는다. 눈알이 빠져나간 눈구멍에서 화초 하나가 쑥쑥 올라오더니 새빨간 꽃송이에서 시뻘건 핏물이 송장 위로 뚝뚝 떨어진다.

그리고 수백 수천의 구더기들이 무더기로 나비로 변신하여 송장 주위를 날아오른다.

송장 한 쪽 눈구멍에서 새하얀 한 송이의 꽃이 줄기와 함께 잎사귀와 함께 솟아오른다.

하얀 꽃에서는 하얀 송진 같은 것을 송장 위로 토해낸다.

빨간 꽃에서 떨어지는 핏물과 하얀 꽃에서 떨어지는 하얀 송진이 뒤섞여 시신의 몸 전체를 감싸고 또 감싸서 누에고치 같은 단단한 고치막을 만들었다.

그런데 나와 송장과 분리되었던 경계는 어디로 사라진 것일까.

분명 송장은 내가 아닌데 송장에 피가 돌고 기가 돌아가는 것을 내가 어떻게 느낄 수 있느냐 말이다.

해탈은커녕 송장과 나를 영원히 접합시켜 버린 속박이 아닌가.

누에고치 같은 영원한 무덤 속에서 살아있는 인간의 꿈을 꾸는 것일까? 망자의 꿈을 꾸는 것일까?

○기사회생(起死回生)의 "죽어 가는 사람을 살린다"함은 그만큼 칠성(七星)의 빛이 빠르고 강력하다는 뜻이다.

〈칠성취광법〉은 환자나 초급자가 수련하면 위험하다. 반드시 "선공지도사"의 철저한 지도 아래 정확한 검진과 연공 시간 등의 조절이 이루어져야 한다.

△▽①연공의 계제(階梯)에 따라 (1)번 태양관인 뇌호에 설치한 황죽을 종골건(踵骨腱/아킬레스건) 밑으로 옮겨 깔고 연공한다.

②이외에도 대나무를 사용하여 연공하는 여러 가지 선공이 더 있다.

하늘의 바닷물로 4해정을 채운다
천해취수법 天海聚水法

우주도 인간의 몸도 대부분 물의 원소인 수소로 구성되어 있다.

우주의 천해의 물을 길어다 인간의 물 에너지를 정화하고 불 에너지의 화후를 조절하는 연공이다.

1. 영해정인수법(靈海井引水法)

△자정12시에 길은 정화수를 놋쇠그릇에 받는다. 〈묘연만〉 자세로 대지를 딛고 선 다음 정화수가 담긴 놋쇠그릇을 머리 위의 〈일시문*/백회혈+전정혈〉 위에 얹고 연공한다.

□입식, 연식/출식, 연식 등 선인호흡으로 운기조식한다.

○영해정 속에 점점 천해수가 차오른다. 영해정에서 천해수(天海水)와 지해수(地海水), 인해수(人海水)가 융합되어 신비하고 영묘한 영해수가 만들어진다.

천심방(天心房)의 심력을 높은 차원으로 끌어올리고 천성로(天性爐)의 불기운을 조절하여 최고의 순도를 유지케 한다. 내공력이 상승된다.

{ * 일시문(一始門): 백회혈과 전정혈을 합친 부위

2. 감해정인수법(感海井引水法)

△〈부동본/不動本〉 자세로 반듯하게 누워서 정화수 놋그릇을 임맥 상의 감해문(感海門)* 위에 얹고 연공한다.

□입식, 연식/출식, 연식 등 선인호흡으로 운기조식한다.

○감해정 속에 점점 천해수가 차오른다.

기쁘고, 두렵고, 슬프고, 노엽고, 탐욕하고 싫증나는 등 인간의 원 초적 여섯 가지 감정이 순수한 에너지로 승화한다.

이름하여 지감(止感)이라 한다.

3. 식해정인수법(息海井引水法)

△〈부동본/不動本〉 자세로 반듯하게 누워서 정화수를 담은 놋그릇 을 식해문(息海門)** 위에 얹고 연공한다.

□입식, 연식/출식, 연식 등 선인호흡으로 운기조식한다.

○식해정에 천해수가 점점 차올라 오염된 공기, 상한 물질, 춥고, 덥고, 건조하고, 축축한 것 등 제반 자연환경의 악조건들을 선인호흡 을 통해 극복하여 우주에너지의 〈대순환〉흐름에 접속시킨다.

이름하여 조식(調息)이라 부른다.

4. 촉해정인수법(觸海井引水法)

△〈부동본/不動本〉 자세로 반듯하게 누워서 정화수를 담은 놋그릇

* 자궁혈(紫宮穴) 부위.
** 신궐혈(神闕穴) 또는 제부(臍部)=배꼽

을 촉해문* 위에 얹고 연공한다.

□입식, 연식/출식, 연식 등 선인호흡으로 운기조식한다.

○촉해정에 천해수가 점점 차오른다.

소리, 빛, 냄새, 맛, 음탕함, 저항함 등 인간의 원초적 여섯 가지 감각을 뛰어넘어 깊은 닿음의 경지에 이르게 된다.

이름하여 금촉(禁觸)이라 부른다.

바닷물이든 강물이든 샘물이든 무슨 물이 됐든지간에 물의 기본은 생명력을 부여하고 성장시키고 더럽고 부정한 것들을 정화한다. 그리고 치유한다.

생명의 시원인 우주의 천해 〈아리라〉**에서 발원한 물은 우주만물의 생명수이다.

〈아리라〉라는 어감만으로도 가슴에 큰 파동을 일으킨다.

은혜와 구원과도 같은 영원하고 영속적인 심오한 뜻이 담겨져 있다.

〈아리라〉는 우리민족의 유전인자 속에 깊이 삭여진 영원히 잊지 말아야 할 우주의 어머니 혼이 깃들어 있는 듯하다.

지금부터라도 "한강"을 〈아리라〉로 바꿔 부르고 서울 한복판의 "남산"을 〈아사달〉이라고 부른다면 옛 조상님의 정신적 자긍심을 이어받아 수도 서울이 전세계의 정신문화 중심지로 거듭날 수 있다고 상상해 본다.

〈주(註) 아사달(Asatal) 아사=황금, 탈=산/황금산〉

〈아리라〉! 〈아사달〉! 참으로 아름답고 큰 뜻을 지녔구나!

오늘의 〈홍익인간〉은 누구인가. 그의 재림을 기다리고 또 기다리노라, 고온지 곤지─

{
  * 촉해문(觸海門) : 임맥의 하단에 위치한 곡골(曲骨)혈 부위.
  ** 원래 〈아리〉라는 어원은 "영원" 혹은 "생명"이었으나 후에 음역이 비슷한 "오리"로 변화되었고, 〈라〉는 "물"이나 "수"라는 뜻으로 풀이된다.
}

제에엠 젬

도리—도리—

짝자-궁

짝-자-궁

짝-자-쿵!

검은 바위로 정기를 단련하여 내공력을 상승시킨다. 오석연공법烏石鍊功法

1. 식해정의 기운을 단련한다(오석연기법/烏石鍊氣法)

△식해문(신궐혈) 위에 통나무토막(5″× 6″)을 올려놓고 그 위에 다듬이 돌 크기의 검은 돌을 얹은 다음, 양손으로 검은 돌의 좌우를 살며시 잡고 연공한다.

□입식, 연식/출식, 연식 등 선인호흡으로 운기조식한다.

○조식의 기운이 고강해져서 내공력이 깊어진다. 초보자는 돌이 무게가 선인호흡에 지장을 주지 않는 한도 내의 적당한 무게의 돌이나 바벨 등을 사용하면서 점차 돌의 무게를 늘려나가야 한다.

〈오석연기법〉은 대충맥(大衝脈)의 기Energy의 유통을 강력하게 추진하여 연공자에게 〈대충맥〉의 존재를 확연하게 감지시켜 준다.

〈오석연기법〉을 연마하면 30%의 공력을 사용하여도 40-50% 정도의 내공력을 발휘할 수 있으며 따라 그 이상을 능가할 수 있다.

2. 태정로의 정기를 정련하고 충만케 한다(오석연정법/烏石鍊精法)

△하로의 태정문(기해혈) 위에 통나무토막(5″× 6″)과 다듬이 돌 크

기의 검은 돌을 올려 놓고 연공한다.

□입식, 연식/출식, 연식 등 선인호흡으로 운기조식한다.

○정(精)이 충만해져 연정화기(鍊精化氣)를 이룬다.

심·기·신이 고루 강해진다.

정(精)이 엷어지면 신체가 허약해지고 기운이 탁해진다. 심(心), 기(氣), 신(身)이 성(性), 명(命), 정(精)에서 기인되었기 때문이다.

그러기에 보약을 먹고 정력을 강하게 하기보다는 선공을 통하여 항상 마음을 선하게 닦고, 기운을 맑게 하며, 정기를 두텁게 보전하는 것이 진리를 오랫동안 볼 수 있는 장생구시(長生久視)의 바른 길이 된다.

〈오석연정법〉이야말로 별의별 정력강장제 보다 훨씬 월등하며, 현대인에게 필수적인 건강법이다.

하로(下爐)의 태정(太精)이 안정되면 중로(中爐)의 지명(地命)과 상로(上爐)의 천성(天性)에너지가 높은 차원으로 승화한다.

△▽왜 검은 돌이어야 하나?

연기(鍊氣), 연정(鍊精)시 검은 돌을 사용하는 것은 대지의 에너지를 전환하여 기운을 쇄신하고 정기를 충만케 하기 위함이다.

대지는 만물을 생성하고 화육한다. 곰님은 어머니의 낳고, 기르며, 포용하고, 치유하는 생명력의 화신이다.

어머니는 지혜로우며, 희생적이요 자애롭다.

그리고 영혼에 닿는 길을 가지고 있다. 태아는 육신과 더불어 영혼을 갖고 산도(産道)를 통하여 세상 밖으로 나온다.

그러기에 곰님은 영원하며, 영원 그 자체이다.

고대선인들은 검은 돌이 곰님의 에너지로 응축되어있다고 믿었으므로 검은 돌을 사용, 연기, 연정법을 연공하였다.

또한 우주의 북방태수(太水)가 결정되어 검은 돌이 되었다고 믿었으므로 검은 돌을 신성시하였고, 오늘날까지 전해져 검은 돌로 제상석(祭床石)이나 비석으로 많이 사용하고 있음을 볼 수 있다.

그러나 연기, 연정법은 반드시 검은 돌을 사용하지 않더라도 그 어떤 색깔의 돌 종류나 혹은 철제로 된 바벨(Barbell)을 사용해도 무방하다.

혼천법渾天法

혼천법은 나의 기운을 우주의 대순환 에너지에 접속하여 우주와 내가 함께 숨쉬는 비법이다.

에너지의 시원인 천원(天元)에 닿는 최고의 선공이다.

1) 소혼천(小渾天)법

왕만법(往萬法)에 육생(六生) 칠팔구(七八九)이니, 육(六)에서 칠팔구(七八九)가 나온다 함은 〈천일(天一)/성품(性)〉, 〈지일(地一)/목숨(命)〉, 〈인일(人一)/정기(精)〉와 〈천이(天二)/마음(心)〉, 〈지이(地二)/기운(氣)〉, 〈인이(人二)/몸(身)〉이 합쳐진 천부수가 육(六)이 된다.

즉 인이(人二)/육(六)의 사람몸이 성·명·정(性·命·精) 및 심·기·신(心·氣·身) 요소를 다 갖추고 있다는 뜻이다.

이와 같은 육(六)에서 칠팔구(七八九)인 〈천삼(天三)/깨달음(感)〉과 〈지삼(地三)/숨쉼(息)〉 및 〈인삼(人三)/닿음(觸)〉이 나온다 했다.

고로

천부수 7의 세 번째 하늘은 깨달음이요,

천부수 8의 세 번째 땅은 숨쉼이며,

천부수 9의 세 번째 사람은 닮음이다.

하늘의 몸인 우주는 시간과 공간으로 엮은 무한과 유한의 결정체다.

조화무궁하신 하느님은 유시유종(有始有終)의 공간과 시간을 만드시고 음양오행(陰陽五行)의 해와 달, 수성, 금성, 지구, 화성, 목성을 분리하여 태양계를 만드시니 일컬어 소혼천(小渾天)이라 한다.

인간의 몸을 소우주라 칭함은 인간에게 우주와 태양계가 갖고 있는 구성요소를 동일하게 갖추고 있기 때문이다.

인체의 독맥상에 위치한 태양관, 수성관, 금성관, 토성관(지구), 화성관, 목성관, 태음관 등은 태양계의 에너지를 수용하고 태양계로 되돌리는 작용을 한다.

이와 같은 이치가 "천부수 7의 세 번째 하늘의 깨달음"이다. "천부수 8의 세 번째 땅의 숨쉼"이란 원초적으로 우주의 숨쉼의 일부이니 하느님을 의미하는 무극으로부터 원, 방, 각의 삼극의 에너지가 분화하여 하늘과 땅 그리고 사람이 함께 숨쉬는 우주의 대순환 에너지의 합주가 이루어진다.

무한무량한 우주라 하지만 태양계의 중심에 북극성이 붙박여 있고 28수가 성단을 이루니 이를 천상부동(天常不動)이라 한다.

하늘이 숨쉬면 땅이 깨어나고 사람과 만물이 깨어난다.

사람의 정신이 맑아지면 땅의 탁기가 걷히고 우주가 맑아지노니 우주의 맑아진 길을 따라 하느님의 영기가 강림한다.

입식(入息)과 더불어 태양, 수성, 금성의 중심을 통과한 태양의 기운은 머리 정수리 금오문(백회＋전정)으로 취기되어 지명관(황웅문/중정＋구미), 식해문(신궐), 태정관(기해＋관원), 촉해문(곡골)으로 하강하여 독맥의 현무문(회음＋미려), 태음관(요수＋미려)으로 상승,

목성관(요양관), 화성관(명문), 토성관(중추＋척중), 금성관(신주), 수성관(풍부), 태양관(뇌호)를 경유하여 대충맥(大衝脈)의 삼로(三爐), 삼방(三方), 사해정(四海井)을 관류－지중(地中)을 관통하고 달, 화성, 목성을 통과하여 다시 태양으로 돌아간다. 이때 임맥과 독맥은 저절로 뚫리고 만맥천규도 〈천부수 8의 세 번째 땅의 숨쉼〉을 함께 한다.

광대무변한 우주의 문턱을 넘어 〈천부수 7의 세 번째 하늘의 깨달음〉을 헤아리게 된다.

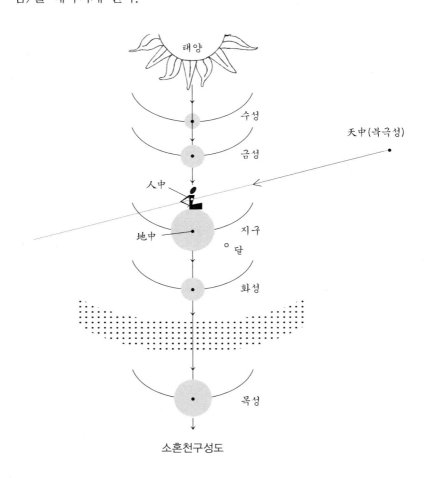

소혼천구성도

천성로(天性爐)의 금오문(백회＋전정)에 태양의 싸이클을 맞추고 태정로(太精爐)의 태정관(기해＋관원)에 천중(天中), 북극성의 싸이클을 맞춘다.

인중(人中)의 지명로(地命爐)에서 해, 달, 수성, 금성, 지구, 화성, 목성, 달을 주행한 에너지가 북극성의 에너지와 융합, 점점 고강하게 농축된다.

농축된 소혼천 에너지는 주먹만한 에너지볼(Energy Ball)이 되어 고압전류가 발생하듯 환한 빛을 발하면서 온몸 구석구석을 붕붕 치고 다닌다.

만맥천규가 모두 열리고 황홀 지극한 경지에서 나의 숨쉼이, 대우주의 숨쉼으로, 땅의 숨쉼으로 이어지는 끊임없는 대순환의 에너지 합주가 연주된다.

2) 대혼천(大渾天)법

천부수 9는 인삼(人三)의 닿음(觸)이다. 닿음을 초극하여 에너지의 시원인 천원(天元)에 닿는 것을 금촉(禁觸)이라 한다.

대혼천법은 〈천부수 7/천삼(天三)에너지의 깨달음〉을 지감(止感)에너지로 끌어올리고, 〈천부수 8/지삼(地三)에너지의 숨쉼〉에너지를 조식(調息)에너지로 승화시키며 〈천부수 9/인삼(人三)에너지의 닿음〉을 금촉(禁觸)에너지로 초월하여, 〈천부수 4/천이(天二)의 천심(天心)인 본심본(本心本)에 도달케 하는 비법이다.

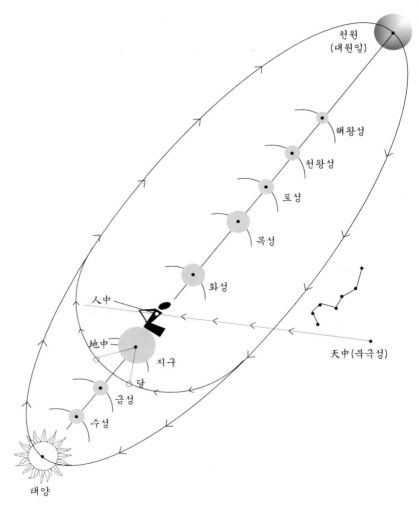

대혼천 구성도

　천부수 7, 8, 9가 지감(止感), 조식(調息), 금촉(禁觸)으로 환원되어
내안의 성품/목숨/정기 에너지와 마음/기운/몸 에너지가 정화되고 정
화되어 지고지순하게 정화되었을 때 태양계와 대원일의 대순환에너지
벨트(Energy Belt)에 접속하게 된다.
　하나의 빛‒일기(一氣)만 있을 뿐, 이루 헤아릴 수 없는 별들의 기운을 뚫고서 일기는 정수리에 내리꽂힌다. 아득히 먼 곳을 향하여 내마음 달려간다. 달려가고 달려오고 만왕만래(萬往萬來)의 순환이 〈천부수 4/천이(天二)/천심(天心)〉의 뜻대로 이루어짐이다.

칠성진(七星陣)에 앉아있는 내가 칠성진과 함께 하늘로 올라가 북두칠성과 합쳐지는가.

본심본(本心本)이라, 두 번째 하늘(天二)인 하늘의 마음(天心)에 다다라 세 번째 하늘(天三)의 깊은 뜻(天感)을 깨달으면 태양앙(太陽昻)하여 내 머리골 속의 황금태양(黃金太陽)이 밝아진다. 명인중천지일(明人中天地一)이니 머리골 속의 황금태양이 사람과 천지 가운데를 환하게 비추는 영적으로 으뜸인 홍익인간으로 거듭난다.

문이 없는 묘문(妙門)이 열려 화평의 세계가 펼쳐진다. 대혼천의 운기가 저절로 진행되니 밝고 맑은 기운이 전신에 퍼지고 또 퍼지고, 모여들고 또 모여든다.

염담허무의 묘문에 들어가 무한한 은혜와 화평 속에서 대원일의 영기가 충만한다. 나의 존재는 사라지고 모든 구분과 경계가 사라지는 무시무종, 유시유종의 근원 ─ 시간도 공간도 사라져버리는 천원이여! 생명의 시원이여!

구천(九天)을 거느려 우주의 시원이 되고 종말이 되어 우주의 요람과 무덤이 되누나.

내 정수리에 쏟아지는 저 빛은 내 영혼을 밝히려 함이요, 지혜를 넓히고 의식을 올바르게 갖추려 함이니, 광대무변한 시간과 공간을 초월하여 대원일의 영기가 강림한다.

성기친견(聲氣親見) ─ 소리와 기운으로 온갖 정성 다하여 기도하노라.

이미 머리골 속에 내려와 계신 지극한 영기(靈氣)시여!

마음을 사릅니다.
탐욕의 심지가 다 탈 때가지
마음을 사릅니다.
더럽고 더럽고 더러운
몸과 마음을
깨끗하고 또 깨끗하게 씻어주옵소서.
제 영혼을 영기로 가득 채워주시고
밝은 빛으로
욕망의 허기짐을 풀어주십시오.
내 영혼 속에 싹트고 있는
마의 근원을 송두리째 뽑아주시고
산 같이 쌓인 죄악의 낱장들을
하나씩 들추어 징벌하여 주십시오.
죄악의 낱장들이 소멸될 때까지
추상같이 정죄하시고
영혼 속에 암흑의 덩어리가 커지기 전에
시뻘건 불인두로 암흑의 씨톨을 지지고
불칼로 그 뿌리를 파내주십시오.

예전에는 그 아픔과 고통이
크나큰 은혜인 줄 몰랐습니다.

스스로 자신을 심판하고
정죄하며 참회하는 까닭은,

깊은 내부의 상처를 도려내서
치유하고저 하기 때문입니다.

그런데도,
맹독이 만맥천규로 퍼져나가
살갗은 찢어지고
뼈골이 으스러지는 아픔과
신경이 마비되고
숨이 막혀 죽음과 맞섰을 때마다,
저에게 영기를 불어넣어
무시무시한 사기(邪氣)의 공격을
깨뜨릴 수 있는 엄청난 힘을 주셨습니다.

사마(邪魔)를 물리치면
화평해집니다.
영기(靈氣)를 맞이하면
기쁨이 충만해집니다.

참나를 찾으러 길을 떠난 지 오래 되었습니다.
길이 없는 이 길을 끝까지 가고자 하오니
부디
밝은 빛으로 인도하여 주시기를
간절히 기원합니다.

저자 최규중

1942년 서울출생.
서울 후암동소재 삼광초등학교 2학년 재학시 6 · 25동란 발발, 충남 유성으로 피난.
유성초등학교 6학년 때 대전 소재 대흥초등학교 전학. 대전중 · 고등학교 졸업. 중앙
대학교 정치외교과 졸업.
대한민국 국가중추기관에서 12년간 근무. 1985년 도미하여 개인 회사에 근무하다가
1993년 2월부터 LA근교 Santa Monica에서 현재까지 미주류 사회에 선인도 보급중임.

저서 : 『하나와열』대원출판사(1993).
미주류 TV출연 : UPN TV Interview로 미전역에 방영. 그 외 Century Cable TV의
30분짜리 New Age Show에 12회 고정 출현함. 「whole life times」및
「Palisadian-Post」등 다수 미주류 신문 · 잡지 등에 소개된 바 있음.

홍익인간
仙人道의 魂

초판 1쇄 발행_2008년 3월 13일

저　자 _ 최규중
발행인 _ 김흥국
펴낸곳 _ 도서출판 **보고사**
등　록 _ 제6-0429
주　소 _ 서울시 성북구 보문동7가 11번지 2층
전　화 _ 922-5120/1(편집)922-2246(영업)
팩　스 _ 922-6990
메　일 _ kanapub3@chol.com
정　가 _ 16,000원
I S B N _ 978-89-8433-619-3